高校转型发展系列教材

基础会计

张维今　吴留全　主编

U0911781

清华大学出版社
北　京

内容简介

"基础会计"是一门系统性及实践性很强的课程，通过本课程的学习，使用者可以了解会计信息的生产流程，并在了解会计信息生产过程的基础上学会利用会计信息在实际工作中进行操作。本书的基本目标是让使用者掌握会计的基本原理和方法，明确会计工作对商业经营管理活动的意义和任务，并为下一步的学习打下良好的基础。本书在借鉴国外同类课程中先进的教学理念和教学内容的基础上，使课程的教学和内容阐释适合中国的特点和实际，让使用者能够熟悉会计执业过程中的国际化思维和交流习惯，熟练地解决实际问题，即能够"学会专业知识、表达专业思想、解决专业问题"。

本书配有课件，下载地址：http://www.tupwk.com.cn。

本书封面贴有清华大学出版社防伪标签，无标签者不得销售。
版权所有，侵权必究。侵权举报电话：010-62782989 13701121933

图书在版编目(CIP)数据

基础会计 / 张维今，吴留全 主编. —北京：清华大学出版社，2016
(高校转型发展系列教材)
ISBN 978-7-302-44710-8

Ⅰ. ①基… Ⅱ. ①张… ②吴… Ⅲ. ①会计学—高等学校—教材 Ⅳ. ①F230

中国版本图书馆 CIP 数据核字(2016)第 185408 号

责任编辑：施 猛 王旭阳
封面设计：常雪影
版式设计：方加青
责任校对：牛艳敏
责任印制：沈 露

出版发行：清华大学出版社
网 址：http://www.tup.com.cn，http://www.wqbook.com
地 址：北京清华大学学研大厦 A 座 邮 编：100084
社 总 机：010-62770175 邮 购：010-62786544
投稿与读者服务：010-62776969，c-service@tup.tsinghua.edu.cn
质 量 反 馈：010-62772015，zhiliang@tup.tsinghua.edu.cn
课 件 下 载：http://www.tup.com.cn，010-62781730
印 装 者：北京鑫海金澳胶印有限公司
经 销：全国新华书店
开 本：185mm×260mm 印 张：17.75 字 数：410 千字
版 次：2016 年 8 月第 1 版 印 次：2016 年 8 月第 1 次印刷
定 价：29.80 元

产品编号：069745-01

高校转型发展系列教材 **编委会**

主任委员：李继安　李　峰

副主任委员：王淑梅

委员(按姓氏笔画排序)：

马德顺　王　炎　王小军　王建明　王海义　孙丽娜
李　娟　李长智　李庆杨　陈兴林　范立南　赵柏东
侯　彤　姜乃力　姜俊和　高小珺　董　海　解　勇

前 言

会计是随着社会生产的发展和经济管理要求的变化而产生、发展并且不断完善起来的。每一次社会经济环境的发展变化都会对会计提出更新、更高的标准，会计理论得以丰富，会计方法得以更新，会计服务的领域得以拓宽。现代会计正处在一个市场竞争日趋紧张激烈、高科技迅猛发展和现代管理方法不断创新的时代：一方面，随着商业环境的日益复杂、经济全球化的推进、商业模式和交易方式的不断创新、会计准则在国际趋同的基础上不断变革和信息技术的发展，会计工作中传统的信息记录业务将在越来越大的程度上由计算机来实施；另一方面，随着我国会计改革的纵深推进、各类组织经营环境和会计环境的日益动态化，会计在组织管理中的地位日益重要，会计的服务范围越来越广泛和深入，会计业务内容的变化需要更多的复合型应用人才。因此，当前社会对会计信息和业务的综合诊断和辅助决策作用的关注度日益增强。为了较好地适应这种变化，当代的会计教育不但承担着培养具有良好的职业判断能力、信息分析能力和沟通能力的专业从业人员的任务，同时也承载着培养理解会计信息的生产流程、善于利用会计信息进行分析和决策的经济管理人才的使命。

“基础会计”是经济和管理类专业的基础课程，也是现代教育中的导入性课程，主要讲述会计信息的生产流程，让使用者在了解会计信息生产过程的基础上学会利用会计信息在实际工作中进行操作。本书的基本目标是让使用者掌握会计的基本原理和方法，明确会计工作对商业经营管理活动的意义和任务，并为下一步的学习打下良好的基础。该目标的设定，充分考虑到满足新形势下人才培养目标的要求，不仅反映“讲授会计基础理论和分析方法等基本知识”的要求，同时注重反映“塑造具有从全球化商业管理的角度分析有关会计问题的能力、出色的语言能力和操作能力的经营管理人才”的要求。

通过本书的学习，力求培养4个方面的能力目标：

知识(Knowledge)目标——掌握会计的基本理论、原则、规则和工作处理方法，并理解会计对于经济管理工作的意义和任务，认识会计工作的重要性；

分析能力(Analytical Skills)目标——能够在特定环境中联系相关会计原理、原则和规则，通过正确评价和运用，解决具体的管理问题；

实践能力(Practical Skills)目标——能够收集、选择和组织基本会计信息，并在此基础上通过现代信息技术手段分析、处理和解释此类信息；

终身能力(Life-long Skills)目标——逐步发展适应未来工作和国际竞争需要的、具有重要意义的一般性能力，包括持续、终身、自主的学习能力，以及在具有一定的时间压力和竞争压力的环境下，通过独立或合作的方式，完成具有一定挑战性的任务，并将其以语言或书面的形式流利地表达。

“以目标为基础(Learning-outcome Based)”是本书构建以读者为导向的教学体系的出发点。学习目标(Learning Outcome)既是对学习本书的预期和要求，也是教育者选择与安排课程的教学内容、教学方法和手段、考核方法的指导要求和参照物，即

(1) 以学习目标界定教学内容；

(2) 教学方法在能够让使用者有效学习的同时，还要帮助他们顺利达到预期的学习目标；

(3) 考核方法与课程学习目标相适应，即考核能够满足“检验使用者是否完成课程的预期学习目标”这一根本要求，同时能够评价学生在各类课堂和课外教学活动中的表现。因此，每一项考核方式都与一项或多项学习目标相联系。

为了达到上述目标，本书在借鉴国外同类课程中先进的教学理念和教学内容的基础上，使课程的教学和内容阐释适合中国的特点和实际，让使用者能够熟悉会计执业过程中的国际化思维和交流习惯，熟练地解决实际问题，即能够“学会专业知识、表达专业思想、解决专业问题”。

本书的教学目标考虑到满足各类专业人才培养目标的要求，即培养“应用型、国际型”高级人才。读者对象定位于高等院校会计学及经管类专业的学生、从事会计实务工作及相关经济管理工作的人士、跨专业考硕士研究生以及其他有兴趣了解会计专业基础知识的人士。

本书借鉴国内外优秀教材的编写经验，内容涵盖国际前沿的专业知识。本书在各章的内容组合上，设置学习目的与要求、教学重点与难点、导读材料、总结和关键词等，不但符合教学规律，也使学习过程更加完整、合理，以帮助不同层面的读者从国际视角、在更深层次上实现对会计专业知识的理解、掌握与运用。

本书共分为10章，由张维今、吴留全担任主编，王钰、张佳悦、陈艳负责编写。第1章至第3章由张维今编写；第5章、第7章由王钰编写；第6章、第9章由张佳悦编写；第4章、第8章和第10章由吴留全、陈艳编写。

本书在编写过程中参考了多本国内外会计学教材和国家有关规定。书中不当之处，敬请批评指正！反馈邮箱：wkservice@vip.163.com。

目　录

第1章 总论

学习目的与要求

理解：

- 会计学知识体系的划分及其基本内容
- 关于会计本质的不同学术观点
- 会计目标及其实现的基本过程

掌握：

- 会计职能和使用者对会计信息的需求
- 会计的基本假设
- 会计处理的基础

教学重点与难点

重点：

- 关于会计定义的几种观点
- 会计的两大基本职能(反映、监督)

难点：

- 会计信息的加工和传递过程
- 会计主体的三种不同组织形式
- 权责发生制的会计处理基础

导读材料

会计的产生与发展

会计发展的历史大致可分为古代会计、近代会计和现代会计三个阶段。

1. 古代会计阶段

大约4000年前，古巴比伦人就开始在金属或瓦片上记录商品交易；公元前5世纪的希腊已经有简单的会计制度；公元前200年左右，罗马的国家档案中已经有将政府收入、支出分设项目记录的记载。中国在处于奴隶社会的西周王朝时期，就有较为严密的会计制度。从秦汉到唐宋，在生产力发展的基础上，逐渐形成一套记账、算账的古代会计的基本模式，出现了“四柱清册”。“四柱”是指“旧管”“新收”“开除”“实在”，分别相当于现在的“期初结存”“本期收入”“本期支出”“期末结存”。官厅会计是我国古代会计的中心。

2. 近代会计阶段

从15世纪末到20世纪50年代末，意大利地中海沿岸的一些城市，如佛罗伦萨的银行账簿中，就分别以“借主”“贷主”登记债权、债务项目，这是目前在世界上被广泛应用的借贷复式记账法的记账符号的来源，也是复式记账的萌芽。14世纪初，热那亚应用的账簿中增加了商品、现金等项目，并采用了左右对照记录的形式；15世纪初，威尼斯商人进一步记录了损益和资本，奠定了借贷记账法的基础。1494年，意大利数学家卢卡•帕乔利(Luca Pacioli)所著的《算术、几何、比及比例概要》中第三编“簿记论”，论述了当时流行的簿记法，这是近代会计发展史上的一个里程碑，使会计界向会计理论研究的方向发展，标志会计方法和技术有了较大的发展，会计成为一门科学。因此，卢卡•帕乔利被称为“会计之父”。

19世纪至20世纪早期的工业革命时期，固定资产的成本在生产和销售中所占的比例上升，管理当局对生产成本和存货计价的信息需求增加，成本会计系统得以诞生。股份公司的发展使得所有权与经营权分离，因此会计承担了向公司投资者呈报财务状况和经营成果的任务，进而使审计得以发展。1853年，世界上第一个注册会计师专业团体——“爱丁堡会计师协会”在苏格兰的爱丁堡成立，这标志会计作为一个社会行业，已进入一个新的发展阶段。1911年，被誉为“科学管理之父” 的泰勒出版了著名的《科学管理原理》，一系列管理方法、技术被引入会计领域，标准成本、预算控制等方法由此产生，并构成成本会计的主要内容。

与此相对，封建社会后期的中国会计发展却越来越落后于西方国家。到了明末清初，商业界出现了“龙门账”， 并编制“进缴表”(相当于现在的“损益表” 或“利润表”)和“存核表”(相当于现在的“资产负债表”)。我国沦为半封建半殖民地国家后，“英式会计”和“美式会计”传入我国。当时中国近代会计的奠基者和中国第一个注册会计师谢霖才从日本引进了借贷复式记账法，自此，中国才开始在会计中运用复式记账方法。

3. 现代会计阶段

第二次世界大战以后，科学技术和管理手段日新月异，以及市场竞争和经营决策的迫切需求，导致会计从传统的事后反应向事前预测、参与决策转变。电子计算机被引入会计领域，引起会计方法发生重大变化。国际贸易与经济的发展，使会计成为“国际通用的商业语言”。因此，会计准则的国际趋同就成为一种趋势。

目前，美国、加拿大、英国、法国、德国、意大利、澳大利亚、新加坡和中国香港地区等，都是全球会计业非常发达的国家和地区。我国的会计工作者和专家在会计理论和实务方面也取得了一些显著的成绩，努力与国际会计接轨，不断地缩小与发达国家之间在会计方面的差距。

中国的会计工作者及会计专业学员除了可以考取在国内获得广泛认可的注册会计师证书，初、中、高级会计师证书外，也可在国内参加经国外认证的会计师资格证书考试，比如ACCA(特许公认注册会计师)、AIA(国际会计师专业资格证书)、CGA(加拿大注册会计师)、CMA(美国管理会计师协会)、ASCPA(澳大利亚注册会计师协会)等。这些高级职业资格证书的国际认可和高端从业人员的国际流动，验证了中国经济的快速发展和世界经济板块的不断融合与变迁，中国会计必将随着社会经济的可持续发展而走向辉煌。

1.1 会计学知识体系

会计在产生之初，主要履行记录功能，但随着社会经济环境的变迁，现代会计学科得以快速发展和逐步完善，会计对社会经济的信息作用与控制功能日益显现，逐渐发展为集信息与控制功能于一体的现代应用型管理学科。经济管理理论与技术的发展对会计学的发展起到重要的作用。现代管理科学的方法和系统论、信息论、控制论等科学成果在会计理论研究与会计方法创新的过程中起到巨大的作用，极大地丰富了会计学的内容。

学科的分立与整合，是学科发展的基本规律。会计学科同样经历了整合与分立的发展过程。会计学是由许多互相联系的学科组成的学科体系，主要由会计理论和会计应用两大部分构成。其中会计理论是基础，主要阐述会计核算的基本理论和基本方法；会计应用部分按照不同的构成方式包含诸多内容。

1.1.1 按照使用目的划分

总体而言，现代会计学科已经成为由信息会计学(会计学)、微观控制会计学(企业财务学)和宏观控制会计学(审计学)等既相互联系又相对独立的次级学科构成的管理学科。以提供企业经济信息为目的的会计，称为“信息会计”；以实现经济控制功能为目的的会计，称为“控制会计”。控制会计又可分为微观与宏观两个层面：微观层面以实现微观企业的经济控制功能为目的；宏观层面以实现宏观经济的控制功能为目的。现代会计学科体系结构，如图1-1所示。

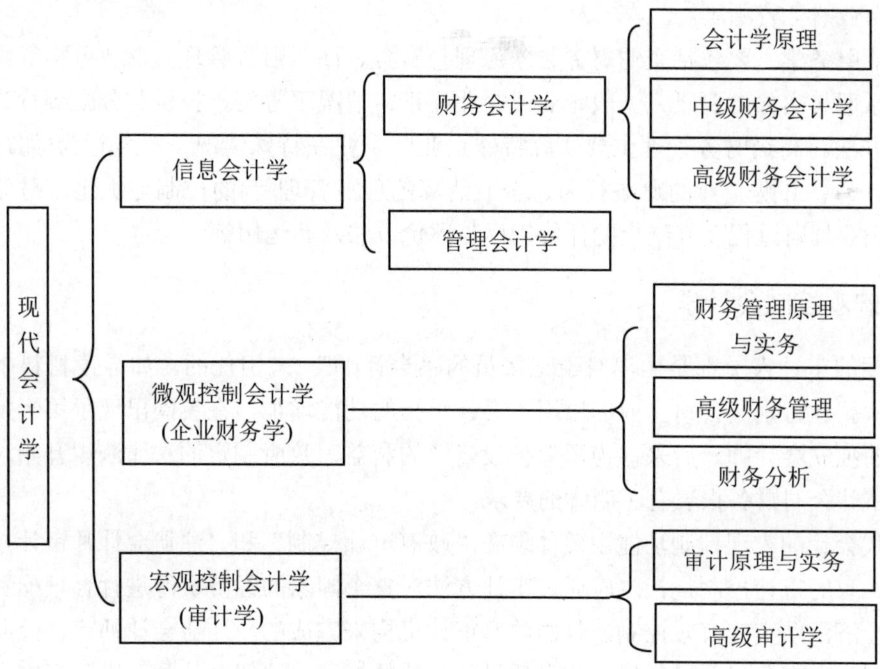

图1-1 现代会计学科体系结构

1. 信息会计学

信息会计学主要应用于微观企业及其他微观经济组织。会计的目的是为企业外部和内部使用者提供有用的经济信息，包括向外部信息使用者提供会计信息的财务会计学和主要向内部管理层提供会计信息的管理会计学。

以向外部信息使用者提供会计信息为目的的财务会计，主要研究财务会计目标、会计准则、会计要素、会计方法、会计行为(如会计确认、计量等)、会计报告、会计环境等问题。通常来说，现代财务会计学包括会计学原理、中级财务会计学、高级财务会计学等内容。会计学原理主要阐述会计确认、会计计量、会计记录和会计报告的基本原理与基本方法。中级财务会计学主要以特定经济实体为对象阐述其正常经济交易与事项的确认、计量、记录与报告的具体方法。高级财务会计学则主要阐述企业特殊的经济交易与事项(如外币折算、物价变动)或特殊企业(如清算企业、合并企业)的经济交易与事项(即突破会计基本假设框架的经济行为)的确认、计量、记录和报告的具体方法。

2. 微观控制会计学

微观控制会计学通常被称为“企业财务学”或“企业财务管理学”，是一门新兴交叉的管理学科，涉及管理学、金融学、投资学、资本市场、经济法律等相关学科的知识与内容。

企业的三类主要财务活动是企业资金的筹集与使用(Finance)、投资(Investment)和分配(Distribution)。在市场经济条件下，这三类活动均与市场环境，特别是资本市场息息相关。以资本市场为基础，合理配置企业财务资源以实现企业价值最大化，是企业财务管理的基本目标。因此，财务管理的主要内容就是控制企业财务活动、协调企业财务关系、合理配置企业财务资源等。

企业财务学主要包括企业财务管理原理与实务、高级财务管理、财务分析等内容。财务管理原理与实务主要研究一般企业或企业在正常情况下筹资、投资与分配等行为的控制原理与方法。高级财务管理主要研究特殊企业或企业在特殊情况下财务行为(如跨国公司的财务行为、并购企业的财务行为、企业清算的理财管理等)的控制与优化。财务分析主要研究企业理财过程及其结果的评价指标与评价方法及其运用等。

3. 宏观控制会计学

早期的审计人员都是由出身于记账员的“会计师”来担任的。如导读材料中所述，随着合伙企业特别是公司企业的出现，会计承担的功能增加，在英国出现了第一批以查账为职业的独立会计师。后来，为了保护投资者的利益，政府制定的法律法规开始对由独立会计师审计公司财务报表有了明确的要求。

现代会计的宏观控制功能主要体现在“政府审计控制”和“注册会计师审计控制”两个方面。政府审计控制是指政府通过审计方法对整个国家的经济资源进行合理配置、对整个国民经济活动实施有效控制，是由政府审计机构来完成的。注册会计师审计控制是指对企业特别是上市公司的财务报告信息质量所实施的控制。注册会计师对进入资本市场的会计信息进行审计、验证，目的是确保会计信息真实、有效，维持正常的资本市场秩序。

1.1.2 按照应用领域划分

现代会计学科体系按照应用领域划分，主要包括以下内容。

(1) 专业会计。按国民经济各个部门划分的专业会计，主要有企业会计、预算会计、银行会计等内容。企业会计包括工业会计、商业会计、农业会计、基本建设单位会计、施工企业会计、涉外会计等，主要阐述企业会计核算和监督的内容。预算会计用于除了企业以外的其他国民经济部门，如政府机关、军队、人民团体、事业单位等，统称行政事业单位会计。

(2) 财务管理。它主要阐明市场经济环境下以财务管理目标为核心的现代财务管理理论体系和以筹资决策、投资决策、盈利分配决策为主要内容的现代财务管理方法体系，主要研究如何根据企业经营资金运动对各种财务活动，如资金、成本、利润等进行科学的规划、组织、调节、控制、指导和监督，以提高资金运用效率和企业经济效益。

(3) 企业经济活动分析。它主要对企业经济活动过程及其结果的计划执行情况进行分析评价。

(4) 管理会计。它主要研究如何结合企业经营管理，通过一系列专门的方式、方法对未来预期发生的经营资金运动进行规划、预测并控制其执行，为管理和决策提供信息，解决企业各种生产经营业务的计划控制和考核、预测企业前景、参与企业决策、规划企业未来等问题。

(5) 审计学。它主要研究处于第三方身份的独立注册会计师(或审计师)如何对企业经济活动的合理、合法及效益性进行监督检查，审核企业的财务报表并出具具有法律效力的审计报告等方面的基本理论和方法。审计按其内容和目的可分为财政财务审计和经济效益审计；按其主体分类包括国家审计、内部审计和注册会计师审计。

(6) 会计制度设计。它主要研究不同行业、不同会计主体中，制定会计制度的理论、方法和技术。

(7) 西方会计学。它主要研究西方会计理论和方法。

(8) 会计史。它主要研究会计产生与发展的历史。

(9) 国际会计。它主要研究制定和建立能在世界范围内广泛应用的会计原则和会计方法。

(10) 社会会计。它主要研究在整个国民经济范围内组织会计管理活动的理论和方法。

1.1.3 按照应用方式划分

现代会计学科体系按照应用方式划分，主要包括以下内容。

(1) 财务会计。它主要阐明会计处理各项资产、负债、所有者权益、收入、费用和利润六大会计要素的基本理论和方法，按照公认的会计规范的要求、会计核算的一般原则和会计处理程序，对经济业务进行确认、计量、记录和编制会计报告，提供关于企业财务状况及其变动、经营成果的信息，以供投资者、债权人、国家行政管理机构和企业内部经营管理部门决策使用。

(2) 成本会计。它主要研究成本计算、成本预测、成本决策、成本计划、成本控制及成本评价的理论与方法。它为企业经营管理决策提供其所需要的各种成本信息，并研究如何有效地进行成本的会计管理等问题。

(3) 管理会计。管理会计又称“内部报告会计”，主要是通过一系列专门的方法，利用财务会计提供的资料及其他资料进行加工、整理和报告，使企业各级管理人员能据此对日常发生的各项经济活动进行规划与控制，帮助决策者做出各种专门决策的一个会计分支。

(4) 会计制度设计。它是以会计法律、法规为依据，用系统控制的理论和技术，把单位的会计组织机构、会计核算与监督和会计业务处理程序等加以具体化、规范化、文件化，以便据此指导和处理工作的过程。

(5) 计算机会计。计算机会计也称电子数据处理会计信息系统，它主要研究如何运用现代电子计算机来完成会计信息系统(含财务会计、成本会计及管理会计等)。

(6) 高级会计。它主要研究会计学科体系的发展，包括会计发展的新领域(如通货膨胀会计、人力资源会计及社会责任会计等)和新出现的、复杂的经济业务处理(如合并报表、所得税会计)等。

(7) 财务管理。财务管理是在一定的整体目标下，关于资产的购置(投资)、资本的融通(筹资)和经营中现金流量(营运资金)以及利润分配的管理。“公司财务”在中国常被译为“公司理财学”或“企业财务管理”。财务管理是企业管理的一个组成部分，它是根据财经法规制度，按照财务管理的原则，组织企业财务活动、处理财务关系的一项经济管理工作。

(8) 审计学。审计学是研究审计产生和发展规律的学科、是对审计实践活动在理论上的概括、反映和科学总结，同时被用来指导对国家各级政府及金融机构、企业事业组织的重大项目和财务收支进行事前和事后审查的独立性经济监督活动。

1.2 会计本质与目标

1.2.1 会计本质

如在导读材料中所述，会计历经古代、近代和现代阶段，并与其他学科不断地融合，是一门古老而又年轻的学科。对于会计的本质是什么，随着经济的发展和会计内容的丰富，学术界的观点历经一系列的演进，迄今仍不统一。

1. 簿记论

传统的观点将会计理解为一项记账、算账的工作，即会计的“簿记论”观点。这个定义固然在一定程度上反映了会计的工作内容，但并未明确会计记账、算账的目的，所以显示出一定的局限性。西方会计学者曾提出“工具论”观点，认为“会计是一门商业语言，为人们的经济活动提供一种能够实现正常沟通的工具，对这门语言理解得越好，对企业财

在两权分离的现代企业组织中，会计既要向投资者、债权人报告资源受托责任履行情况，更要为企业的经济决策提供有用性信息。因此，会计的基本目标就是向信息使用者提供有助于他们做出合理判断和决策的经济信息。

1. 关于会计目标的不同学术观点

围绕对于会计目标的基本理解，目前在学术界有两种主要的争论观点：决策有用观和受托责任观。

(1) 决策有用观。该观点认为，会计应该向信息使用者提供对其决策有用的信息，主要包括现金流量的信息和经济业绩及资源变动的信息。决策有用观适用的经济环境是所有权和经营权分离的情况下，委托方与受托方的关系不是直接建立起来的。资源的分配是通过资本市场进行的，这就需要会计提供财务和非财务信息以辅助利益相关者的决策。从这一角度看，会计的主要目标是向投资者解释受托者业绩，并用来解除受托责任。

(2) 受托责任观。该观点认为，所有权与经营权分离的情况下，存在资源的受托方和委托方。受托方和委托方的关系是：委托方拥有资源，并委托受托方对其进行管理；受托方则承担有效管理受托资源的责任，并使其保值增值；资源的受托方对委托方负责，向委托方报告；资源受托方的管理当局负有重要的社会责任，如保持企业所处社区的环境清洁、培养人力资源等；委托方和受托方应该处在能够直接接触的位置上。从这一角度看，会计的目标应是通过适当、公正、充分地揭示和表述会计信息，有助于会计信息使用者更好地做出经济决策。

通过对比以上观点，我们可以发现，这两种观点的适用经济环境都是两权分离的情况，但受托责任观要求两权分离是直接联系的，所有者与经营者都十分明确，两者直接建立委托受托关系；而决策有用观要求两权分离必须通过资本市场进行，两者不能直接交流，委托者在资本市场上以一个群体出现。国际会计准则理事会从财务报表的角度，将其目标界定为提供有助于使用者在经济决策中了解会计主体的财务状况、经营业绩和财务状况变动信息，了解管理层对交托给他们的资源的经营管理成果或受托责任。使用者之所以评估管理层的受托责任或经营管理责任，是为了能够做出经济决策，例如，是持有还是出售其对主体的投资、是续聘还是调换管理者等。

2. 中美关于会计目标解释的对比

(1) 美国对会计目标的解释。美国财务会计委员会在《企业编制财务报告的目的》中，从财务会计报告的角度，对会计目标做出如下解释。

编制财务报告应为现在和潜在的投资者、信贷者以及其他用户提供有用的信息，以便做出合理的投资、信贷和类似的决策。对于那些具有关于企业和经济活动的合理程度的知识，而又愿意花费适当的精力去研究信息的人们，信息应当是可以被理解的。

编制财务报告应为现在和潜在的投资者、信贷者以及其他用户提供信息。提供的信息要有助于他们对以下各种期望的现金收入来源，估量其金额、时间和或然性：股利或利息、出售或赎卖证券所得、到期证券或借款的清偿。因为投资者、信贷者的现金流量和企业的现金流量有关，编制财务报告应当提供信息，帮助投资者、信贷者以及其他人士估量有关企业期望的净现金流入的数额、时间和或然性。

编制财务报告应提供以下信息：有关企业的经济资财、这些资财上的权利(企业向其他个体交付资财的债务和业主权益)以及引起资财和资财上权利变动的各种交易、事项和情况的影响。

(2) 我国会计准则对会计目标的解释。我国1992年颁布的《企业会计准则》将会计目标概括为："会计信息应当符合国家宏观经济管理的要求，满足有关各方了解企业财务状况和经营成果的需要，满足企业加强内部经营管理的需要。"与以美国为代表的西方发达国家的会计目标相比，这种描述强调了国家宏观经济管理的要求，但是过于强调其通用性，过于概括，从而在一定程度上影响了它的可操作性。我国2006年《企业会计准则——基本准则》对会计目标又做出重新明确，指出财务会计报告的目标是"向财务会计报告使用者提供与企业财务状况、经营成果和现金流量等有关的会计信息，反映企业管理层受托责任的履行情况，有助于财务会计报告使用者做出经济决策。财务会计报告使用者包括投资者、债权人、政府及其有关部门和社会公众等"。可见，企业提供的会计信息在用途上应同时满足两个方面的要求：一是向财务报告使用者提供对其决策有用的信息；二是反映管理层受托责任的履行情况。这说明，我国同时认可"决策有用论"和"受托责任论"，并将会计信息的决策有用性作为报告的基本目标。

3. 会计目标实现的阶段

会计目标是通过会计确认、会计计量、会计记录和会计报告4个阶段得以实现的。

(1) 会计确认。会计确认是按照规定的会计标准和方法，辨认和确定经济信息是否可以作为会计信息进行正式记录并列入财务报表。

(2) 会计计量。会计计量是在进行确认后，根据被计量对象的计量属性，选择运用一定的计量基础和计量单位，确定应记录项目金额的会计处理。

(3) 会计记录。会计记录是把会计确认、计量的结果，及时、系统地记录下来，以便为经济管理和定期报告提供可靠的历史资料。这一过程包括设置会计科目和账户、填制会计凭证、复式记账、登记账簿，将在后面章节中逐一介绍。

(4) 会计报告。会计报告是按照会计准则和管理的具体要求，定期和不定期地结账，将一定期间的经济业务进行加工、整理、汇总，定期地用会计报表进行反映。反映内容包括财务状况、经营成果和现金流量等，是一种揭示财务信息的过程。

1.3 会计的职能与使用者

1.3.1 会计的职能

会计职能(Accounting Function)是指会计本身具有的经济管理功能和作用，体现着会计的本质，具体来讲，即会计是用来做什么的。会计职能受生产力发展水平和生产关系的影响，在人类历史发展的不同阶段、不同的经济规模和管理的要求下，其职能不断由简单到复杂、由单一职能向多项职能发展。但究其基本职能，马克思曾将其归纳为反映(观念总结)和监督(控制)。为了达到反映与监督的目的，现代会计在发展中逐步构建了它的两大工作系统，即会计的信息系统和会计的控制系统。

1. 会计的反映职能

会计的反映职能是指会计能够按照会计准则的要求，采用一定的程序和方法，全面、系统、及时、准确地将一个会计主体所发生的会计事项表现出来，达到为经营管理提供经济信息的目的。会计的反映职能的特征主要表现为以下几个方面。

(1) 运用相关会计方法，对会计单位每一项经济业务进行确认、计量、记录、分类和汇总，并以货币为主要计量单位反映价值运动的过程和结果。因为会计的反映职能主要是从价值量方面反映单位的经济活动情况，因此会计在履行反映职能时，主要是从数量而不是从质量方面进行的。如企业对固定资产进行反映时，只记录其数量、成本、折旧等变化，而不反映其技术性能、运行状况等。会计在反映各单位经济活动时主要使用货币进行计量，对这些投资的追踪记录只能使用货币量度。实物量单位、其他指标及其文字说明可以存在，但都处于附属地位。

(2) 会计是反映过去已经发生的经济活动，反映的内容必须真实、可靠。由于会计一般以书面凭证作为依据记录账簿以保证其真实性，而只有在每项经济业务发生或完成以后，才能取得该项经济业务完成的书面凭证，因此传统会计必须是在经济业务已经发生或完成之后才进行反映。

(3) 会计反映具有连续性、系统性和全面性。会计反映的连续性，是指对经济业务的记录是连续的，逐笔、逐日、逐月、逐年进行，不能间断。会计反映的系统性，是指对会计对象要按科学的方法进行分类，进而系统地加工、整理和汇总，以便提供管理所需要的各类信息。会计反映的全面性，是指对每个会计主体所发生的全部经济业务都应该进行记录和反映，不能有任何遗漏。

反映职能是会计核算工作的基础。它通过会计信息系统所提供的信息，服务于社会上所有的利益相关者(Stakeholders)，既包括国家的宏观调控部门，又包括会计主体的外部投资者、内部管理者和其他社会相关团体。

2. 会计的监督职能

会计的监督职能是指会计根据国家颁布的法令、法规和经济管理要求，利用会计信息系统所提供的信息，采用一系列方法对企事业单位经济活动的合法性、合理性和有效性实施检查和监督，使其不会任意活动或超出规定的范围和标准，不断提高企事业单位的经济效益，使之达到预期的目标。

会计监督具有以下几个特点。

(1) 会计监督具有合法性和合理性。会计监督是依据国家的财经法规和财经纪律来进行的，《中华人民共和国会计法》(以下简称《会计法》)对会计监督的内容做出如下规定：会计机构、会计人员对违反国家规定的收支应当制止和纠正，制止和纠正无效的，应当向单位行政领导人提出书面报告，请求处理。会计机构、会计人员对于违反国家规定的收支，有权向单位的监督机构或上级主管单位报告，也可以直接向审计机关、财政机关或税务机关报告。这说明，会计的监督是具有法规和纪律准绳的，具有强制性和严肃性，这是其合法性的体现。合理性是指会计对所在单位的经济活动所进行的监督应符合客观经济规律及经营管理方面的要求，按预期的目的和要求，通过预测、计划(预算)、控制、分析、考评等具体方法进行。

(2) 会计监督具有连续性。由于会计反映是连续不断地进行的，所以会计监督也是连续的。各会计主体每发生一笔经济业务，都要通过会计进行反映，在反映的同时，要审查它们是否符合法律、制度、规定和计划，这就是会计监督的连续性。

(3) 会计监督具有完整性。会计监督是全过程的监督，包括事前监督、事中监督和事后监督。事前监督是指会计部门或会计人员在参与制定各种决策以及相关的各项计划或费用预算时，依据有关政策、法规、准则等的规定对各项经济活动的可行性、合理性、合法性和有效性等进行审查，起到防止违法、违纪的经济活动发生的作用。事中监督是指在进行日常的经济业务和经营活动时，随时审查所发生的经济业务是否符合国家有关政策、法规和制度的规定，同时根据原定计划和预算的要求，与执行情况做对比，从而揭示存在的问题，提出改进意见，促使有关部门或人员采取措施予以改正和提升。事后监督是指以事先制定的目标、标准和要求为依据，利用会计反映取得的资料对已经完成的经济活动进行考核、分析和评价。会计事后监督具有总结和提高的作用，可以为制订下期计划、预算提供历史数据，预测今后经济活动的发展趋势并为企业管理和绩效考评提供依据。

事前监督与事中监督有利于及时发现问题，及时采取补救措施，防患于未然；事后监督便于全面、真实、准确地检查经济活动的全过程，提高会计监督的准确性和完整性。

3. 两种会计职能的相互关系

会计职能的两项基本内容是紧密结合，密不可分，相辅相成，同时又是辩证统一的。会计反映是会计监督的基础和前提，是最基本的职能，没有会计反映职能所提供的可靠、完整的会计信息资料，会计监督就没有客观依据；会计监督是会计反映的继续和深入，没有科学、严格的会计监督，就难以保证会计记录的真实性、准确性，会计就不能更好地发挥其在生产经营管理中的作用，会计反映职能也就失去了意义。

4. 会计基本职能的外延

随着世界经济的迅速发展、经济环境的激烈变化，经济活动变得越来越复杂，市场竞争越来越激烈，经济关系越来越复杂化，在这样的新形势下对会计的要求也就越来越高。受此影响，会计职能的深度和广度得到很大的发展，会计职能不仅有反映和监督“两职能说”，还有“三职能说”直至“九职能说”。目前，我国会计学界比较流行的是“六职能”论。这一学说认为，会计具有“反映经济情况、监督经济活动、控制经济过程、分析经济效果、预测经济前景、参与经济决策”六项职能，并认为这六项职能是密切结合、相辅相成的。其中，两项基本职能是四项新职能的基础，而四项新职能又是两项基本职能的延伸和提高。新时期的会计既要能够依据会计信息和其他信息，运用一定的技术方法，对企业生产经营活动各方面的发展趋势进行估计和测算，为决策、计划和控制提供服务；又要对决策对象的有关信息、制定的策略及其后果等进行综合研究后，根据某种决策的衡量准则做出决策；不但要先编制长期规划和年度计划，然后运用一定的科学管理方法，使经营成果达到规划、计划的目标，发现偏差随时纠正；而且要以会计信息为主要依据，结合计划、统计和其他信息，对企业的生产经营活动及其成果进行综合的分析研究和评价，以便不断挖掘潜力，提高经济效益。这种客观情况要求每个有志成为优秀的会计从业人员的学员必须不断地紧跟时代的步伐，充实新的会计知识及相关职业技能，适应不断提升的职业标准。

1.3.2 会计的使用者

在市场经济条件下，企业处于错综复杂的经济关系之中，根据会计信息(Accounting formation)进行有关经济决策的组织或个人，就是会计信息的使用者。按照信息使用者与企业的关系，可分为企业内部使用者和企业外部使用者。内部使用者是指企业内部的经营管理人员和一般员工；外部使用者包括投资者、债权人、政府经济管理部门和税收机关、其他外部使用者等。不同的信息使用者所需求信息的种类和内容不同。

1. 企业内部管理者和一般员工

企业内部管理者的主要职责是实施董事会做出的有关经营、投资与筹资活动的重大决策，并负责管理企业日常的生产经营活动。企业管理人员的素质、能力与行为直接影响企业的经济活动，影响经济资源的配置效率，从而影响企业的经济收益和企业价值的提升。企业管理者所进行的所有管理活动几乎都需要利用会计信息，因此准确可靠的关于企业的经济活动、经营成果、财务状况及其变化、成本水平及构成等会计信息，有助于决策者进行合理的决策，有助于强化内部管理。

企业的员工既关心企业的发展与存亡的相关问题，如企业的财务状况、经营业绩、现金流量、企业未来的发展能力与前景等；也关心其个人的福利及职位的稳定性和发展性，如工资的高低、奖金的多少、升迁的机会、工作的稳定性等。

2. 投资者

企业的投资者包括现在的投资者和潜在的投资者。从产权关系上看，投资者是企业主要的产权所有者。由于财产所有权与经营权的实质性分离，使得作为财产所有人的投资者无法对其财产进行“日常监管”，导致投资者与企业之间“委托代理关系”的产生。投资者将其资金投入企业，作为企业从事生产经营活动的资本，其目的是获利。投资者关心的是如何实现财产价值的保值与增值，企业及其经营者则承担合理利用与配置企业资源、最大限度地使其保值与增值的责任。投资者需要借助履行受托责任的企业经营者定期提供的财务报告及其会计信息来了解企业的经济活动情况，保护自身的利益；同时投资者需要掌握企业的经营状况、盈利能力及发展态势的会计信息，以正确地预测投资风险和报酬，做出是否追加投资、转让或收回投资等投资决策。为了满足投资者的需要，会计必须以基本的会计原则为依据，以会计准则为准绳，为投资者提供对决策有用的会计信息，以帮助投资者做出正确的投资决策。

3. 债权人

企业的债权人主要包括向企业提供贷款的银行与非银行金融机构(如财务公司)和向企业提供商品或劳务的供应商(即商业债权人)。事实上，债权人也是企业的产权所有者之一，因为它们提供了企业生产经营活动所需的部分财产。但是“债权人产权” 与“投资者产权”在法律等方面具有一定的差别。债权人将资本借给企业，与企业之间存在直接的经济利益关系。债权人出于自身债权安全的考虑，主要关心企业偿还本金和利息的能力。短期债权人主要关心企业目前的经营状况和资产变现能力，据以分析能否按时收回债务；长期债权人主要关心企业的经营前景和今后的盈利能力，据以做出是否增加贷款或提前收回贷款的决定。

4. 政府经济管理部门和税收机关

政府是“社会管理者”，为确保整个国家的社会与经济活动的正常秩序，履行社会管理的职能。政府及其经济监管部门需要了解企业经济活动的整体情况并判断企业的经济行为是否合法、是否有效。但如果政府为企业出资，则成为企业的投资者。此时，政府便以企业的投资者身份而享有投资者的一切权益并承担相应的义务。

政府及其有关部门需要会计信息来制定税收政策、进行税收征管和国民经济统计等，利用价格、税收、利率等经济杠杆和有关法律、行政管理等手段进行国民经济宏观控制和调节，避免对国民经济实施不当的调控，促进国民经济健康、协调、有序发展。另外，税收是国家财政收入的主要来源，国家在制定税法、进行税收征管时，一般都要以会计信息为依据计算企业须缴纳税款的具体金额。

5. 其他外部使用者

其他外部使用者的涵盖范围较广，竞争对手、供应商、客户、证券分析师、社会公众等相关群体都可包括在内。企业的竞争对手比较关注企业的会计信息，通过对企业会计信息的了解，企业的竞争对手能够适时调整经营战略，以获取竞争的优势。供应商需要通过会计信息了解客户的经营稳定性、商业信用状况以及支付能力，以评价经营风险，进行商业决策。企业的客户与企业有着密切的关系，企业的财务状况与经营成果等会对其客户产生影响，因此企业客户比较关心企业的经营能力、获利能力和信用程度等信息。证券分析师需要充分了解企业的各项会计信息，才能对企业做出正确的评价，从而向投资者(或潜在的投资者)提出合理的建议。社会公众则可能关心企业对国家的贡献和对就业、环境保护等社会责任的履行情况，或者从一个消费者的角度关注企业会计信息。例如，公众可以通过分析企业的收入、利润，发现石油、邮电、通信等垄断性成分较高的行业是否存在通过不恰当价格获取垄断利润的情况。

1.4 会计基本假设

会计假设(Accounting Assumption)即会计核算的基本前提，是指为了保证会计工作的正常进行和会计信息的质量，对会计核算的范围、内容、基本程序和方法所做的合理设定。会计假设是人们在长期的会计实践中逐步认识和总结形成的。企业在组织会计核算时，应遵循的4个会计基本假设包括会计主体(Entity)假设、持续经营(Going Concern)假设、会计分期(Accounting Period)假设、货币计量(Monetary Measurement)假设。

1.4.1 会计主体假设

会计主体是指会计工作为其服务的特定单位或组织。会计主体假设是指会计核算应当以企业发生的各项经济业务为对象，记录和反映企业本身的各项经济活动。尽管企业本身的经济活动总是与其他企业、单位或个人的经济活动相联系，但对于会计来说，其核算的范围既不包括企业所有者，也不包括其他企业的经济活动，会计核算只记本主体的账，反映一个特定企业的经济业务。会计主体假设明确了会计工作的空间范围。

企业作为会计主体有不同的组织形式，主要划分为：个体(Sole Trader)、合伙(Partnership)、有限公司(Limited Enterprise)。表1-1总结了个体企业、合伙企业及有限公司各自的特点。

表1-1 个体企业、合伙企业及有限公司的特点

特点	个体企业	合伙企业	有限公司
是否为企业个体	是	是	是
是否为法人实体	否	否	是
是否承担有限责任	否	否	是
是否具有无限寿命	否	否	是
是否需要缴纳所得税	否	否	是
是否可以只有一位所有人	是	否	是

1. 个体企业

个体企业是指由一个人独自出资经营的企业，企业的所有权属于单一的出资者，企业内部可由出资人雇佣一定数量的员工进行经营，这是一种最简单的企业组织形式。个体企业不是独立的法律主体，没有法人资格，即个体企业不能以企业的名义处理企业的对外事务，它只是依附于出资者个人而存在。出资者本人享有支配权利并对企业的一切负法律责任，当企业的资产不足以清偿其债务时，出资者必须动用其个人财产用于债务的偿还。

2. 合伙企业

合伙企业是指由两人或两人以上的少数几个人共同投资经营的企业组织形式。按照《中华人民共和国合伙企业法》的规定，合伙企业是指依照该法在中国境内设立的、由各合伙人订立合伙协议、共同出资、合伙经营、共享收益、共担风险，并对合伙企业债务承担无限连带责任的营利性组织。

合伙企业具有非法律实体、有限寿命、互为代理和无限责任等特点。非法律实体，是指合伙企业原则上不具有独立的法律人格，不是法人，因此不能以企业的名义承担法律责任或享有法定权利。有限寿命，是指合伙企业是一种依据合伙契约建立并存在的经济组织，合伙人的死亡、退出或破产等都将导致合伙企业的寿命终止。互为代理，是指在合伙企业中，任何一个合伙人都有权在企业的正常经营范围内代表企业执行业务，如签订合同等，其行为后果由全体合伙人承担，其他合伙人均须为该合伙人的行为负连带责任。无限责任，是指合伙企业对其债务负有无限偿还责任。当企业全部财产不足以清偿到期债务时，各合伙人应当动用个人资产，承担无限连带清偿责任。

3. 有限公司

有限公司与独资及合伙企业的组织形式不同，分属两种法律管理。有限公司是指按国家颁布的公司法的规定而设立的以盈利为目的的企业，一般是指企业的所有权与经营权分离的企业，公司的所有者是股票的持有者，即股东。有限公司具有法人资格，属于企业法人，其法人地位及公司经营不受股东变动的影响，可以保持相对稳定和永久性。

有限公司作为企业法人拥有自己的独立法人的财产，并以公司的名义享受权利，承担义务。有限公司主要分为两种基本的组织形式：有限责任公司和股份有限公司。有限责任公司的主要特点是股东以其出资额为限，对公司承担责任，公司以其全部资产对公司的债务承担责任；股份有限公司是指公司全部资本分为若干等额股份，股东以其所持股份为限对公司承担责任，公司以全部资产对公司债务承担责任。无论组织形式如何，有限公司在经营活动中承担的是有限责任，即公司全部资产。

会计主体假设是持续经营、会计分期假设和其他会计核算基础的基础。因为，如果不划定会计的空间范围，会计核算工作就无法进行，指导会计核算工作的有关要求也就失去了存在的意义。

1.4.2 持续经营假设

持续经营是指会计核算时间范围的规定性，明确了会计核算在多长时间内进行。持续经营是指会计主体的生产经营活动将无限期地延续下去，在可以预见的未来不会破产、清算、解散。正是在这一前提下，企业的固定资产价值不能一次全部记入生产、经营成本，而应采取折旧的形式分期摊销；在企业的经营收入和费用的发生与其货币收付发生有一定程度的分离时，企业不能以是否收付货币资金作为收入、费用是否发生(实现)的标准，而应按权责发生制原则确认。资产需要划分为流动资产和长期资产，会计主体所持有的资产将按照预定目的，在正常的经营过程中被耗用、出售或转让。负债需要划分为流动负债和长期负债，企业所承担的债务将如约偿还。

在现实中，很可能出于种种原因而导致企业关、停、并、转甚至破产清算。当有足够的证据证明一个会计主体已无法履行其所承担的义务时，持续经营这一假定前提就不再成立，在此前提下建立的有关会计原则将不再适用，而只能按其他会计规范进行会计处理。

1.4.3 会计分期假设

会计的对象是企业的生产经营活动，而企业的生产经营活动又是持续不断的。严格地讲，企业生产经营的最终成果，只有在企业生产经营活动不再进行时，如停业、破产、清算后才能比较准确地计算出来。为了及时向企业的投资者、债权人和国家各级管理部门提供会计信息，满足会计信息使用者的要求，反映和监督企业生产经营活动，有必要将企业持续不断的生产经营活动人为地划分为不同的会计期间，据此结算账簿，编制报表，定期反映企业的财务状况、经营成果和现金流量。这种人为的分期就是会计期间。

各国所采用的会计年度一般都与本国的财政年度(Fiscal Year)相同。财政年度又称为预算年度，是指一个国家以法律规定为总结财政收支和预算执行过程的年度起讫时间。通常以一年(365天) 为单位。每个国家或其法例所辖的组织各有不同，可分成两类，一是历年制；二是跨年制，例如美国的财年是每年10月1日到次年9月30日(但也有一些美国企业的财年是从每年7月1日到次年6月30日)。我国的企业会计准则规定，以日历年度为一个会计年度，即每年1月1日至该年12月31日为一个会计年度。会计年度确定后，一般按日历确定会计半年度、会计季度和会计月度。其中，短于一个完整的会计年度的报告期间均称为中期。

会计分期假设有重要的意义。有了会计分期，才会有本期和非本期的区别，才会产生收付实现制和权责发生制以及划分收益性支出和资本性支出、配比等要求。只有正确地划分会计期间，才能准确地提供财务状况和经营成果的资料，才能进行会计信息的对比。

1.4.4 货币计量假设

货币计量假设是指当会计为持续经营的会计主体进行核算时，采用币值稳定的货币来记录、反映会计主体的经济活动情况。货币计量假设包括两个层次：一是货币计量单位；二是货币的币值稳定与否。

由于企业使用的计量单位较多，为了全面、综合地反映企业的生产经营活动，会计核算客观上需要一种统一的计量单位作为计量尺度。货币作为商品的一般等价物，能用以计量一切资产、负债和所有者权益以及收入、费用和利润，也便于综合。需要指出的是，货币本身就有价值，它是通过货币的购买力或物价水平表现出来的，以货币作为统一计量单位的假设是建立在币值基本稳定的基础上的，所以币值稳定是货币计量这一假设的附加前提。如果币值变动超过了一定的范围，如在发生恶性通货膨胀时，币值不稳定，货币计量假设就失去了基础，需要采用特殊的会计原则进行处理。

世界各国使用的货币单位各不相同，例如，美国、加拿大、澳大利亚和新加坡使用“元”作为货币单位，英国使用“镑”作为货币单位。企业在会计报告中使用哪种货币单位通常取决于企业在哪个国家从事经营活动，但是现在许多企业往往同时使用两种以上的货币单位来编制多份会计报表。若企业的经济业务有两种以上的货币计量，应该选用一种作为基准，称为记账本位币。记账本位币以外的货币则称为外币。我国有关会计法规规定，企业会计核算以人民币为记账本位币。业务收支以人民币以外的其他货币为主的企业，可以选定该种货币作为记账本位币，例如在中国境外设立的中国企业一般以当地货币进行经营活动，可以用当地币种进行计量，但编制的会计报表向国内报送时，应当折算为人民币。

随着知识经济时代的到来，数字化浪潮渗透生活的各个领域，通过货币反映的价值信息，已不能完全满足管理者和投资者进行决策的需要，诸如创新能力、学习能力、客户满意度、市场占有率、虚拟企业创建速度等表现企业竞争力方面的指标已加入价值评估中来。同时，随着知识创新和技术进步，出现了以电子商务为代表的新的商务模型，对无形资产(特别是知识产权)和人力资源的计量、对高级专门技术人员和高级管理人员价值的计量、对高科技企业潜在的高额风险回报的计量等方面，成为当前的一个突出问题。此外，电子货币、数字货币的出现，也对货币计量假设产生深刻的影响。

综上所述，会计假设虽然是人为确定的，但完全是出于客观的需要，有充分的客观必然性，否则，会计核算工作就无法进行。上述会计核算的4项基本前提，具有相互依存、相互补充的关系。会计主体确立了会计核算的空间范围；持续经营与会计分期确立了会计核算的时间长度；而货币计量则为会计核算提供了必要手段。没有会计主体，就不会有持续经营；没有持续经营，就不会有会计分期；没有货币计量，就不会有现代会计。

1.5 会计处理基础

会计处理基础有两种：权责发生制(Accruals System)与收付实现制(Cash System)。这两种处理基础是针对收入和费用而言的。正确地应用权责发生制是会计处理中非常重要的规范。企业生产经营活动在时间上是持续不断的，不断地取得收入，不断地产生各种成本、费用，将收入和相关的费用进行配比，就可以计算和确定企业生产经营活动所产生的利润(或亏损)。由于企业生产经营活动是连续的，而会计期间是人为划分的，所以难免有一部分收入和费用出现收支期间和应归属期间不一致的情况。于是在处理这类经济业务时，应正确选择合适的会计处理基础。可供选择的会计处理基础包括收付实现制和权责发生制两种。

1.5.1　收付实现制

收付实现制，亦称现收现付制，是以款项是否实际收到或付出作为确定本期收入和费用的标准。采用收付实现制会计处理基础，凡是本期实际收到的款项，不论其是否属于本期实现的收入，都作为本期的收入处理；凡是本期付出的款项，不论其是否属于本期负担的费用，都作为本期的费用处理。反之，凡本期没有实际收到款项和付出款项，即使应归属于本期，也不作为本期收入和费用处理。例如，沈阳立信公司于9月25日销售一批商品，10月25日收到货款，这笔销售收入虽然属于9月份实现的收入，但由于是在10月份收到货款，应将其作为11月份的收入入账，即无论收入的权利和支出的义务归属于哪一期，只要款项的收付在本期，就应确认为本期的收入和费用，不考虑预收收入和预付费用，以及应计收入和应计费用的存在。到会计期末根据账簿记录确定本期的收入和费用，因为实际收到和付出的款项，必然已经登记入账，所以不存在对账簿记录于期末进行调整的问题。这种会计处理基础的核算手续简单，但强调财务状况的切实性，在不同时期缺乏可比性，所以它主要适用于行政、事业单位。

1.5.2　权责发生制

权责发生制，亦称应收应付制，是指企业以收入的权利和支出的义务是否归属于本期为标准来确认收入、费用的一种会计处理基础，即以应收应付为标准，而不是以款项的实际收付是否在本期发生为标准来确认本期的收入和费用。在权责发生制下，凡是属于本期实现的收入和发生的费用，不论款项是否实际收到或实际付出，都应作为本期的收入和费用入账；凡是不属于本期的收入和费用，即使款项在本期收到或付出，也不作为本期的收入和费用处理。由于它不管款项的收付，而以收入和费用是否归属本期为准，所以称为应计制。以前文所举例子说明，在权责发生制下，沈阳立信公司的货款应作为9月份的收入，因为收入的权利在9月份就实现了，10月份只是收到之前的款项。由此可见，与收付实现制相反，在权责发生制下，必须考虑预收、预付和应收、应付。由于企业日常的账簿记录不能完全地反映本期的收入和费用，需要在会计期末对账簿记录进行调整，使未收到款项的应计收入和未付出款项的应付费用，以及收到款项而不完全属于本期的收入和付出款项而不完全属于本期的费用，归属于相应的会计期间，以便正确计算本期的经营成果。采用权责发生制核算比较复杂，但反映本期的收入和费用比较合理、真实。

总结

现代会计学科已经发展为由信息会计学(会计学)、微观控制会计学(企业财务学)和宏观控制会计学(审计学)等既相互联系又相对独立的次级学科构成的管理学科。

会计的本质属性是一种管理活动，是以货币为主要计量单位，采用专门的方法对组织的经济活动进行完整的、连续的、系统的反映(核算)和监督的一种经济管理活动，它以提高经济效益为主要目的。会计目标是通过编制和提供财务会计报告满足会计信息使用者的信息需求。在两权分离的现代企业组织中，会计既要向投资者、债权人报告资源受托责任的履行情况，更要为企业的经济决策提供有用性信息。会计职能是指会计本身具有的经济管理功能和作用，体现着会计的本质，即会计是用来做什么的。为了达到反映与监督的目的，现代会计在发展中逐步构建了它的两大工作系统，即会计的信息系统和会计的控制系统。会计信息的使用者包括企业内部使用者和企业外部使用者。企业内部使用者是指企业内部的经营管理人员和一般员工；企业外部使用者包括投资者、债权人、政府和税收机关、其他外部使用者。企业在组织会计处理时，应遵循的4个会计基本假设包括会计主体(Entity)假设、持续经营(Going Concern)假设、会计分期(Accounting Period)假设、货币计量(Monetary Measurement)假设。会计处理基础有两种：权责发生制(Accruals System)与收付实现制(Cash System)，这两种处理基础是对收入和费用而言的。

关键词

会计	Accounting
会计目标	Accounting Objective
会计职能	Accounting Function
会计信息	Accounting Information
会计假设	Accounting Assumption
主体	Entity
持续经营	Going Concern
会计分期	Accounting Period
货币计量	Monetary Measurement
个体	Sole Trader
合伙	Partnership
有限公司	Limited Enterprise
财政年度	Fiscal Year
权责发生制	Accruals System
收付实现制	Cash System

习题

一、单项选择题

1. 下列各项中，属于近代会计产生的标志是(　　)。

A. 司会的设立　　B. 《证券法》和《证券交易法》的颁布

C. 英国工业革命的兴起　　D. 复式记账法的产生和“簿记论”的问世

2. 下列关于企业资金运用的表述中，正确的是(　　)。

A. 企业的资金运用就是从货币资金开始转化为储备资金的过程

B. 企业的资金运用就是从货币资金开始依次转化为储备资金、生产资金的过程

C. 企业的资金运用是指资金投入企业后，在供应、生产和销售等环节不断循环与周转

D. 企业的资金运用就是从货币资金开始依次转化为储备资金、生产资金、产品资金的过程

3. 下列各项中，既是会计主体又是法律主体的是(　　)。

A. 分公司　　B. 子公司

C. 企业管理的证券投资基金　　D. 子公司内设机构

4. 下列关于变更会计核算方法的表述中，正确的是(　　)。

A. 前后各期可以任意变更　　B. 前后各期应当一致，不得变更

C. 前后各期应当一致，不得随意变更　　D. 前后各期可以变更，但须经过批准

5. 企业固定资产可以按照其价值和使用情况，确定采用某一方法计提折旧，它所依据的会计核算前提是(　　)。

A. 会计主体　　B. 持续经营　　C. 会计分期　　D. 货币计量

6. 会计处理基础包括收付实现制和(　　)。

A. 实地盘存制　　B. 永续盘存制　　C. 计划成本核算法　　D. 权责发生制

7. 会计预测是指根据已有的会计信息和相关资料，对生产经营过程及其发展趋势进行判断、预计和估测，找到财务方面的预定目标，作为下一个会计期间实行经济活动的指标。这属于会计的(　　)职能。

A. 参与经济决策　　B. 会计监督　　C. 预测经济前景　　D. 评价经济业绩

8. 使各有关会计期间损益的确定更为合理的会计处理基础是(　　)。

A. 现金制　　B. 收付实现制　　C. 分类制　　D. 权责发生制

9. 形成权责发生制和收付实现制不同的记账基础，进而出现应收、应付、预收、预付、折旧、摊销等会计处理方法所依据的会计基本假设是(　　)。

A. 货币计量　　B. 会计年度　　C. 持续经营　　D. 会计分期

10. 现代会计形成的重要标志是(　　)。

A. 出现了借贷记账法　　B. 成本会计形成

C. “会计原则”形成　　D. 传统会计划分为财务会计与管理会计

11. 下列选项用来界定会计核算空间范围的是(　　)。

A. 会计主体　　B. 持续经营　　C. 会计分期　　D. 货币计量

12. (　　)要通过企业的会计信息，了解企业所承担的义务，获取对宏观经济管理、制定宏观经济政策等有用的信息。

A. 政府　　B. 社会公众　　C. 债权人　　D. 投资者

13. 会计的基本职能包括(　　)。

A. 会计控制与会计决策　　B. 会计预测与会计控制

C. 会计核算与会计监督　　D. 会计计划与会计决策

14. 下列有关会计方面的表述中，不正确的是(　　)。

A. 经济越发展，会计越重要

B. 会计按其报告对象不同，分为财务会计与管理会计

C. 会计就是记账、算账和报账

D. 会计是以货币为主要计量单位，核算和监督一个单位经济活动的一种经济管理活动

二、多项选择题

1. 下列关于会计特征的表述中，正确的有(　　)。

A. 会计是一种经济管理活动　　B. 会计是一个经济信息系统

C. 会计采用一系列专门的方法　　D. 会计以货币作为主要计量单位

2. 企业的债权人包括(　　)。

A. 银行　　B. 债券购买者

C. 非银行金融机构　　D. 提供贷款的单位或个人

3. 下列各项中，属于会计基本假设的有(　　)。

A. 会计主体　　B. 持续经营　　C. 会计分期　　D. 货币计量

4. 下列各项中，属于会计信息使用者的有(　　)。

A. 投资者　　B. 债权人

C. 企业管理者　　D. 政府及其相关部门

5. 以收付实现制为核算基础，下列各项属于6月份收入或费用的是(　　)。

A. 6月份支付下期的房租　　B. 6月份预收的款项

C. 6月份预付的款项　　D. 6月份采购设备尚未支付的款项

6. 下列各项中，出现(　　)情况时，即表明企业不能持续经营。

A. 财务困难　　B. 大规模削减业务

C. 涉及诉讼　　D. 转产生产新产品

7. 下列各项中，可以作为一个会计主体进行核算的有(　　)。

A. 销售部门　　B. 分公司

C. 母公司　　D. 企业集团

8. 下列各项中，属于会计职能的有(　　)。

A. 预测经济前景　　B. 参与经济决策

C. 评价经营业绩　　D. 实施会计监督

9. 下列关于会计的表述中，正确的有(　　)。

A. 会计是一种经济管理活动

B. 会计的基本职能是对经济活动进行核算和监督

C. 会计的主要计量单位是货币

D. 企业法人、非法人单位都可以成为会计主体

10. 下列各项中，属于会计核算与会计监督职能的关系的有(　　)。

A. 会计监督是会计核算的质量保障

B. 会计核算是会计监督的基础

C. 会计核算和会计监督是相辅相成、辩证统一的关系

D. 会计监督是会计核算的基础

三、判断题

1. 会计是以货币为主要计量单位，运用专门方法，核算和监督一个单位经济活动的一种行政管理工作。(　　)

2. 会计的职能是指会计在经济管理过程中所具有的功能。(　　)

3. 会计核算职能是指会计以货币为主要计量单位，对特定主体的经济活动进行确认、计量和报告。(　　)

4. 会计监督职能是指对特定主体的经济活动和相关会计核算的真实性、合法性和合理性进行审查。(　　)

5. 投资者、债权人、政府部门、企业管理者都属于企业的外部信息使用者。(　　)

6. 在持续经营假设下，会计确认、计量和报告应当以企业持续、正常的经济活动为前提。(　　)

7. 我国的会计年度是公历1月1日至12月31日。(　　)

8. 会计只能以货币作为计量单位。(　　)

9. 会计基础是指会计确认、计量和报告的基础，包括权责发生制和收付实现制。(　　)

10. 根据收付实现制，凡是不属于收入和费用的，即使款项已在当期收付，也不应当作为当期的收入和费用。(　　)

11. 权责发生制是以收到或支付现金作为确认收入和费用的标准。(　　)

12. 企业投资者通常关心企业的盈利能力和发展能力，他们需要借助会计信息等相关信息来决定是否调整投资、更换管理层和加强企业的内部控制等。(　　)

13. 企业贷款人、供应商等债权人通常关心企业的偿债能力和财务风险，他们需要借助会计信息等相关信息来判断企业能否按约支付所欠货款、偿还贷款本金和支付利息等。(　　)

14. 企业管理者是会计信息的重要使用者，他们需要借助会计信息等相关信息来管理企业，对企业进行控制，并做出财务决策。(　　)

15. 企业会计基本准则的主要内容有财务会计报告的目标、会计基本假设、会计信息质量要求、会计要素及其确认标准、会计计量属性与运用原则、财务会计报告要求等。(　　)

第2章　会计要素与科目

学习目的与要求

理解：

- 反映会计要素内在联系的会计等式
- 总分类账户和明细账的设置

掌握：

- 会计要素的内涵和特点
- 会计科目的概念及其分类

教学重点与难点

重点：

- 会计要素的内容
- 静态、动态会计等式

难点：

- 会计科目的分类和内容
- 借贷记账法的账户结构

导读材料

会计要素是会计对象的具体化，是会计基本理论研究的基石，是会计准则建设的核心。会计要素的定义是否科学合理，直接影响着会计实践质量的高低。1993年，我们在借鉴国际会计准则和美国会计准则的基础上，结合当时我国的实际情况，在《企业会计准则》中提出了六大会计要素的定义，这对我国基本会计准则的构建乃至会计实务的指导起到了积极的作用，但随着我国市场经济的发展、新的经济业务形式的不断出现和我国具体准则的陆续出台，基本准则中对会计要素的定义越来越显现其局限性，不利于具体准则的建设和对会计实务的指导，对会计要素定义的修订是大势所趋。

会计要素是对会计对象进行的基本分类，是会计核算对象的具体化。通过会计要素对会计对象的分类，为会计核算提供了基础，也为财务报表的构建提供了基本架构。会计要素是指会计报表的基本构成要素。我国《企业会计准则——基本准则》将会计要素分为资产、负债、所有者权益(股东权益)、收入、费用(成本)和利润6个会计要素。资产、负债和所有者权益反映企业在一定时期的财务状况，是对企业资金运动的静态反映，属于静态要素，是资产负债表的构成要素。收入、费用和利润三项会计要素反映企业在一定时期的经营成果，是对企业资金运动的动态反映，属于动态要素，是利润表的构成要素。会计工作就是围绕会计要素的确认、计量、记录和报告展开的。确认是指符合会计要素定义和确认条件的项目纳入资产负债和利润表的过程。

2.1 会计要素

会计要素(Accounting Elements)又称为会计对象要素。会计要素是从会计的角度解释构成企业经济活动的必要因素，是指按照交易或事项的经济特征所做的基本分类，是指对会计对象按经济性质所做的基本分类，是会计核算和监督的具体对象和内容，是构成会计对象具体内容的主要因素，分为反映企业财务状况的会计要素和反映企业经营成果的会计要素。划分会计要素的意义在于：它可以为会计分类核算提供基础，可以按照会计要素的分类提供会计数据和会计信息，使得相关的投资和经营决策对于经济管理来说变得切实可行，有利于分别进行会计确认和会计计量，使会计确认和会计计量有了具体的对象；会计要素为会计报表构建了基本框架，通过会计报表可以分别反映各会计要素的基本数据，并科学、合理地反映各会计要素之间的相互关系，从而提供许多有用的经济信息。

我国财政部颁发的《企业会计准则》《企业会计制度》都将企业会计内容划分为6个会计要素，即资产、负债、所有者权益、收入、费用和利润。

2.1.1 会计要素的划分

一个以营利为目的的经济组织，会有效地运用其所拥有的经济资源。资金作为企业经济资源的货币形式，涉及两个重大问题：①资金是以何种具体形式存在的(即资金的占用)；②资金是以何种方式取得的(即资金的来源)。

关于第一个问题：在某一特定时日，一定数额的企业资金总是以各种不同的方式存在的，如库存现金、银行存款、应收账款、存货、机器设备、厂房、建筑物等，称之为企业的“资产”，能够在未来给企业带来经济利益。

关于第二个问题：企业在某一特定时日的资产，必然有其来源渠道，比如投资者投入或企业举债所得。企业投资者的出资，即投资入股的资金，其财产权利归属于投资者，因而，企业从投资者手中获得的资金，被称为“所有者权益”。以举债方式取得的资金，其产权归属于企业的债权人，称之为“负债”。

因此，资产、负债、所有者权益是说明企业在特定时日资金状况的三个基本要素。资产、负债和所有者权益要素的形成过程，如图2-1所示。

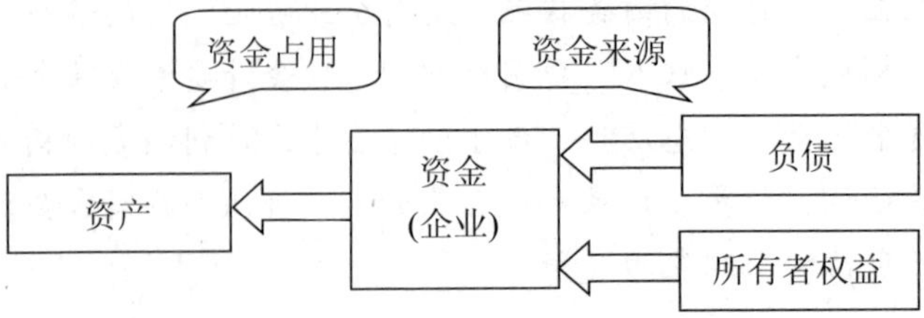

图2-1 资产、负债和所有者权益要素的形成过程

在实际业务中，随着企业生产经营活动的进行，企业的资金在内容、形态以及数量上都不断地发生变化。比如，企业开始经营，购入材料，支付产品的加工费用，生产出合格的产成品，然后通过销售环节出售给消费者，将产成品变为收入并收回相应的现金资产。会计上，将企业基于获利目的而发生的现金、材料、产品等消耗，称为“费用”；将在销售过程中通过销售产品等而获得的现金资产，称为“收入”；将收入与相应费用的差额，称为“利润”或“收益”。

因此，收入、费用和利润是说明企业在一定期间经营过程及其结果的三个基本要素。收入、费用和利润要素的形成过程，如图2-2所示。

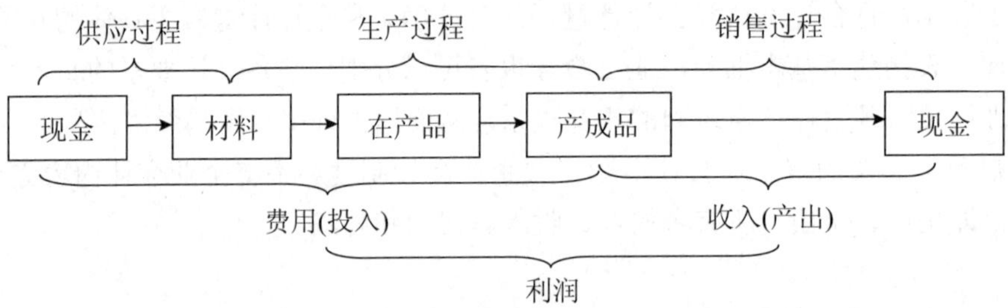

图2-2 收入、费用和利润要素的形成过程

由于会计要素是按性质对会计对象(资金)分类而形成的，资金既有相对的静止状态，又有绝对的运动状态，因此，会计六要素可以分为静态要素和动态要素两大类。静态要素又称为时点要素，是在某时点构成会计主体资金的要素，包括资产、负债、所有者权益，静态要素对资金的反映就像照片一样，定格于某一时点。动态要素表明了资金的循环与周转，包括收入、费用、利润，动态要素对资金的反映就像录像一样，记录资金运动的全过程。企业的资金运动是静、动结合的统一体，也就是说会计六要素存在有机联系。会计六要素的综合关系，如图2-3所示。

不同国家或地区的会计准则制定机构所确立的会计要素存在差异。例如，美国财务会计准则委员会(FASB)所确立的会计要素(财务报表要素)包括资产(Assets)、负债(Liabilities)、权益(所有者权益，Equity)、业主投入(Investment by Owners)、业主分派(Distributions to Owners)、全面收益(Comprehensive Income)、收入(Revenues)、费用(Expense)、利得(Gains)和损失(Losses)；而国际会计准则委员会(IASC)所确立的会计要素(财务报表要素)只包括资产(Assets)、负债(Liabilities)；权益(Equity)、收益(Income)和费用(Expense)。但无论如何，上述划分方法的共同点是都将会计要素分为静态要素与动态要素，而且静态要素与资产负债表中财务状况的计量直接联系，动态要素与收益表中经营业绩的计量直接联系。

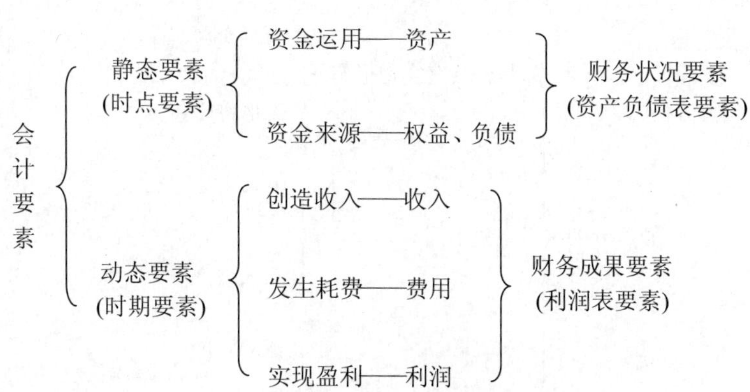

图2-3　会计六要素的综合关系

通过比较可以看出，各国会计要素划分的基本思路、基本格局是相同的。例如，如果美国不考虑影响权益要素的业主投资与派给业主款以及影响总收益要素的利得与损失，那么，中国和美国关于会计要素的划分就会完全一致。

2.1.2　会计要素的内容

1. 资产

虽然资产的定义在会计界仍然存在一些争议，但通常认为资产是指由过去的交易、事项形成并由企业拥有或者控制的资源，该资源预期会给企业带来经济利益。资产具有以下三个基本特征。

(1) 资产是由过去的交易、事项形成的，所以说，资产是现实的资产，而不能是预期的资产。例如，企业通过购买、自行建造等方式形成某项设备，会形成企业的资产；企业预计在未来某一时点将要购买的设备，引起相关的交易或者事项尚未发生，就不能作为企业的资产。

(2) 资产是企业拥有或控制的，所以说，企业所拥有的资源是企业的资产，企业所控制的资源，即使不为企业所拥有，也是企业的资产。例如，融资租入的固定资产，按照实质重于形式的要求，也应将其作为企业资产予以确认。

(3) 资产预期会给企业带来经济利益，所以说，资产必须具备未来直接或间接地增加流入企业的现金或现金等价物的能力。资产必须具有交换价值和使用价值。没有交换价值和使用价值、不能给企业带来未来经济利益的资源不能确认为企业的资产。例如，待处理财产损失或已失效、已毁损的存货，已经不能给企业带来未来经济利益，就不应该再作为资产出现在资产负债表中。

资产的分类，按照是否具有实物形态，可分为有形资产(如房屋、机器设备、库存现金、商品、材料等)和无形资产(如以债权形态出现的各种应收款项，以特殊权利形态出现的专利权、商标权等无形资产)；按其流动性，可分为流动资产与非流动资产；按其来源不同，可分为自有资产和租入资产。资产的分类，如图2-4所示。

- 资产分类
  - 是否具有实物形态
    - 有形资产
    - 无形资产
  - 来源不同
    - 自有资产
    - 租入资产
  - 流动性不同
    - 流动资产
    - 非流动资产

图2-4　资产的分类

下文以流动性为分类依据，对资产进行说明。

1) 流动资产(Current Asset)

流动资产，是指现金以及其他能在一年或一个营业周期内变现或被耗用的资产。营业周期是指企业投入现金—购买原料—制成产品—销售产品—收回现金的过程。大部分行业一年中有几个营业周期，则其资产按年划分为流动资产和非流动资产；而某些特殊行业，如造船、重型机械等，其营业周期往往超过一年，则其资产按营业周期划分。

流动资产通常包括库存现金、银行存款、交易性金融资产、应收票据、应收账款、存货等。

(1) 库存现金。库存现金是一种流动性最强的流动资本，可以充当交换媒介，自由流通，自由运用，可随时用来购买所需的财产物资，偿还债务，支付各种费用，也可以随时存入银行。

(2) 银行存款。银行存款是指企业存放在银行或其他金融机构，可自由提取和使用的各种性质的存款。

(3) 交易性金融资产。它主要是指企业为了近期出售而持有的金融资产，如企业以赚取差价为目的从二级市场购入的股票、债券、基金等。

(4) 应收票据。应收票据是指出票人或付款人在某一特定日或某一特定期间，无条件支付一定金额给收款人或持票人的书面证明，如商业汇票等。作为流动资产的应收票据一般是由销售商品或提供劳务等经营活动所产生的、企业持有的、尚未到期兑现的各种商业汇票。

(5) 应收账款。它是指因销售商品或提供劳务而发生对顾客的货币请求权。其他原因所产生的应收款项，如各种应收赔款、应收罚款等，则可计入其他应收款。

(6) 存货。它是指企业所拥有的、可供正常营业出售或备作生产制造过程中耗用、待制造完成后再出售的各种货物。由于行业的不同，存货的内容也不尽相同。制造业存货有材料、半成品、产成品等；商品流通企业的存货有商品、材料物资等；服务业则有少量的存货，如物料用品、办公用品等。

2) 非流动资产(Non-current Asset)

非流动资产是指除流动资产以外的资产，主要包括长期股权投资、固定资产、在建工程、无形资产等。

(1) 长期股权投资。长期股权投资是指企业持有的对其子公司、合营企业以及联营企业的权益性投资以及企业持有的对被投资单位不具有控制、共同控制或重大影响，并且在活跃市场中没有报价、公允价值不能可靠计量的权益性投资。

(2) 固定资产。固定资产是指供企业生产经营使用而不以出售为目的，且使用年限超过一年，并在使用过程中能够保持其原有实物形态的资产，包括房屋及建筑物、机器设备、运输设备、工具器具等。

(3) 无形资产。无形资产是指供企业营业使用的，不具有实物形态的资产，如专利权、商标权、土地使用权等。

2. 负债

负债即债务，是指由企业过去的交易或事项形成的、预期会导致经济利益流出企业的现时义务。这个定义包含三层意思：负债是基于过去的交易、事项形成的；负债是企业承担的现时义务，该义务在法律上可能是强制执行的；负债的清偿预期会导致经济利益流出企业。

大多数企业都有负债，事实上，成功的企业应该善于适度负债。企业通常通过借款以取得其扩大规模所需的资金，或以赊账的方式购买商品物资，使资金的运动更加合理从而获得最大化的利益。负债按流动性分类，可分为流动负债和非流动负债。

1) 流动负债(Current Liability)

流动负债是指偿还期在一年或一个营业周期以内，预期需动用流动资产或以新的流动负债偿还的债务，通常包括短期借款、应付票据、应付账款、应付职工薪酬、应交税费等。

(1) 短期借款。它是指企业为维持正常生产经营周转所需而向银行或其他金融机构借入的偿还期限在一年以内的各种借款。

(2) 应付票据。它是指企业因赊购货物或接受劳务所发生的、于约定日期支付一定金额给持票人的书面证明。

(3) 应付账款。它是指因赊购货物或接受劳务而发生的债务，代表了供应商的要求权。与应付票据相比较，应付账款不涉及书面承诺，而且通常不要求支付利息。

(4) 应付职工薪酬。它是指企业应支付给员工的劳动报酬。在员工已经付出劳动但还未得到应得的薪酬时，企业欠员工的工资就构成企业的一项应计负债。

(5) 应交税费。它是指企业在生产经营过程中按税法规定计算出的应向国家缴纳的各种税金，代表的是企业欠政府部门的税款。

2) 非流动负债(Non-current Liability)

非流动负债是指流动负债以外的负债，通常包括长期借款、应付债券等。

(1) 长期借款。它是指企业向银行或其他金融机构借入的，偿还期在一年以上的各种借款。

(2) 应付债券。它是指企业为筹集长期资金而发行的，约定于某一特定日期还本付息的书面证明。

3. 所有者权益(Owner's Equities)

所有者权益是指资产扣除负债后所有者应享的剩余利益，即一个会计主体在一定时期所拥有或可控制的具有未来经济利益资源的净额。公司的所有者权益又称为股东权益。

1) 特征

所有者权益的特征主要包括以下几方面。

(1) 所有者权益是企业投资人对企业净资产的所有权，它受总资产和总负债变动的影响而发生增减变动。

(2) 所有者权益包含所有者以其出资额的比例分享企业利润。与此同时，所有者必须以其出资额承担企业的经营风险。

(3) 所有者权益意味着所有者有法定的管理企业和委托他人管理企业的权利。

2) 组成部分

所有者权益由实收资本、资本公积、盈余公积和未分配利润4部分构成。

(1) 实收资本。它是指投资者按照企业章程或合同、协议的约定，实际投入企业的资本。

(2) 资本公积。它是指投资人投入或企业由其他来源取得，而归投资人享有，属于公积金性质的资本金。它包括资本(股本)溢价和直接计入所有者权益的利得和损失等。

(3) 盈余公积。它是指企业从税后利润中提取的公积金，包括法定盈余公积、任意盈余公积和法定公益金等。

(4) 未分配利润。它是指企业的税后利润按照规定进行分配以后的剩余部分，这部分没有分配的利润留存在企业，可在以后年度进行分配或在本年度待分配。

负债与所有者权益虽然都是资产的来源，但却是两个不同的概念。负债是一项债务责任，它只能通过偿还才能取消，或者用新的负债来代替旧的负债。负债反映的是企业作为债务人与债权人的关系，形成企业的债务资本。所有者权益则反映的是产权关系，即企业净资产归谁所有，形成企业的永久性资本。

4. 收入

收入是指企业在日常活动中所形成的、会导致所有者权益增加的、与所有者投入资本无关的经济利益的总流入，包括销售商品收入、劳务收入、让渡资产使用权收入、利息收入、租金收入、股利收入等，但不包括为第三方或客户代收的款项。收入具有4个特点：收入从企业的日常活动中产生，而不是从偶发的交易或事项中产生；收入是与所有者投入资本无关的经济利益总流入；收入必然能导致企业所有者权益的增加；收入只包括本企业经济利益的流入。

按照性质，收入分为产品销售收入，如制造业的产品销售收入；劳务收入，如运输业务收入；提供给他人使用本企业资产而取得的收入，如租金收入等。按照企业经营业务的主次，收入可分为主营业务收入和其他业务收入。通常，只要企业已提供商品或服务，就可按照向顾客收取的资产作为已赚取的收入确认营业收入，而不论所得的资产是现金或是应收账款。会计上的收入并不一定与现金有关。例如，收到客户预交的货款，企业的现金虽然增加，但企业因尚未提供商品或劳务，因此不符合收入实现的条件，不能作为收入确认，而相应增加的预收款是一项负债，代表企业应提供商品或劳务的义务。只有等到提供商品或服务以后，此预收款项才能转变为现实的收入。

5. 费用

费用是指企业为销售商品、提供劳务等日常活动所发生的，会导致所有者权益减少的，与向所有者分配利润无关的经济利益的总流出。企业发生费用的形式是，由于资产流出企业、资产损耗或负债增加而引起所有者权益减少；也有例外，例如企业所有者抽回投资或企业向所有者分配利润，虽然会引起资产减少或负债增加，并使所有者权益减少，但不属于企业发生费用的经济业务。

1) 特征

无论费用是否包括损失，都应具有以下特征。

(1) 费用最终会导致企业资源的减少，这种减少具体表现为企业的资金支出。从这个意义上说，费用本质上是资源流出企业，它与资源流入企业所形成的收入相反，也可理解为资产的耗费，其目的是取得收入，从而获得更多的资产。

(2) 费用最终会减少企业的所有者权益。一般而言，企业的所有者权益会随着收入的增加而增加；相反，费用的增加会减少所有者权益。但是所有者权益减少不一定都列入费用，如企业偿债性支出和向投资者分配利润，显然减少了所有者权益，但不能归入费用。

(3) 费用可能表现为资产的减少，或负债的增加，或者两者兼而有之。

2) 分类方式

费用有多种分类方式，主要有以下两种。

(1) 按照经济内容分类，可以分为外购材料、外购燃料、动力、工资及职工福利费、折旧费、利息支出、税金等要素费用。

(2) 按照经济用途分类，可以分为生产成本和期间费用。生产成本是指企业为生产一定种类和数量的产品所发生的费用，即产品成本项目直接材料、直接人工和制造费用的总和。期间费用是指不计入产品生产成本、直接计入发生当期损益的费用，包括管理费用、财务费用和销售费用。企业一定期间所发生的不能直接归属于某个特定产品的生产成本费用，归属于制造费用，在发生时直接计入当期损益。

6. 利润

利润也称“收益”，是指企业一定会计期间的经营成果。利润包括收入减去费用后的净额、直接计入当期利润的利得和损失等。实际上，会计上的利润是将某一会计期间有关交易产生的收入与其相关费用进行配比的差额。收入大于费用之差额为“利润”(或收益)，收入小于费用之差额为“亏损”。利润或亏损简称为“损益”。通常情况下，如果企业实现了利润，表明企业的所有者权益增加，业绩得到了提升；反之，如果企业发生了亏损(即利润为负数)，表明企业的所有者权益减少，业绩下滑。因此，利润往往是评价企业管理层业绩的一项重要指标，也是投资者等财务报告使用者进行决策的重要参考。

(1) 营业利润。它是营业收入减营业成本、营业税金及附加、期间费用、资产减值损失，加上公允价值变动净收益和投资净收益后的金额。

(2) 利润总额。它是营业利润加上营业外收入，减去营业外支出后的金额。

(3) 净利润。它是利润总额减去所得税费用后的余额。

2.1.3 划分会计要素的意义

会计要素的划分在会计核算中具有十分重要的作用。

(1) 会计要素是对会计对象的科学分类。会计对象的内容是多种多样、错综复杂的，为了科学、系统地对其进行反映和监督，必须对它们进行分类，然后按类设置账户并登记账簿。划分会计要素正是对会计对象所进行的分类。没有这种分类，就无法登记会计账簿，也就不能实现会计的反映职能。

(2) 会计要素是设置会计科目和会计账户的基本依据。对会计对象进行分类，必须确定分类的标志，而这些标志本身就是账户的名称，即会计科目，不将会计对象划分为会计要素，就无法设置会计账户，也就无法进行会计核算。

(3) 会计要素是构成会计报表的基本框架。会计报表是提供会计信息的基本手段，会计报表应该提供一系列指标，这些指标主要是由会计要素构成的，会计要素是会计报表框架的基本构成内容。从这个意义上讲，会计要素为设计会计报表奠定了基础。

2.2 会计等式

前文所论及的6项会计要素反映了资金运动的静态和动态两个方面，它们在数量上存在特定的平衡关系，这种平衡关系用公式来表示，就是通常所说的会计等式，也称为会计平衡公式或会计方程式。会计等式是以数学公式的形式对各会计要素的内在经济关系所做的概括性表达，提示各会计要素之间的联系，是复式记账、试算平衡和编制会计报表的理论依据。

2.2.1 基本会计等式

基本会计等式表示为

资产=负债+所有者权益

上式也称为第一会计等式，或称“会计方程式”(Accounting Equation)。由于资产、负债和所有者权益反映的是企业特定时点的财务状况信息，因此上述等式习惯上被称为“静态会计等式”。

如前所述，资产来源于所有者的投入资本和债权人的借入资金及其在生产经营中所产生的效益，分别归属于所有者和债权人。这个平衡公式反映了资产的归属关系。

第一会计等式包含两层基本含义。

(1) 基本会计等式用于表达同一事物的两个方面。即等式左侧的“资产”为企业资源的运用状态，它代表企业可以支配和运用的经济资源；等式右侧的“负债+所有者权益”为企业资源的来源。应该注意的是：资产、负债和所有者权益虽然存在相互对应的关系，但这种对应关系是综合对应的，而不是逐项一一对应的。例如，不能认为某个投资者的投资是对应机器设备的，也不能认定某厂房是对应银行借款的。

(2) “资产=负债+所有者权益”这个公式在习惯上不能任意颠倒。企业的资源是由投资人及债权人投入的，为了维护市场经济的秩序，保护债权人利益，债权人的要求权先于投资人的要求权。投资人即所有者权益是企业资产扣除负债的剩余部分，所以所有者权益为剩余要求权或第二要求权，会计上称之为“净资产”。因此必须先描述资产，等式右侧的负债为第一项，所有者权益为第二项，这是国际惯例。若要强调反映所有者在企业中所拥有的净资产，可将上述等式变形为

资产−负债=所有者权益

2.2.2　动态会计等式

企业在经营之初，既无收入又无费用，会计要素只表现为资产、负债和所有者权益，它们之间保持着平衡的关系。随着企业的经营，在取得收入的同时，必然要发生相应的费用，因此会计要素除了资产、负债、所有者权益之外，还有收入、费用和利润。其计算公式可以表示为

收入−费用=利润(或亏损)

这一会计等式反映了企业在特定时期的经营业绩，因此习惯上被称为“动态会计等式”，也被称为第二会计等式、增量会计等式，表示的是会计要素在某一时期的动态平衡关系。收入、费用、利润等会计要素之间的这种基本关系，实际上是利润计量(收益决定)的基本模式。它的基本含义是：①收入的取得和费用的发生，直接影响企业一定会计期间的利润的确定；②来自特定会计期间的收入与其相关的费用进行配比，进而确定该期间企业的利润数额；③利润是收入与相关费用比较的差额。

广义而言，企业在一定时期所获得的收入扣除所发生的各项费用后的余额，即表现为利润。在实际工作中，由于收入不包括处置固定资产净收益、固定资产盘盈、出售无形资产收益等，费用不包括处置固定资产净损失、自然灾害损失等，所以收入减去费用，并经过调整后，才等于利润。收入、费用和利润之间的上述关系，是编制利润表的基础。

2.2.3　扩展会计等式

由于企业资金一直处于运动状态，会计等式涵盖了期初、期内、期末紧密衔接的全过程的资金运动；同时也包括资金运动的静态和动态内容。在期初，静态会计等式表现资金运动的初始状态，其揭示的会计要素的数量关系均是“期初数”。企业在经营活动开始以后，一方面，企业取得的收入引起资产的增加或负债的减少；另一方面，发生的费用引起资产的减少或负债的增加，动态会计等式表现资金运动的变动状态，其揭示的会计要素的

数量关系均是“变动数”。企业在一定时期所取得的利润或亏损最终都要归所有者所有或承担，资产所有者对利润有处置的权利，因此，从性质上看利润应归属所有者权益。由于利润是一定时期收入和费用的差额，同时，收入的增减与利润的增减呈同方向变动关系，费用的增减与利润的增减呈反方向变动关系，所以企业在生产经营中所取得的收入和发生的费用可以直接视为所有者权益项目的增加或减少。在一定时期内企业发生的收入和费用很多，这样不便于区分哪些是投资者投资引起的所有者权益变化，哪些是收入、费用发生引起的所有者权益变化，更重要的是，收入、费用和利润是企业管理部门和外部有关机构进行管理决策所需的重要信息，必须单独核算才能满足各方面的需求。所以，原来的基本会计等式将转化为

资产=负债+所有者权益+收入-费用

这个等式把企业的财务状况和经营成果联系起来，反映了会计6项要素之间的有机联系。扩展该会计等式还可变形为

资产+费用=负债+所有者权益+收入

利用这一变形在说明复式记账法和账户基本结构时比较方便。

会计期间终了，企业要进行会计结算，即将收入与费用配比，计算出利润，并对利润予以分配。此时基本会计等式转化为

资产=负债+所有者权益+利润

会计结算之后，会计等式又恢复为基本形式，即

资产=负债+所有者权益

至此，新的静态结构模式所表现的经济意义与期初结构模式相同，但说明的是新的数量关系。

综上所述，以会计期间假设为基础的会计要素结构模式构成如下所述。

期初：资产=负债+所有者权益静态会计等式

期内：资产=负债+所有者权益+收入-费用综合会计等式

期末：资产=负债+所有者权益静态会计等式

2.2.4 经济业务对会计等式的影响

企业在经营过程中，会不断发生各种各样的经济业务，如购买材料、支付工资、销售产品、上缴税金等。这些业务在会计上称为“会计事项”，而每项经济业务的发生都会对会计要素产生影响，从而对会计等式产生影响。若变化不会对企业会计要素产生直接的影响，就不是企业的经济业务。

总体来看，从各种经济业务对企业会计要素的影响角度，企业的经济业务可以概括为两大类：一类只涉及资产和权益；另一类只涉及收入和费用。

1. 涉及资产和权益的经济业务

此类经济业务引起等式两边会计要素的变动，可以概括为下述4种类型和9种情况。

1) 4种类型

(1) 经济业务的发生引起资产和权益项目之间同时等额增加，增加的金额相等，变动后等式仍保持平衡。例如，企业接受投资者投资，存入银行，引起了资产(银行存款)和权益(实收资本)的同增。

(2) 经济业务的发生引起资产和权益项目之间同时等额减少，减少的金额相等，变动后等式仍保持平衡。例如，企业用银行存款归还短期借款，引起了资产(银行存款)和权益(短期借款)的同减。

(3) 经济业务的发生引起资产内部的项目此增彼减，增减的金额相同，变动后资产的总额不变，等式仍保持平衡。例如，企业从银行存款中提取现金备用，引起了资产内部的两个项目银行存款的减少和库存现金的增加。

(4) 经济业务的发生引起负债内部项目或所有者权益项目之间的此增彼减，增减的金额相同，变动后等式右边总额不变，等式仍保持平衡。例如，企业向银行借入短期借款，直接偿还拖欠其他单位的货款，引起了权益项目之间短期借款的增加和应付账款的减少。

2) 9种情况

如果将上述4种业务类型具体化，可表现为以下9种情况。

(1) 资产与负债同时增加，增加的金额相等；

(2) 资产与所有者权益同时增加，增加的金额相等；

(3) 资产与负债同时减少，减少的金额相等；

(4) 资产与所有者权益同时减少，减少的金额相等；

(5) 一项资产增加，另一项资产减少，增减的金额相等；

(6) 一项负债增加，一项所有者权益减少，增减的金额相等；

(7) 一项负债减少，一项所有者权益增加，增减的金额相等；

(8) 一项负债增加，另一项负债减少，增减的金额相等；

(9) 一项所有者权益增加，另一项所有者权益减少，增减的金额相等。

上述经济业务的4种类型及9种具体情况可用表2-1表示。

表2-1　不同经济业务类型的等式变化

经济业务		资产	负债	所有者权益
类型	情况			
1	1	+	+	
	2	+		+
2	3	−	−	
	4	−		−
3	5	+、−		
4	6		+	−
	7		−	+
	8		+、−	
	9			+、−

2. 涉及收入和费用的经济业务

在会计年度开始时，基本会计等式为：资产=负债+所有者权益。在会计年度中，企业取得收入的同时发生费用，导致资产或负债的增加或减少。这类经济业务发生时引起会计等式中有关会计要素的增减变动与上述第一类经济业务发生对资产和权益影响的4种类型相同。

(1) 收入发生引起资产和所有者权益同时增加。如企业销售商品，一方面现金或应收账款资产增加，另一方面企业的收入即所有者权益增加。

(2) 收入发生引起负债减少，所有者权益增加。如企业采取先收款后发货的预收账款方式销售商品，在销售实现时一方面企业负债(预收账款)减少，另一方面企业的收入即所有者权益增加。

(3) 费用发生引起负债增加，所有者权益减少。如企业的应付所得税业务，一方面企业的应付所得税即负债增加，另一方面所得税费用增加即所有者权益减少。

(4) 费用发生引起资产和所有者权益同时减少，即会计等式两边同减的业务。如用现金支付广告费用，一方面现金资产减少，另一方面费用增加即所有者权益减少。

综上所述，会计等式的平衡原理揭示了各会计要素之间的规律性联系，任何经济业务的发生都不会破坏会计等式的平衡关系，因而它是设置会计科目、复式记账和编制会计报表等方法的理论依据。运用这一平衡原理建立的各种会计方法，可以把握各会计要素之间的这种规律性联系，为经济管理提供各种会计信息。

2.3 会计科目

2.3.1 会计科目的含义

虽然会计要素是对会计对象的初次分类，但这只能提供一些框架性的信息，对于会计信息的使用者而言，他们还需要更详尽的明细信息，对企业的资产种类、负债数量、所有者权益的构成、收入和费用的种类、利润的构成等有更清晰的了解，以便做出相关的决策。会计科目(Accounting Title)就是对会计要素进一步分类的项目，可以全面系统地反映和监督各项会计要素的增减变动情况，以满足信息使用者的使用需要。每个会计科目都应该有明确的含义和核算范围，应依据相关会计准则的规定制定，涵盖各类企业的交易或事项。

2.3.2 会计科目设置的意义和必要性

会计科目的设置决定账户的开设和报表结构的设计，是一种基本的会计核算方法。设置会计科目的意义在于以下三个方面。

(1) 可以科学地对会计要素进行分类。企业的经济活动可引起各个会计要素内部构成以及各个会计要素之间的增减变化。由于会计要素的经济内容各不相同，在会计核算中应该根据经济管理的要求进行分类别、分项目的核算。如货币资金的管理，对库存现金要求按照现金管理的规定进行管理，对存放银行的款项则要求按照银行结算办法进行管理，为此应分别设置“库存现金”和“银行存款”两项会计科目进行核算。

(2) 可以高效地反映企业经济业务的增减变化。利用会计科目可以设置会计账户，可以将复杂的经济信息变成有规律的、易识别的经济信息，并将其转换为会计信息准备条件。将会计要素细分为会计科目，增强了会计信息的处理效率。

(3) 可以更好地满足信息使用者的需要。会计对象是能够用货币表现的经济业务，如果不对其进行分类，仅以流水账的形式统一核算，就难以分类提供会计信息，而且由此提供的信息不能满足使用者的需要。通过将企业的会计信息构成进行细化，信息使用者不仅可以了解企业的会计要素信息，还可以了解会计要素的具体构成信息，从而可以增强会计信息对信息使用者的决策有用性。

2.3.3　设置会计科目应遵循的原则

会计科目的设置需要遵循一定的原则，设置的合理与否决定会计信息的科学性、系统性，从而决定管理的科学性。设置会计科目时，应该遵循以下几项原则。

1. 应全面反映会计对象的特点和内容

不同单位的经济业务具有不同的特点，本着全面核算其经济业务的全过程及结果的目的，确定应设置哪些会计科目。这包括下面两个层次的含义。

(1) 行业不同，设置的会计科目就不同。例如，制造企业的会计科目首先应该反映产品的生产过程，在此前提下再根据企业生产产品的特点及规模大小决定各个会计科目的具体设置；商业企业不生产产品，是以商品买卖作为主要经营业务，其会计科目应该主要反映商品的买卖过程；行政事业单位是由国家拨付预算资金，单位加以运用的部门，所以行政事业单位必须设置反映和监督预算资金收支业务的会计科目。

(2) 企业特点不同，设置的会计科目也不同。例如，同为工业企业，如果一个企业为上市公司，则要求其会计信息披露充分，设置的会计科目可能多于非上市公司；设置会计科目时，应能保证会计科目全面、系统地反映会计对象的全部内容。

2. 必须考虑会计信息使用者的要求

政府部门需要根据企业的会计信息掌握国家经济运行状况，为此要求设置统一的会计科目，规定每一会计科目的核算范围和内容、会计科目的使用方法等，以便于会计信息的汇总。企业内部经济管理部门需要掌握企业经营情况进而做出决策，为此要求按照企业经济管理的需要设置会计科目。企业投资者及债权人需要根据企业会计信息进行投资决策，这就要求企业会计为满足其要求设置会计科目。

3. 统一性与灵活性相结合

统一性是指对一些主要会计科目的设置、核算指标的计算标准、口径进行统一的规定。灵活性是指企业可以根据本单位的实际情况自行增设、分拆、合并会计科目。企业不存在的交易或事项，可不设置相关会计科目。将统一性和灵活性相结合，实际上是为了保证会计信息的有用性，进而满足企业内部和外部信息使用者的需求。会计科目过于简单就不能提供准确的信息；会计科目过于烦琐就会加大会计核算的工作量，不符合成本效益原则。

4. 具有周延性和互斥性

周延性是指全面、完整地规范本企业的会计对象要素，能涵盖所有会计要素的一切增减变化的全部内容，没有遗漏。就二级科目和明细科目来说，凡设有二级科目的一级科目，应集合它所统驭的全部二级科目；集合某个二级科目所统驭的全部明细科目，要能穷尽这个二级科目的全部内容。互斥性是指每个科目所规范的内容都有严格确切的范围，不容许含混不清或相互交叉，发生任何一笔经济业务只能有一个科目可以适用。

5. 考虑报表、计划和统计指标

会计科目的设置与报表、计划和统计指标应大体保持一致。但这不是指一级科目的设置必须与统一报表项目一一对应，也不是直接根据总分类账户中的数字填列统一报表。

6. 总机构与分支机构科目大体保持一致

总机构与分支机构之间关于资金调拨和其他结算业务，以及所属各分支机构之间的结算往来，应设置相应的对口科目，对于核算同一业务的科目，其名称和内容应保持一致，以便总机构进行检查、管理、对账以及汇总编制合并报表。

7. 科目名称的含义要简明、确切、通俗

会计科目作为分类核算的标识，必须按照企业会计制度的规定命名，在增删或合并使用会计科目时，不应该影响统一会计报表的编制。科目名称的含义要确切、简明通俗，字义相符。简明是指根据经济业务的特点尽可能简洁明确地规定科目名称；确切是指按照中文习惯，不会产生误解；通俗是指要尽量避免使用晦涩难懂的文字，便于大多数人正确理解。会计科目的名称要尽量采用在经济生活中习惯性的名称，以避免不必要的误解。

8. 保持相对稳定性

为了便于在不同时期分析与比较会计核算指标和在一定范围内汇总核算指标，应保持会计科目相对稳定，不能经常变动会计科目的名称、内容，要使核算指标保持可比性。

2.3.4　会计科目的分类

为了正确使用会计科目，应按一定的标准对会计科目进行分类。会计科目的分类方法通常有下列几种。

1. 按会计科目核算的经济内容分类

每个会计科目核算的经济内容是不同的，按照我国《企业会计准则——会计科目和主要账务处理》的规定，会计科目可以分为资产类、负债类、共同类、所有者权益类、成本类、损益类6类科目。每一大类会计科目可按一定的标准再分为各小类。

(1) 资产类科目，按资产的流动性分为反映流动资产的科目和反映非流动资产的科目。反映流动资产的科目有“库存现金”“原材料”“库存商品”“应收账款”等科目；反映非流动资产的科目有“长期股权投资”“固定资产”“无形资产”等科目。

(2) 负债类科目，按负债的偿还期限分为反映流动负债的科目和反映非流动负债的科目。反映流动负债的科目有“短期借款”“应付账款”“应交税费”等科目；反映非流动负债的科目有“长期借款”“应付债券”“长期应付款”等科目。

(3) 共同类科目，按业务性质不同可分为“清算资金往来”“货币兑换”“衍生工具”“套期保值”“被套期项目”等科目。

(4) 所有者权益类科目，按权益的形成和性质可分为反映资本的科目和反映留存收益的科目。反映资本的科目有“实收资本”和”资本公积”等科目；反映留存收益的科目有“盈余公积”“本年利润”“利润分配”等科目。

(5) 成本类科目，主要反映企业在生产产品和提供劳务过程中发生成本的科目，如“生产成本”“制造费用”及“劳务成本”科目。

(6) 损益类科目，主要反映企业在生产经营过程中取得的各项收入和发生的各费用的科目。收入类科目，如“主营业务收入”“其他业务收入”等科目；费用类科目，如“管理费用”“财务费用”“销售费用”“所得税费用”等科目。

这样分类与会计报表项目的排列基本一致，便于企业根据科目编制会计报表，并便于分清企业的产权界限，也便于分析企业的偿债能力和财务实力以及企业的收入、耗费和经营成果。所以，由中华人民共和国财政部统一制定，并在《会计准则应用指南》中颁布实施的会计科目采用了这一分类方法。这一分类是会计科目的基本分类。

2. 按会计科目提供核算指标的详细程度分类

这是对账户提供的信息等次和信息量的分类。按照账户所提供信息的详细程度及其统驭关系的不同，会计科目分为总分类科目和明细分类科目。总分类科目也称“总账科目”或“一级科目”，它是对会计对象的具体内容进行总括分类的项目，能提供某一具体内容的总括核算指标，如“应收账款”“原材料”等。明细分类科目也称“明细科目”，它是对总分类科目做进一步分类，进行详细核算并提供更详细、更具体的会计信息的科目。如“原材料” 总分类科目按原料及材料的种类、规格等设置的明细科目，反映各种原材料的具体构成和内容；再如“应收账款”总分类科目按债权人名称或姓名设置明细科目，反映应收账款的具体对象。在实际会计实务中，除少数总账科目，如“累计折旧”“本年利润”等，不必设置明细科目外，大多数总账科目都须设置明细科目。为了适应管理工作的要求，对于明细科目较多的总账科目，可在总、分类科目与明细科目之间设置二级或多级科目。如将“应收账款” 进一步划分为“应收账款——A公司”“应收账款——B公司”“应收账款——C公司”等，将企业的原材料进一步划分为“原材料——甲材料”“原材料——乙材料”“原材料——丙材料”等。

总分类科目与明细分类科目既有联系又有区别。总分类科目是概括地反映会计对象的具体内容，提供的是总括性指标，而明细分类科目是详细地反映会计对象的具体内容，提供的是比较详细、具体的补充指标。总分类科目对明细分类科目具有统驭控制作用，而明细分类科目则是对总分类科目的具体化和详细说明。

下面以原材料为例说明总分类科目与各级明细分类科目之间的关系，如表2-2所示。

表2-2 会计科目设置

总分类科目 (一级科目)	明细分类科目	
	二级科目	三级科目
原材料	原料	甲材料 乙材料
	辅助材料	润滑油 油漆
	燃料	煤炭 汽油

3. 根据会计科目反映会计报表的内容分类

会计科目可分为资产负债表科目和利润表科目。在上述按会计要素分类的6类科目中，资产、负债和所有者权益科目是用来核算企业资产、负债或所有者权益的实有额的，是编制资产负债表的依据，这类科目为资产负债表科目。它的内容与上述按会计科目反映经济内容的性质分类的资产、负债和所有者权益科目一致。费用、收入和利润科目是用来核算会计期间所发生的费用支出和收入的取得，从而确定其财务成果，是编制利润表的依据，这类科目为利润表科目。它的内容与上述按会计科目反映经济内容的性质分类的损益类科目的收入类科目和费用科目一致。利润类科目是用来核算企业在一定时期内利润的实现和分配情况的科目，是收入和费用类科目的差额，如“本年利润”“利润分配”。

4. 根据企业资源的存在方式和取得方式分类

会计科目可分为资金占用类科目和资金来源类科目。在上述按会计要素分类的6类科目中，资产、费用类科目反映企业资源的占用状态，为资金占用类科目；收入、负债和所有者权益反映资源的取得渠道，为资金来源类科目。

5. 根据会计科目的用途分类

会计科目可分为盘存类科目、结算类科目、权益类科目、集合分配类科目、跨期摊配类科目、成本计算类科目、损益计算类科目、财务成果类科目、调整类科目和对外投资类科目10类。盘存类科目用来核算实物资产和货币资产的增减变动及其实存情况，如“库存现金”“银行存款”“原材料”“库存商品”“固定资产”等。结算类科目是用来核算和监督企业同其他单位和个人之间的债权债务结算的科目。如债权结算类又称资产结算类科目的“应收账款”“其他应收款”“应收票据”；债务结算类又称负债结算类的“短期借款”“应付账款”“其他应付款”“应付职工薪酬”“应交税费”等，均属于这类科目。权益类科目是用来核算企业所有者权益增减变动情况的科目，如“实收资本”“资本公积”“盈余公积”等均属于这类科目。集合分配类科目是用来收集和分配企业生产经营过程中某个阶段所发生的某种费用的科目。企业在生产经营过程中发生的应由各个成本计算对象共同负担的间接费用，应首先通过集合分配账户进行归集，然后再按照一定标准分配记入各成本计算对象，如“制造费用”。跨期摊配类科目是用来核算应由不同会计期间共同负担的费用，并将这些费用摊配到各个会计期间的科目。企业在生产经营过程中发生的费用，有些费用的受益期延续到几个会计期间。按照权责发生制原则，必须严格划分费用的归属期，把跨越几个会计期间的费用合理地分摊到各个受益期，如“长期待摊费用”等。成本计算类科目是用来核算生产经营过程中某一阶段所发生的全部费用，确定该阶段各成本计算对象实际成本的科目，如“物资采购”“生产成本”等。损益计算类科目包括收入和费用两种科目。收入科目是用来核算企业在一定时期内所取得的各种收入和收益的，如“主营业务收入”“其他业务收入”“营业外收入”。费用科目是用来核算企业在一定时期内所发生的应记入当期损益的各项费用、成本和支出的科目，如“主营业务成本”“销售费用”“管理费用”“财务费用”“营业外支出”等。财务成果类科目是用来核算与监督企业在一定时期内全部生产经营活动的最终成果的科目，如“本年利润”。调整类科目是用来调整相关被调整科目的。调整科目附属于被调整科目，并与被调整科目结合起来，共同核算某些特定的经济内容。如“累计折旧”是“固定资产”的调整科目，“坏账准备”是“应收账款”的调整科目，“利润分配”是“本年利润”的调整科目，“材料成本差异”“待处理财产损溢”及各项资产减值准备是相关资产的调整科目。对外投资类科目是用来核算对外投资的增减变动及投资净额的科目。如“持有至到期投资”“长期股权投资”等。

2.3.5　会计科目编号

会计科目编号，是以数字确定会计科目所属类别及其在类别中的位置的方法。我国财政部统一规定的会计科目，都按照一定的方法予以编号。科目的编号，可以使会计科目体系科学化。对会计科目进行编号，就要对会计科目进行科学的分类，按会计科目内在的联系分别确定每个会计科目在所属类别中的位置。对会计科目进行编号，可以为处理日常会计事项、编制会计分录、汇总记账凭证、登记账簿、编制报表、分析经济业务、查阅会计资料等提供方便，也为会计电算化创造条件。

根据我国《会计准则应用指南》的规定，总分类会计科目采用四位数字编号(明细科目编号采用六位数字)。采用这种编号方法，一般用四位数字作为每个会计科目的号码，并规定每一位数字所代表的特定含义。从左至右的第一位数字表示会计科目的主要大类，例如，可用“1”表示资产类科目，用“2”表示负债类科目，用“3”表示共同类科目，用“4”表示所有者权益类科目，用“5”表示成本类科目，用“6”表示损益类科目；第二位数字表示会计科目的主要大类下属的各个小类，例如，在资产类科目中，用“0”表示货币资金类科目，用“4”表示材料类科目，用“6”表示固定资产类科目等；第三位、第四位数字表示各小类下的各个会计科目，例如，在货币资金类科目中，用“01”表示“库存现金”科目，用“02”表示“银行存款”科目等。因此，举例来说，完整的四位数字编号“1001”代表库存现金；“2001”代表短期借款；“4001”代表实收资本等。在我国规定的会计科目表中，科目编号并不连续，允许企业在不影响会计报表使用者需求的情况下，根据自身的需要增加一些会计科目，这是统一性与灵活性相结合原则的具体体现。一些经济业务比较复杂，拥有账户数量较多，需要会计信息较为详细的公司，其科目编码一般都较长。例如，沈阳立信公司对银行存款的核算采用三级账的形式，其编码有八位数字，在中国银行人民币账户上的存款用“10020201”表示；美国的某些公司，其账户代码长达35位。这种账户编码系统能够反映企业经济业务的多样性和复杂性。

2.3.6 企业会计科目内容

在我国，会计科目由国家财政部门统一制定，并作为一项会计制度颁发。《会计准则应用指南》对会计科目的设置和使用、核算范围、核算方法及核算要求等进行了统一的规定。现行的会计准则为企业确定了6类156个一级科目，并对部分明细科目的名称和核算范围等进行了规定(见表2-3)。现将其中常用的、本书涉及的部分一级科目做如下简介。

库存现金——存放在企业的纸币、硬币等现金。

银行存款——企业存入银行和其他金融机构的各种存款。

应收票据——企业因销售商品、产品、提供劳务等而收到的商业汇票。

应收账款——企业因销售商品、产品、提供劳务等，应向购货单位或接受劳务单位收取的款项。

预付账款——企业按照购货合同预付给供应单位的款项。

其他应收款——企业除应收票据、应收账款、预付账款等以外的其他各项应收、暂付款项。

原材料——企业库存的各种材料。

库存商品——企业库存的各种商品。

固定资产——使用期限超过一年的房屋、建筑物、机器、机械、运输工具以及其他与生产经营有关的设备、器具、工具等。

累计折旧——固定资产的累计折旧。

待处理财产损溢——在清查财产过程中查明的各种财产盘盈、盘亏和毁损的价值。

短期借款——向银行或其他金融机构等借入的期限在一年以下(含一年)的各种借款。

长期借款——向银行或其他金融机构等借入的期限在一年以上(不含一年)的各种借款。

应付票据——购买材料、商品和接受劳务供应等而开出的商业汇票。

应付账款——因购买材料、商品和接受劳务供应等而应付给供应单位的款项。

应付职工薪酬——企业根据有关规定给职工的各种薪酬，包括工资、奖金、津贴、福利费等。

其他应付款——应付、暂收其他单位或个人的款项。

应交税费——应缴纳的各种税费。

实收资本——按照企业章程的规定，投资者投入企业的资本。

资本公积——企业取得的资本公积。

盈余公积——企业从净利润中提取的盈余公积。

本年利润——实现的净利润或发生的净亏损。

利润分配——利润的分配(或亏损的弥补)和历年分配(或弥补)后的积存余额。

生产成本——企业进行工业性生产所发生的各项生产费用。

制造费用——企业为生产产品和提供劳务而发生的各项间接费用。

主营业务收入——企业在销售商品、提供劳务及让渡资产使用权等日常活动中所产生的收入。

主营业务成本——企业因销售商品、提供劳务及让渡资产使用权等日常活动而发生的实际成本。

销售费用——企业销售商品过程中发生的费用。

管理费用——企业为组织和管理企业生产经营所发生的管理费用。

财务费用——企业为筹集生产经营所需资金而发生的费用。

营业税金及附加——企业日常活动应负担的税金及附加。

营业外收入——企业发生的与其生产经营无直接关系的各项利得。

营业外支出——企业发生的与其生产经营无直接关系的各项支出。

所得税费用——企业按规定从本期损益中减去的所得税。

表2-3 会计科目表

序号	编号	会计科目名称	序号	编号	会计科目名称	序号	编号	会计科目名称
一、资产类			一、资产类(续)			三、共同类(续)		
1	1001	库存现金	55	1606	固定资产清理	107	3101	衍生工具
2	1002	银行存款	56	1611	未担保余值	108	3201	套期工具
3	1003	存放中央银行款项	57	1621	生产性生物资产	109	3202	被套期项目
4	1011	存放同业	58	1622	生产性生物资产累计折旧	四、所有者权益类		

(续表)

序号	编号	会计科目名称	序号	编号	会计科目名称	序号	编号	会计科目名称
5	1012	其他货币资金	59	1623	公益性生物资产	110	4001	实收资本
6	1021	结算备付金	60	1631	油气资产	111	4002	资本公积
7	1031	存出保证金	61	1632	累计折耗	112	4101	盈余公积
8	1101	交易性金融资产	62	1701	无形资产	113	4102	一般风险准备
9	1111	买入返售金融资产	63	1702	累计摊销	114	4103	本年利润
10	1121	应收票据	64	1703	无形资产减值准备	115	4104	利润分配
11	1122	应收账款	65	1711	商誉	116	4201	库存股
12	1123	预付账款	66	1801	长期待摊费用	五、成本类		
13	1131	应收股利	67	1811	递延所得税资产	117	5001	生产成本
14	1132	应收利息	68	1821	独立账户资产	118	5101	制造费用
15	1201	应收代位追偿款	69	1901	待处理财产损溢	119	5201	劳务成本
16	1211	应收分保账款	二、负债类			120	5301	研发支出
17	1212	应收分保合同准备金	70	2001	短期借款	121	5401	工程施工
18	1221	其他应收款	71	2002	存入保证金	122	5402	工程结算
19	1231	坏账准备	72	2003	拆入资金	123	5403	机械作业
20	1301	贴现资产	73	2004	向中央银行借款	六、损益类		
21	1302	拆出资金	74	2011	吸收存款	124	6001	主营业务收入
22	1303	贷款	75	2012	同业存放	125	6011	利息收入
23	1304	贷款损失准备	76	2021	贴现负债	126	6021	手续费及佣金收入
24	1311	代理兑付证券	77	2101	交易性金融负债	127	6031	保费收入
25	1321	代理业务资产	78	2111	卖出回购金融资产款	128	6041	租赁收入
26	1401	材料采购	79	2201	应付票据	129	6051	其他业务收入
27	1402	在途物资	80	2202	应付账款	130	6061	汇兑损益
28	1403	原材料	81	2203	预收账款	131	6101	公允价值变动损益
29	1404	材料成本差异	82	2211	应付职工薪酬	132	6111	投资收益
30	1405	库存商品	83	2221	应交税费	133	6201	摊回保险责任准备金
31	1406	发出商品	84	2231	应付利息	134	6202	摊回赔付支出
32	1407	商品进销差价	85	2232	应付股利	135	6203	摊回分保费用
33	1408	委托加工物资	86	2241	其他应付款	136	6301	营业外收入
34	1411	周转材料	87	2251	应付保单红利	137	6401	主营业务成本
35	1421	消耗性生物资产	88	2261	应付分保账款	138	6402	其他业务成本
36	1431	贵金属	89	2311	代理买卖证券款	139	6403	营业税金及附加
37	1441	抵债资产	90	2312	代理承销证券款	140	6411	利息支出
38	1451	损余物资	91	2313	代理兑付证券款	141	6421	手续费及佣金支出
39	1461	融资租赁资产	92	2314	代理业务负债	142	6501	提取未到期责任准备金
40	1471	存货跌价准备	93	2401	递延收益	143	6502	提取保险责任准备金
41	1501	持有至到期投资	94	2501	长期借款	144	6511	赔付支出
42	1502	持有至到期投资减值准备	95	2502	应付债券	145	6521	保单红利支出

(续表)

序号	编号	会计科目名称	序号	编号	会计科目名称	序号	编号	会计科目名称
43	1503	可供出售金融资产	96	2601	未到期责任准备金	146	6531	退保金
44	1511	长期股权投资	97	2602	保险责任准备金	147	6541	分出保费
45	1512	长期股权投资减值准备	98	2611	保户储金	148	6542	分保费用
46	1521	投资性房地产	99	2621	独立账户负债	149	6601	销售费用
47	1531	长期应收款	100	2701	长期应付款	150	6602	管理费用
48	1532	未实现融资收益	101	2702	未确认融资费用	151	6603	财务费用
49	1541	存出资本保证金	102	2711	专项应付款	152	6604	勘探费用
50	1601	固定资产	103	2801	预计负债	153	6701	资产减值损失
51	1602	累计折旧	104	2901	递延所得税负债	154	6711	营业外支出
52	1603	固定资产减值准备	三、共同类			155	6801	所得税费用
53	1604	在建工程	105	3001	清算资金往来	156	6901	以前年度损益调整
54	1605	工程物资	106	3002	货币兑换			

总结

会计要素是从会计的角度解释构成企业经济活动的必要因素，分为反映企业财务状况的会计要素和反映企业经营成果的会计要素。会计六要素可以分为静态要素和动态要素两大类。静态要素又称为时点要素，是在某时点构成会计主体资金的要素，包括资产、负债、所有者权益。动态要素表明了资金的循环与周转，包括收入、费用、利润。

企业的资金运动是静、动结合的统一体，在数量上存在特定的平衡关系，这种平衡关系用公式来表示，就是通常所说的会计等式，也称为会计平衡公式或会计方程式。基本会计等式表示为：资产=负债+所有者权益；动态会计等式表示为：收入-费用=利润。这两个会计等式还可以变化出扩展等式：资产=负债+所有者权益+收入-费用。任何经济业务的发生都不会破坏会计等式的平衡关系，因而它是设置会计科目、复式记账和编制会计报表等方法的理论依据。

会计科目是对会计要素进一步分类的项目，可以全面系统地反映和监督各项会计要素的增减变动情况。按会计科目核算的经济内容分类，可分为资产类、负债类、共同类、所有者权益类等六大科目；按会计科目提供核算指标的详细程度分类，可分为总分类科目和明细分类科目；根据会计科目反映会计报表的内容分类，可分为资产负债表科目和利润表科目；根据企业资源的存在方式和取得方式分类，可分为资金占用类科目和资金来源类科目；根据会计科目的用途分类，可分为盘存类科目、结算类科目、权益类科目、集合分配类科目、跨期摊配类科目、成本计算类科目、损益计算类科目、财务成果类科目、调整类科目和对外投资类科目。对会计科目应依照标准进行编号，用数字确定会计科目所属类别及其在类别中的位置。

关键词

会计要素	Accounting Elements
资产	Asset
负债	Liability
所有者权益	Owner's Equity
收入	Income
费用	Expense
利润	Profit
会计等式	Accounting Equation
会计科目	Accounting Title

习题

一、单项选择题

1. 下列关于会计要素的表述中，正确的是(　　)。
   A. 负债是企业承担的潜在义务
   B. 利润是企业一定会计期间收入减去费用后的净额
   C. 资产预期能给企业带来经济利益
   D. 收入是导致所有者权益增加的经济利益的总流入
2. 下列各项中，属于反映企业经营成果的会计要素是(　　)。
   A. 收入　　B. 所有者权益　　C. 资产　　D. 负债
3. 某企业资产总额为100万元，负债为30万元。该企业所有者权益金额为(　　)万元。
   A. 70　　B. 80　　C. 100　　D. 120
4. 下列属于企业流动资产的是(　　)。
   A. 预收账款　　B. 工程物资　　C. 预付账款　　D. 无形资产

5. 下列项目中属于留存收益的是(　　)。

A. 实收资本　　B. 资本公积　　C. 盈余公积　　D. 应付股利

6. 某经济业务发生仅涉及负债这一会计要素时，下列选项中，(　　)正确反映该要素中相关项目变动。

A. 同增　　B. 同减　　C. 一增一减　　D. 不增不减

7. 下列属于反映企业财务状况的会计要素是(　　)。

A. 所有者权益　　B. 收入　　C. 费用　　D. 利润

8. 下列各项中，属于企业非流动资产的是(　　)。

A. 库存已两年的商品　　B. 无形资产

C. 长期应付债券　　D. 一年以上未收回应收账款

9. 下列各项中，(　　)不属于总分类科目。

A. 销售费用　　B. 应收账款

C. 辅助材料　　D. 工程物资

10. 根据会计科目所属会计要素分类，下列各项中，(　　)科目归属于资产要素。

A. 应交税费，资本公积，劳务成本，投资收益

B. 预付账款，预收账款，应收股利，银行存款

C. 本年利润，应付职工薪酬，制造费用，营业外收入

D. 盈余公积，其他应付款，待处理财产损溢，主营业务成本

11. 关于会计科目的设置，下列说法正确的是(　　)。

A. 企业必须遵守相关法规的规定设置科目，不得增减、合并或分拆

B. 企业可以完全自行设置总分类科目以及明细分类科目

C. 企业会计科目的设置只要满足对外报告的要求即可

D. 明细分类科目的设置应符合单位自身特点，满足单位实际需要

12. 下列关于会计科目分类的表述中，不正确的是(　　)。

A. 二级明细科目是对明细科目进一步分类的科目

B. 明细分类科目是对其所归属的总分类科目的补充和说明

C. 明细分类科目反映各种经济业务的详细情况

D. 明细分类科目又称明细科目，是对总分类科目做进一步分类的科目

13. 下列各项中，与“制造费用”属于同一类科目的是(　　)。

A. 固定资产　　B. 其他业务成本

C. 生产成本　　D. 主营业务成本

14. 下列各项中，不属于损益类科目的是(　　)。

A. “制造费用”科目　　B. “资产减值损失”科目

C. “投资收益”科目　　D. “其他业务成本”科目

15. 总分类会计科目一般按(　　)进行设置。

A. 企业管理的需要　　B. 统一会计制度的规定

C. 会计核算的需要　　D. 经济业务的不同种类

16. 下列各项中，不属于资产类会计科目的有(　　)。

A. 应收账款　　B. 在途物资

C. 预收账款　　D. 预付账款

17. 下列各项中，符合会计要素收入定义的是(　　)。

A. 出售材料收入　　B. 出售无形资产净收益

C. 出售固定资产净收益　　D. 向购货方收取的增值税销项税额

18. 投资人投入的资金和债权人投入的资金，投入企业后，形成企业的(　　)。

A. 成本　　B. 费用　　C. 资产　　D. 负债

19. 在下列项目中，与管理费用属于同一类科目的是(　　)。

A. 固定资产　　B. 盈余公积

C. 应付账款　　D. 主营业务收入

二、多项选择题

1. 下列关于会计等式“收入-费用=利润”的表述中，正确的有(　　)。

A. 它是对基本会计等式的补充和发展

B. 它表明了企业在一定会计期间经营成果与相应的收入和费用之间的关系

C. 它说明了企业利润的实现过程

D. 它实际上反映的是企业资金运动的绝对运动形式，故也称为静态会计等式

2. 下列选项中，以“资产=负债+所有者权益”这一会计等式为理论依据的有(　　)。

A. 平行登记　　B. 复式记账

C. 编制资产负债表　　D. 成本计算

3. 流动负债是指(　　)。

A. 预计在一个正常营业周期中偿还

B. 主要是为了交易而持有

C. 企业无权自主地将清偿推迟至资产负债表日以后一年以上的负债

D. 自资产负债表日起一年内(含一年)到期应予以偿还

4. 收入取得后可能表现为(　　)。

A. 资产增加　　B. 所有者权益减少

C. 负债减少　　D. 所有者权益增加

5. 下列关于会计要素的表述中，正确的有(　　)。

A. 收入是企业在日常活动中形成的

B. 费用是企业在日常活动中发生的

C. 收入会导致所有者权益的增加

D. 费用会导致所有者权益的减少

6. 下列属于利润表的基本要素项目的有(　　)。

A. 资产　　B. 收入

C. 费用　　D. 留存收益

7. 下列等式中正确的有(　　)。

A. 资产=负债+所有者权益　　B. 资产=负债+所有者权益+(收入−费用)

C. 资产=负债+所有者权益+利润　　D. 收入−费用=利润

8. 下列会计科目中，(　　)反映费用。

A. 制造费用　　B. 管理费用

C. 财务费用　　D. 主营业务成本

9. 对于工业企业而言，属于主营业务收入的是(　　)。

A. 产成品销售收入　　B. 自制半成品销售收入

C. 工业性劳务收入　　D. 材料销售收入

10. 下列属于反映企业财务状况的静态要素的有(　　)。

A. 资产　　B. 负债　　C. 利润　　D. 所有者权益

三、判断题

1. “资产=负债+所有者权益”体现了企业资金运动过程中某一特定时期的资产分布和权益构成。(　　)

2. 利润是收入与相关费用比较的差额。(　　)

3. 每一项经济业务的发生必然会引起会计等式的一方或双方有关项目的等量变化。(　　)

4. 会计要素的界定和分类可以使财务会计系统更加科学严谨，有利于清晰地反映产权关系和其他经济关系，为投资者等财务报告使用者提供更加有用的信息。(　　)

5. 只要企业拥有某项财产物资的所有权就能将其确认为资产。(　　)

6. 实际工作中，具体的会计科目设置，一般是从会计要素出发，将会计科目分为资产、负债、所有者权益、收入、费用、利润六大类。(　　)

7. “坏账准备”“长期股权投资减值准备”“累计折旧”“无形资产减值准备”科目均属于资产类科目。(　　)

8. 收入是指企业在销售商品、提供劳务及让渡资产使用权等日常活动中形成的经济利益的总流入，不包括出售固定资产获得的收入。(　　)

9. 会计科目是账户的名称，账户是会计科目的载体和具体运用。(　　)

10. 设置会计科目的相关性原则是指设置的会计科目应当符合国家统一的会计制度的规定。(　　)

四、综合题

1. 请结合所学知识，完成下面的连线。

(1) 资产类账户　　A. 增加记贷方，减少记借方，余额一般在贷方

(2) 负债类账户　　B. 增加记借方，减少记贷方，余额一般在借方

(3) 所有者权益类账户　　C. 增加记贷方，减少记借方，期末一般无余额

(4) 费用类账户　　D. 增加记借方，减少记贷方，收入类账户期末一般无余额

2. 请根据表2-4中所给的数据，将空白部分补充完整。

表2-4　账户期初期末余额变动表　　元

账户名称	期初余额	本期增加额	本期减少额	期末余额
(1) 银行存款		300 000	270 000	35 000
(2) 固定资产	6 000 000	70 000	200 000	
(3) 应付账款	30 000		50 000	30 000
(4) 原材料	90 000	45 000		32 000
(5) 短期借款	50 000		70 000	30 000
(6) 库存商品	36 000	30 000	34 000	
(7) 应收账款	60 000	12 000		65 000
(8) 资本公积	10 000		16 000	16 000

第3章　会计账户与复式记账

学习目的与要求

理解：

- 复式记账的原理
- 会计账户的分类

掌握：

- 会计账户与科目的区别
- 借贷记账法的理论基础

教学重点与难点

重点：

- 借贷记账法的记账规则
- 会计账户的基本结构

难点：

- 借贷记账法的账户结构
- 借贷记账法的应用

导读材料

帕乔利——复式簿记的奠基人

西方资本主义萌芽于14—15世纪的意大利威尼斯、佛罗伦萨等地。同时，复式簿记在上述地区产生。著名经济学家桑巴特曾指出："离开了复式簿记，我们将不能设想有资本主义。"复式簿记诞生于资本主义的发祥地，并不是一种偶然，而是一种历史的契合。

1445年，复式簿记的奠基人卢卡·帕乔利(Luca Pacioli，1445—1515年)出生于离佛罗伦萨东南约80英里的小镇圣塞波尔克罗的一个中下层家庭，早年在教会学校接受教育，他16岁时在当地一位大商人的家庭作坊当学徒，之后，跟随著名艺术家(数学造诣也颇高)弗朗西斯卡学习，随后相继在佛罗伦萨、米兰、罗马等5所大学执教，同时还做过许多达官和富商的家庭教师。

帕乔利的一生适逢文艺复兴的黄金时期，他与著名建筑家阿尔贝蒂、画家达·芬奇和罗马教皇等都是很好的朋友。他是一位出色的著作家、演讲者和教师，对数学、神学、建筑学、军事战术学、商业等都有渊博的知识。他一生著述颇丰，包括《算术、几何、比及比例概要》《成功的经商之道》《智慧之道》《数的奥妙》《神妙的比例》等。

1494年出版的《算术、几何、比及比例概要》分为5个部分：①算术与代数；②算术与代数在贸易和计算中的应用；③簿记；④货币与兑换；⑤理论几何与应用几何学。其中第三部分簿记奠定了现代会计的基石，其复式簿记的基本原理历经500多年没有发生变化，对推动资本主义的发展是功不可没的。

3.1 会计账户

3.1.1 会计账户的含义及其意义

为了序时、连续、系统地记录由于经济业务的发生而引起的会计要素的增减变动，提供各种会计信息，各会计主体必须设置账户。账户(Account)是用来记载某一项资产、负债、所有者权益、收入或费用增减变动情况的记录。账户的实质是用以分类记录由定量描述经济业务所产生的数据，对于多种经济业务的定量描述，会产生不同种类的数据，必须设置不同的账户来加以分门别类地记录；每一个账户记录一个特定类别的数据；反之，某一特定类别的数据，必须集中在一个特定账户中记录。例如，在资产负债表中，虽然现金和存货都属于资产，属于企业拥有的物品，而借款、原始投资都说明了资金的来源，但是因为它们在经营中具有不同的作用，所以在资产负债表中一般以不同的名称来称呼这些物品或来源，以便分门别类地、完整地反映企业的各项经济活动。这种对会计要素进一步细化和具体化就形成账户，通过对账户中的信息加以分析、汇总，就可以编制成报告和财务报表。

账户设置的意义主要表现在以下三个方面。

(1) 可以将会计信息系统所接纳的原始数据转化为初级的会计信息。企业的客观经济活动是详尽而且具体的，它可以形成定量化与定性化的数据，在未经确认并按账户分类和正式记录之前，这些数据仅仅是数据而已。把数据区分为会计信息与非会计信息的第一道屏障就是账户。数据一旦进入账户，就转化为以账户为标志的会计信息，而与原来的数据产生了本质的区别。

(2) 可以压缩信息数量，确保质量。人们从经济活动中捕捉到的数据往往是零散的、单个的、缺乏有机联系的，单个数据必然会割裂价值运动的内在联系。况且，会计信息使用者要求会计提供的是连续、系统、全面的信息，而不是零碎的、重复的数据。为此，要将这些数据根据类别体现在既有联系又有区别的信息群中，形成会计信息系统的有序性与层次性。此时，设置账户就显得十分必要了。

(3) 可以为管理者提供决策需要的信息。正确地设置和运用账户，可以将各种经济业务的发生情况以及由此引起的资产、负债、所有者权益、收入、费用和利润各要素的变化，系统地、分门别类地进行反映和监督，进而向会计信息使用者提供各种会计信息，这对于加强宏观、微观经济管理具有重要意义。

3.1.2　会计账户设置的原则

企业在设置账户时应该遵循以下原则。

(1) 应该立足于对会计要素进行科学的再分类。账户本质上就是对会计要素的再分类，因此，分类的合理化、科学化与否就显得十分重要。要确保分类的合理性，必须首先了解各个会计要素本身的性质与主要特征，比如资产和负债就应该按照其流动性进行分类。对于资产这项具有丰富内容的会计要素，其中的现金、银行存款、应收票据、应收账款、材料、产成品、长期投资、固定资产、无形资产等都代表资产的一个特定的形态，那么就可以单独成为一个账户。这样，由各个账户组成的一个账户体系，就能保证全面、系统、连续地反映企业的各类经济活动。

(2) 账户的设置应该考虑会计信息使用者的需要。会计信息的使用者主要包括：①国家及宏观经济管理部门；②企业外部的债权人与投资者；③企业内部的管理当局。会计信息系统的主要目标，就是向会计信息使用者提供有助于他们评估企业管理当局对受托责任的履行情况的信息，提供他们进行各种投资、信贷等决策所需要的各种信息。那么，会计信息系统的一切方法，包括账户的设置都应该围绕这个中心展开。例如，对于一个存货较多的企业而言，考虑到各种信息使用者可能会关注存货的构成及其流动性、变动情况，所以，为了详细地提供与存货有关的信息，就应该将存货划分为材料、在产品、产成品及低值易耗品等，并按此来设置账户。

(3) 既要符合对外报告的要求，又要满足内部经营管理的需要。企业会计核算资料应能满足各方面的需要，即满足政府部门加强宏观调控、制定方针政策的需要；满足投资者、债权人及有关方面对企业经营业绩和财务状况做出准确判断的需要；满足企业内部加强经营管理的需要。因此，在设置账户时要兼顾对外报告和企业内部经营管理的需要，并根据需要数据的详细程度，分设总分类账户和明细分类账户。总分类账户(简称总账)是对会计对象具体内容进行总括分类核算的账户，如“固定资产”“实收资本”等账户。它提供的是总括性指标，这些指标基本上能满足企业外部有关方面的需要。明细分类账户(简称明细账)是对总分类账户的进一步分类，如在“库存商品”总分类账户下按照商品的类别或品名分设的明细分类账户，它提供的明细核算资料，主要为企业内部管理服务。

(4) 账户的设置应力求可比性与灵活性相结合。会计账户的设置既要适应经济业务发展的需要，又要保持相对的稳定性。保持稳定性的目的是满足一定时期和一定范围内的可比性，但是，不能为了强调稳定性与可比性而丧失灵活性。所谓灵活性，是指要求在保证基本的可比性的前提下，各个企业应该结合自身经济业务的具体特点，对账户进行适当的增删。例如，在企业会计制度中并未设置“废品损失”“停工损失”等账户，但是如果企业的经济业务核算确实需要设置诸如此类的账户，那么就可以进行增设。

(5) 既要适应经济业务发展的需要，又要保持相对稳定。账户的设置，要适应社会经济环境的变化和本单位业务发展的需要。例如，随着商业信用的发展，为了核算和监督商品交易中的提前付款或延期交货而形成的债权债务关系，核算中应单独设置“预付账款”和“预收账款”账户，即把预收、预付货款的核算从“应收账款”和“应付账款”账户中分离出来。再如，随着技术市场的形成和专利法、商标法的实施，对企业拥有的专有技术、专利权、商标权等无形资产的价值及其变动情况，有必要专设“无形资产”账户予以反映。但是，账户的设置应保持相对稳定，以便在一定范围内综合汇总并在不同时期对比分析其所提供的核算指标。

(6) 简明适用，称谓规范。每一个账户都应有特定的核算内容，各账户之间既要有联系，又要有明确的界限，不能含糊不清。所以，在设置账户时，对每一个账户的特定核算内容必须严格地、明确地界定。总分类账户的名称应与国家有关会计制度的规定相一致，明细分类账户的名称要含义明确，通俗易懂。账户的数量和详略程度应根据企业规模的大小、业务的繁简和管理的需要而定。

3.1.3 会计账户的基本结构

账户是用来记录经济业务，反映会计要素的具体内容的增减变化及其结果的，因此，随着会计事项的不断发生，会计要素的具体内容也必然随之发生变化，而且这种变化不管多么错综复杂，从数量上看都可分为增加和减少两种情况。用来积累企业在某一会计期间各种有关数据的账户，在结构上应分为两方，即左方和右方。一方登记增加数，另一方则登记减少数。至于哪一方登记增加数，哪一方登记减少数，则由采用的记账方法和记录的经济内容决定。这就是账户的基本结构。这一基本结构，不会因企业实际所使用的账户的具体格式不同而发生变化。

对于一个完整的账户而言，除了必须有反映增加数和减少数两栏外，还应包括其他栏目，以反映其他相关内容。一个完整的账户结构应包括：①账户名称，即会计科目；②会计事项发生的日期；③摘要，即经济业务的简要说明；④凭证号数，即表明账户记录的依据；⑤金额，即增加额、减少额和余额。

为了说明问题和便于学习，在会计教学中，通常用一条水平线和一条将水平线平分的垂直线来表示账户，称为“T”形账户(也称丁字形账户)，其格式如图3-1所示。

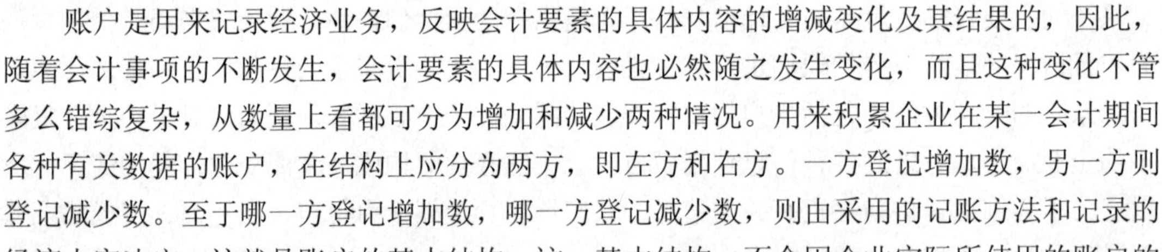

图3-1 “T”形账户

每个账户一般有4个金额要素，即期初余额、本期增加发生额、本期减少发生额和期末余额。账户如有期初余额，首先应当在记录增加额的那一方登记，会计事项发生后，要将增减内容记录在相应的栏内。一定期间记录到账户增加方的数额合计，称为增加发生额；记录到账户减少方的数额合计，称为减少发生额。正常情况下，账户4个数额之间的关系为

账户期末余额=账户期初余额+本期增加发生额-本期减少发生额

账户本期的期末余额转入下期，即为下期的期初余额。每个账户的本期发生额反映的是该类经济内容在本期变动的情况，而期末余额则反映变动的结果。例如，沈阳立信公司在某一期间“银行存款”账户的记录，如图3-2所示。

银行存款

左方		右方	
期初余额	10 000		
本期增加额	5 000	本期减少额	6 000
本期发生额	5 000	本期发生额	6 000
期末余额	9 000		

图3-2 “银行存款”账户

根据上述账户的记录，可知沈阳立信公司期初在银行的存款为10 000元，本期增加了5 000元，本期减少了6 000元，到期末该公司还有9 000元存款。

3.1.4　会计账户的分类

对账户进行分类是为了使会计人员便于掌握账户的设置和运用，以便科学地设置账户、正确使用账户。账户可以按不同标准，从不同角度进行分类，其中最主要的有两种分类方法：一是按照账户的经济内容进行分类；二是按照账户的用途和结构进行分类。

1. 按照账户的经济内容进行分类

账户的经济内容，是指账户所反映的会计对象的具体内容。将账户按其反映的经济内容进行分类，对于正确区分账户的经济性质，合理设置和运用账户，提供企业经营管理和对外报告所需要的各种核算指标，具有重要意义，是账户的基本分类。由于账户的用途和结构直接或间接地依存于账户的经济内容，如前所述，企业会计对象的具体内容按其经济特征可归结为资产、负债、所有者权益、收入、费用和利润6项要素，与此相适应，账户按经济内容的分类也可以分为资产类账户、负债类账户、所有者权益类账户、收入类账户、费用类账户和利润类账户。

由于企业在一定期间实现的利润经过分配后，除分配给投资者的利润要退出企业外，提取的盈余公积和未分配利润最终要归属于所有者权益，因此在实践中可以将利润类账户归入所有者权益类账户，将收入、费用类账户归为一类，称作损益类账户。所以“本年利润”“利润分配”和“盈余公积”账户可以并入所有者权益类账户。另外，由于许多企

业，特别是制造、加工企业，为了进行产品成本计算，需要专门设置用来核算产品的账户。企业在一定期间所取得的收入和发生的费用，最终都体现在当期损益的计算中，因而可以将这些内容与损益计算直接相关的收入、费用类账户归为一类，即损益类账户。基于这种认识，账户按不同经济内容可以分为资产类账户、负债类账户、所有者权益类账户、成本类账户和损益类账户。会计核算中还存在具有资产和负债双重性质的账户，称之为共同性账户。具体内容如下所述。

(1) 资产类账户是用来反映企业资产的增减变动及其结存情况的账户。按照资产的流动性，这类账户可以分为两类：①反映流动资产的账户，如“库存现金”“银行存款”“应收账款”“原材料”“库存商品”等账户；②反映非流动资产的账户，如“长期股权投资”“ 固定资产”“累计折旧”“在建工程”“无形资产”等账户。

(2) 负债类账户是用来反映企业负债的增减变动及其结存情况的账户。按照负债的还款期不同，这类账户可以分为：①反映流动负债的账户，如“短期借款”“应付票据”“应付账款”“应付职工薪酬”“ 应交税费”等账户；②反映非流动负债的账户，如“长期借款”“应付债券”等账户。

(3) 共同类账户是一种独特的会计账户，具有资产和负债的双重性质。当该账户的余额在借方时表现为资产，该科目的余额在贷方时则表现为负债，如“衍生工具”。

(4) 所有者权益类账户是用来反映企业所有者权益的增减变动及其结存情况的账户。按照所有者权益来源的不同，这类账户分为：①反映所有者原始投资的账户，如“实收资本”账户；②反映所有者投资收益的账户，如“本年利润”“利润分配”“盈余公积”等账户。

(5) 成本类账户是用来归集费用，计算成本的账户。在工业企业，按照生产经营过程的阶段划分，用来归集费用、计算成本的账户可以分为：①在供应过程中，用来归集购入材料费用和采购费用，计算材料采购成本的账户，如“材料采购”账户；②在生产过程中，用来归集制造产品的生产费用，计算产品生产成本的账户，如“制造费用”和“生产成本”账户。成本类账户与资产类账户有着密切的联系。资产一经耗用就转化为费用成本；成本类账户的期末借方余额属于企业的资产，如“在途物资”账户的借方余额为在途材料，“生产成本”账户的借方余额为在产品，都是企业的流动资产。从这种意义上来说，成本类账户也是资产类账户，分类时，有的账户，如“在途物资”账户，既可以归入资产类账户，也可以归入成本类账户。

(6) 损益类账户是指核算内容与损益的计算确定直接相关的账户，主要是用来反映企业收入和费用的账户。这类账户按其与损益组成内容的关系，可分为：①用来反映营业损益的账户，如“主营业务收入”“主营业务成本”“销售费用”“营业税金及附加”“管理费用”“财务费用”等账户；②用来反映营业外收支的账户，如“营业外收入”“营业外支出”账户；③用来反映所得税的账户，如“所得税费用”账户。图3-3列示了工业企业按照经济内容分类的主要账户。

- 账户
  - 资产类账户
    - 反映流动资产的账户
      - 库存现金
      - 银行存款
      - 应收账款
      - 预付账款
      - 其他应收款
      - 原材料
      - 材料成本差异
      - 库存商品
    - 反映非流动资产的账户
      - 长期股权投资
      - 固定资产
      - 累计折旧
      - 在建工程
      - 无形资产
  - 负债类账户
    - 反映流动负债的账户
      - 短期借款
      - 应付账款
      - 预收账款
      - 应付票据
      - 其他应付款
      - 应付职工薪酬
      - 应付利润
      - 应缴税费
      - 应付股利
    - 反映非流动负债的账户
      - 长期借款
      - 应付债券
      - 长期应付款
  - 所有者权益类账户
    - 反映所有者原始投资的账户——实收资本
    - 反映投资者收益的账户
      - 利润分配
      - 本年利润
      - 盈余公积
  - 成本类账户
    - 反映供应过程中材料采购成本的账户—在途物资
    - 反映生产过程中产品生产成本的账户
      - 生产成本
      - 制造费用
  - 损益类账户
    - 反映营业损益的账户
      - 主营业务收入
      - 主营业务成本
      - 管理费用
      - 财务费用
      - 销售费用
    - 反映营业外收支的账户
      - 营业外收入
      - 营业外支出
    - 反映所得税的账户——所得税费用

图3-3 账户按经济内容的分类

2. 按照账户的用途和结构进行分类

按照经济内容对账户进行分类的缺点是难以详细了解各个账户的具体用途以及提供管理上所需的各种核算指标，因为同为按经济内容划归为一类的账户，可能具有不同的用途和结构。为了深入理解和掌握账户在提供核算指标方面的规律性，正确地设置和运用账户来记录经济业务，为决策人提供有用的会计信息，有必要在账户按经济内容分类的基础上，进一步研究账户按用途和结构的分类，这是对账户按经济内容分类的必要补充。

账户按照用途和结构可以分为盘存类账户、所有者权益类账户、结算类账户、跨期摊配类账户、备抵类账户、抵减附加类账户、集合分配类账户、成本计算类账户、收入计算类账户、费用计算类账户和财务成果计算类账户等。现以制造企业为例，说明按用途和结构分类的账户体系。

1) 盘存类账户

盘存类账户是用来核算、监督各项财产物资和货币资金(包括库存有价证券)的增减变动及其实有数额的账户。属于盘存类账户的有“库存现金”“银行存款”“原材料”“库存商品”“固定资产”等账户。盘存类账户的特点是：可以通过财产清查的方法，即实际盘点或对账的方法，核对货币资金和实物资产的实际结存数与账面结存数是否相符，并检查经营管理上存在的问题。除“库存现金” 和“银行存款” 账户外，其他盘存类账户普遍运用数量金额式等明细分类账，可以提供实物和价值两种指标。盘存类账户的基本结构如图3-4所示。

盘存类账户

期初余额：财产物资或货币资金的期初实有数	
本期发生额：财产物资或货币的本期增加数	本期发生额：财产物资或货币资金的本期减少数
期末余额：财产物资或货币的期末实有数	

图3-4 盘存类账户的基本结构

2) 所有者权益类账户

所有者权益类账户是用来核算投资者对企业净资产的增减变动及实有数额的账户。这类账户有“实收资本”“资本公积”“盈余公积”等。所有者权益类账户的特点是：有的账户(如“实收资本”)应按照企业的投资者分别设置明细分类账户，以便反映各投资者对企业净资产实际拥有的份额；所有者权益类账户只提供价值指标。所有者权益类账户的基本结构如图3-5所示。

所有者权益类账户

	期初余额：期初所有者权益余额
本期发生额：本期所有者权益的减少数	本期发生额：本期所有者权益的增加数
	期末余额：期末所有者权益余额

图3-5 所有者权益类账户的基本结构

3) 结算类账户

结算类账户是用来核算和监督企业与其他单位和个人之间往来账款结算业务的账户。按照账户的用途和结构，具体可分为债权结算账户、债务结算账户两类。

(1) 债权结算账户。债权结算账户是用来核算和监督企业债权的增减变动和实有数额的账户。属于债权结算账户的有“应收账款”“其他应收款”“应收票据”等账户。债权结算账户的基本结构如图3-6所示。

债权结算账户

期初余额：债权的期初实有数	
本期发生额：债权的本期增加数	本期发生额：债权的本期减少数
期末余额：债权的期末实有数	

图3-6　债权结算账户的基本结构

(2) 债务结算账户。债务结算账户是用来核算和监督企业债务的增减变动和实有数额的账户。属于债务结算账户的有“应付账款”“其他应付款”“应付职工薪酬”“应交税费”“应付股利”“短期借款”“长期借款”“应付债券”和“长期应付款”等账户。债务结算账户的基本结构如图3-7所示。

债务结算账户

	期初余额：债务的期初实有数
本期发生额：债务的本期减少数	本期发生额：债务的本期增加数
	期末余额：债务的期末实有数

图3-7　债务结算账户的基本结构

4) 备抵类账户

备抵类账户是用抵减相关被调整账户金额的方法，以反映被调整账户核算内容的实际价值的账户。其调整可用下列公式表示

被调整账户余额-备抵调整账户余额=被调整账户核算内容的实际价值

由于备抵类账户对被调整账户的调整，实际上是对被调整账户余额的抵减，因此，被调整账户余额的方向与备抵类账户的余额方向必定相反。“累计折旧”“固定资产减值准备”“坏账准备”和“存货跌价准备”等账户是较典型的抵减账户。

5) 抵减附加类账户

抵减附加类账户亦称备抵附加账户，是既可能用来抵减又可能用来增加被调整账户的余额，以求得被调整账户的实际余额的账户。到底是用来抵减被调整账户还是用来增加被调整账户，取决于该账户的余额与被调整账户的余额在方向上是否一致。当其余额与被调整账户余额在不同方向时，它所起的作用是抵减；当余额与被调整账户余额在相同方向时，它所起的作用是附加。

6) 集合分配类账户

集合分配类账户是用来汇集和分配经营过程中某一阶段所发生的某种间接费用，借以核算、监督有关间接费用的计划执行情况及间接费用的分配情况的账户。设置这类账户，

一方面可以将某一经营过程中实际发生的间接费用和计划指标进行比较，考核间接费用的超支和节约情况；另一方面也便于将这些费用摊配出去。属于这类账户的有“制造费用”账户。集合分配类账户的特点是：具有明显的过渡性质，平时用它来归集那些不能直接计入某个成本计算对象的间接费用，期末将费用全部分配出去，由有关成本计算对象负担；这类账户期末费用分配后一般应无余额。集合分配类账户的基本结构如图3-8所示。

集合分配类账户	
本期发生额：汇集经营过程中间接费用的本期发生额	本期发生额：本期分配到有关成本计算对象上的间接费用额

图3-8　集合分配类账户的基本结构

7) 成本计算类账户

成本计算类账户是用来核算和监督经营过程中应计入特定成本计算对象的经营费用，并确定各成本计算对象实际成本的账户。属于成本计算类账户的有“材料采购”“在途物资”“生产成本”等账户。成本计算类账户的特点是：除了设置总分类账户外，还应按照各个成本计算对象和成本项目设置专栏，分别设置明细分类账户，进行明细分类核算；既提供实物指标，又提供价值指标。成本计算类账户的基本结构如图3-9所示。

成本计算类账户	
期初余额：未转出成本计算对象的实际成本	
本期发生额：经营过程中发生的由成本计算对象承担的费用	本期发生额：转出成本计算对象的实际成本
期末余额：期末未转出成本计算对象的成本	

图3-9　成本计算类账户的基本结构

8) 收入计算类账户

收入计算类账户是用来核算和监督企业在一定时期(月、季或年)内所取得的各种收入和收益的账户。属于这类账户的有“主营业务收入”“其他业务收入”等账户。收入计算类账户的特点是：除了设置总分类账户外，还应按照业务类别设置明细分类账，进行明细分类核算；收入计算类账户只提供价值指标。收入计算类账户的基本结构如图3-10所示。

收入计算类账户	
本期发生额：收入和收益的减少数及期末转入“本年利润”账户的收入和收益额	本期发生额：本期收入和收益的增加额

图3-10　收入计算类账户的基本结构

9) 费用计算类账户

费用计算类账户是用来核算和监督企业在一定时期(月、季或年)内所发生的应计入当期损益的各项费用、成本和支出的账户。属于这类账户的有“主营业务成本”“营业税金及附加”“其他业务成本”“销售费用”“管理费用”“财务费用”“营业外支出”“所得税费用” 等账户。费用计算类账户的特点是：除了设置总分类账户外，还应按业务内容、费用支出项目等设置明细分类账户，进行明细分类核算；费用计算类账户只提供价值指标。费用计算类账户的基本结构如图3-11所示。

费用计算类账户

本期发生额：期末费用支出的增加数	本期发生额：本期费用支出的减少或转销数和期末转入“本年利润”账户的费用支出数

图3-11　费用计算类账户的基本结构

10) 财务成果计算类账户

财务成果计算类账户是用来核算和监督企业在一定时期(月、季或年)内全部经营活动的最终成果的账户。属于这类账户的有“本年利润”。财务成果计算类账户只提供价值指标。财务成果计算类账户的基本结构如图3-12所示。

财务成果计算类账户

本期发生额：本期从“费用”账户转入的各项成本、费用支出数	本期发生额：本期从“收入”账户转入的各项收入、收益数
期末余额：(1—11月份)发生的亏损数	期末余额：(1—11月份)实现的利润数
	年末无余额

图3-12　财务成果计算类账户的基本结构

3. 账户的其他分类

会计账户除了按照账户的经济内容、用途与结构分类外，还可以按照提供信息的详细程度、与会计报表的关系分类。

1) 按照提供信息的详细程度分类

会计账户可分为总分类账户(一级账户)——主要提供总括的会计信息，如“原材料”“库存现金”“应收账款”等；明细分类账户——提供比较详细、具体的信息，是对总分类账户的补充和说明，如“原材料”下设的“甲材料”，是对“原材料”的进一步说明。

2) 按照与会计报表的关系分类

设置会计账户，为编制会计报表提供了方便，账户的余额是编制会计报表的依据。根据账户与报表的关系，账户可以分为以下两类。

(1) 资产负债表账户。资产负债表是反映企业某一特定日期财务状况的报表，是根据资产类、负债类、所有者权益类账户的期末余额计算填列的，资产类、负债类、所有者权益类账户是编制资产负债表的依据，因此，资产类、负债类、所有者权益类账户被称为资产负债表账户。

(2) 利润表账户。利润表是反映企业一定时期内财务成果的形成情况的报表，是根据收入类、费用类和利润类账户的本期发生额编制的，收入类、费用类和利润类账户是编制利润表的依据，因此，收入类、费用类和利润类账户被称为利润表账户。

3.1.5　会计账户与会计科目的区别与联系

会计科目是账户的名称，同时也是各单位设置账户的一个重要依据。会计科目与账户的共同点在于：它们都分门别类地反映某项经济内容，即两者所反映的经济内容是相同的。账户是根据会计科目开设的，账户的名称就是会计科目。从理论上来讲，会计科目和账户在会计学中是两个不同的概念，它们之间既有联系又有区别。

会计科目与账户的主要区别是：会计科目通常由国家统一规定，是各单位设置账户、处理账务所必须遵循的依据，而账户则由各会计主体自行设置，是会计核算的一个重要工具；会计科目只表明某项经济内容，而账户不仅表明相同的经济内容，而且具有一定的结构格式，并通过其结构反映某项经济内容的增减变动情况，即会计科目仅仅是对会计要素具体内容进行分类的项目名称，而账户还具有一定的结构、格式。由于账户是根据会计科目设置的，并按照会计科目命名，也就是说会计科目是账户的名称，两者的称谓及核算内容完全一致，因而在实际工作中，会计科目与账户常被作为同义语来理解，可以通用，不加区别。

3.2 复式记账

3.2.1 记账方法的演变

在会计工作中，为了有效地反映和监督会计对象，各会计主体除了要按照规定的会计科目设置账户外，还应采用一定的记账方法。所谓记账方法，是指按照一定的规则，使用一定的符号，在账户中登记各项经济业务的技术方法。会计上的记账方法，最初是单式记账法，随着社会经济的发展和人们的实践与总结，单式记账法逐步改进，从而演变为复式记账法。

1. 单式记账法(Single-entry Bookkeeping)

单式记账法是一种比较简单的不完整的记账方法。这种方法的主要特征是：对于每项经济业务，通常只登记现金和银行存款的收付业务，以及应收、应付款的结算业务，而不登记实物的收付业务；除了对于有关应收、应付款的现金收付业务需要在两个或两个以上账户中各自进行登记外，其他业务只在一个账户中登记或不予登记。例如，沈阳立信公司以现金600元支付办公费用。对于这项经济业务，在单式记账法下，只在有关的现金账户中作减少600元的登记，至于费用的发生情况，则不予登记。又如，沈阳立信公司从某单位购入一批材料计价2 000元，货已收到，款项尚未支付。对于这项经济业务，采用单式记账法，只在结算债务账户中作增加2 000元的登记，而材料的增加，则不予登记。

采用单式记账法，对于有关应收、应付款的现金收付业务，虽然在记现金账的同时也记往来账，但现金账与往来账是各记各的，彼此没有直接的联系。

由此可见，在单式记账法下，对支付费用以及采用付现或赊购方式购买实物性资产的经济业务，只核算现金的减少或债务的增加，而对费用的发生或实物性资产的取得，一般不设置账户进行核算。至于实物性资产的结存数额，只能从定期的实地盘存得到。经营的损益则由前后两期财产结存数的比较求得，即期末资产结存大于期初资产结存的数额为利润；反之，则为亏损。

显然，单式记账法的优点是记账手续比较简单。由于其账户的设置是不完整的，各个账户之间又互不联系，因此无法全面反映各项经济业务的来龙去脉，也不能正确核算成本和盈亏，更不便于检查账户记录的正确性。所以，这种记账方法只适用于经济业务非常简单的单位，目前已很少采用这种方法。

2. 复式记账法(Double-entry Bookkeeping)

所谓复式记账法，是指对任何一项经济业务，都必须用相等的金额在两个或两个以上的有关账户中相互联系地进行登记，借以反映会计对象具体内容的增减变化的一种记账方法。例如，沈阳立信公司以现金600元支付办公费用。采用复式记账法，这项经济业务除了要在有关的现金账户中作减少600元的登记外，还要在有关的费用账户中作增加600元的记录。这样登记的结果表明，企业现金的付出与费用的发生之间是相互联系的。又如，沈阳立信公司从某厂购入一批材料，计价2 000元，货已收到，款项尚未支付。采用复式记账法，这项经济业务除了要在结算债务账户中作增加2 000元的登记外，还要在有关的材料账户中作增加2 000元的记录。这样登记的结果，就使得债务的发生与材料的购进之间的关系一目了然。

复式记账法的主要特征是：需要设置完整的账户体系，除了现金、银行存款账户外，还要设置实物性资产以及收入、费用和各种权益类账户；不仅记录货币资金的收付和债权、债务的发生，而且要对所有财产和全部权益的增减变化，以及经营过程中所发生的费用和获得的收入进行全面、系统的反映；对每项经济业务，都要在两个或两个以上的账户中进行等额双重记录，以便反映其来龙去脉；根据会计等式的平衡关系，可以对一定时期所发生的全部经济业务的会计记录进行综合试算，以检查账户记录是否正确。

复式记账法是在长期的会计实践中形成的。在实践中复式记账法出现过多种形式，并被不同国家所采用，具体包括以下几种。

(1) 收付记账法。收付记账法是以“收”“付”为记账符号，对发生的每一笔经济业务都以相等的金额，同时在两个或两个以上的账户中相互联系地进行登记的一种复式记账法。它可分为资金收付记账法(我国事业单位曾采用)、现金收付记账法(我国金融业曾采用)和财产收付记账法等。

(2) 增减记账法。增减记账法是以“增”“减”为记账符号，对发生的每一笔经济业务，都以相等的金额，同时在两个或两个以上的账户中相互联系地进行登记的一种复式记账方法。我国商业企业曾采用这种方法。

(3) 借贷记账法。借贷记账法起源于12—13世纪的意大利，发展完善于15世纪，是目前世界上被广泛采用的一种记账方法。我国1992年颁布的《企业会计准则》第八条规定：“会计记账采用借贷记账法”。我国2001年实施的新的《企业会计制度》和2006年版的《企业会计准则》对这种记账方法再次予以确认。本书将以借贷记账法作为重点内容进行介绍。

3.2.2 复式记账的理论依据和基本原则

1. 复式记账的理论依据

如前所述，会计的对象是资金运动，而企业经营过程中所发生的每一项经济业务，都是资金运动的具体过程，只有把企业所有经济业务无一遗漏地进行核算，才能完整地反映企业资金运动的全貌，为信息使用者提供其所需要的全部核算资料。

企业发生的所有经济业务涉及资金增加和减少两个方面，并且某项资金在量上的增加或减少，总是与另一项资金在量上的增加或减少相伴而生。换言之，在资金运动中，一部分资金的减少或增加，总是有另一部分资金的增减变动作为其变化的原因。这样就要求在会计记账的时候，必须要把每项经济业务所涉及的资金增减变化的原因和结果都记录下来，从而完整、全面地反映经济业务所引起的资金运动的来龙去脉。复式记账方法适应了资金运动这一规律性的客观要求，把每一项经济业务所涉及的资金在量上的增减变化，通过两个或两个以上账户的记录予以全面反映。可见，资金运动的内在规律性是复式记账的理论依据。

2. 复式记账的基本原则

复式记账必须遵循以下几项原则。

(1) 以会计等式作为记账基础。会计等式是将会计对象的具体内容，即会计要素之间的相互关系，运用数学方程式的原理进行描述而形成的。它是客观存在的必然经济现象，同时也是资金运动规律的具体化。为了揭示资金运动的内在规律性，复式记账必须以会计等式作为其记账基础。

(2) 对每项经济业务，必须在两个或两个以上相互联系的账户中进行等额记录。前文已述及，经济业务的发生，必然要引起资金的增减变动，而这种变动势必导致会计等式中至少有两个要素或同一要素中至少有两个项目发生等量变动。为了反映这种等量变动关系，会计上就必须在两个或两个以上账户中进行等额双重记录。

(3) 必须按经济业务对会计等式的影响类型进行记录。尽管企业发生的经济业务复杂多样，但对会计等式的影响都可分为两种类型：一类是影响会计等式的等号两边会计要素同时发生变化的经济业务，这类业务能够变更企业资金总额，使会计等式的等号两边等额同增或等额同减；另一类是影响会计等式的等号某一边会计要素发生变化的经济业务，这类业务不变更企业资金总额，只会使会计等式的等号某一边等额地有增有减。这就决定了会计上对第一类经济业务，应在等式两边的账户中等额记同增或同减；对第二类经济业务，应在等式某一边的账户中等额记有增有减。

(4) 定期汇总的全部账户记录必须平衡。通过复式记账的每笔经济业务的双重等额记录，定期汇总的全部账户的数据必然会保持会计等式的平衡关系。

复式记账试算平衡有发生额平衡法和余额平衡法两种。

发生额平衡法，是将一定时期会计等式的等号两边账户的发生额增、减交叉相加之和

进行核对相等，其计算公式为

资产账户增加额合计+权益账户减少额合计=权益账户增加额合计+资产账户减少额合计

通过上述方法，如果试算平衡，说明账户金额记录基本正确。

3.2.3 复式记账的作用

通过以上分析可以看出，复式记账就是利用数学方程式的平衡原理来记录经济业务，这样登记的结果，能够把所有的经济业务相互联系地、全面地记入有关账户之中，从而使账户能够全面地、系统地反映和监督经济活动的过程和结果，能够提供经营管理所需要的数据资料。同时，由于每笔账户记录都是相互对应地反映每项经济业务所引起的资金运动的来龙去脉，因此应用复式记账法，可以通过有关账户之间的关系了解经济业务的内容，检查经济业务是否合理、合法。此外，根据复式记账必然相等的平衡关系，通过全部账户记录结果的试算平衡，还可以检查账户记录有无差错。

综上所述，复式记账法具有单式记账法无可比拟的优势，因而它是世界各国公认的一种科学的记账方法。目前，我国企业和行政事业单位采用的记账方法都是复式记账法。复式记账法从其发展历史来看，曾经有“借贷记账法”“增减记账法”“收付记账法”等。我国现行有关制度规定，企事业单位一律采用借贷记账法。这是因为一方面，借贷记账法经过多年的实践已被全世界的会计工作者普遍接受，是一种比较成熟、完善的记账方法；另一方面，从会计实务的角度看，统一记账方法会对企事业单位之间横向经济联系、对加强国际交往等都带来极大的方便，并且对会计核算工作的规范和更好地发挥会计的作用具有重要意义。因此，本书只阐述借贷记账法的有关内容，对其他复式记账方法未予以介绍。

3.2.4 借贷记账法

1. 借贷记账法的产生与演进

“借贷”二字来源于古拉丁语，“借”字原意为“欠”，“贷”字原意为“有”，借贷记账法(Debit-credit Bookkeeping)是以“借”“贷” 作为记账符号，记录和反映经济业务的增减变化情况及结果的一种复式记账法。这种记账方法于公元12—13世纪出现在资本主义发展初期的意大利。

在会计上借贷的使用最初是从借贷资本的角度来解释的，它仅仅表示债权(应收款)和债务(应付款)的增减变动，即在账户中分为两方来登记借贷资本家与债权债务人的关系。其中账户的一方登记收进的存款，记在贷主名下即贷方，表示债务(应付款)，例如，我借了谁(贷主)的钱；另一方登记放款数，记在借主名下，即借方表示债权(应收款)，例如，我借给谁(借方)钱。这是借贷记账法的“借贷”二字的由来，简称“借主贷主说”。

后来，随着商品经济的发展、经济活动内容的日益复杂，记账对象有所扩大，在账簿中不仅要登记债权债务的借贷关系，而且要登记财产物资和其他会计内容的增减变化。因而，借和贷就逐渐失去了原来的含义，转变为单纯的记账符号，变成会计上的专门术语，即“左方”“右方”的代名词，简称“拟人说”。

随着资本主义经济的发展，会计日趋重要。会计界更加重视核算方法的研究，并提出“资产=负债+资本”的平衡公式，作为借贷记账法的理论依据。根据这个平衡公式，确立了借贷的记账规则，即资产的增加额应记入账户的借方，减少额则应记入账户的贷方；与此相反，负债和资本的增加额应记入账户的贷方，减少额则应记入账户的借方。对每一会计事项都以相等的金额至少记入一个账户的借方和另一个账户的贷方，简称“平衡说”。这使得借贷记账法日臻完善，为世界各国所普遍采用。

中华人民共和国成立以前，借贷记账法就已传入我国，为一些企业所采用。中华人民共和国成立以后，我国会计工作者使用过增减记账法、资金收付记账法等，但是，记账方法不统一既给企业间横向经济联系和国际经济交往带来诸多不便，也不利于经济管理中对会计信息的加工、汇总和利用。因此，我国于1993年实施的《企业会计准则》已明确规定，境内所有企业在进行会计核算时，都必须统一采用借贷记账法。目前，即使是行政事业单位，也都采用借贷记账法。

2. 借贷记账法的理论基础

借贷记账法的对象是会计要素的增减变动过程及其结果，“资产=负债+所有者权益”的内容贯穿了借贷记账法的始终。数量平衡关系要求，每一次记账的借方、贷方的金额是平衡的；一定时期账户的借方、贷方的金额是平衡的；所有账户的借方、贷方余额的合计数是平衡的。增减变化的相互联系要求，在一个账户中记录的同时必然要有另一个或两个以上账户的记录与之对应。对立统一关系要求，按相反方向记账。从一个账户来看是按相反方向记账，借方记录增加额，贷方一定记录减少额；反之，贷方记录增加额，借方一定记录减少额。从等式两边的不同类账户来看，资产类账户是借方记录增加额，贷方记录减少额；与之相反，负债和所有者权益类账户是贷方记录增加额，借方记录减少额。会计等式对记账方法的要求决定了借贷记账法的账户结构、记账规则、试算平衡的基本理论，因此会计恒等式是借贷记账法的理论基础。

3. 借贷记账法的记账符号

记账符号，是会计核算中采用的一种抽象标记，表示经济业务的增减变动和记账方向。如前所述，借贷记账法以“借” 和“贷”作为记账符号，“借”(英文简写为Dr)表示记入账户的借方；“贷”(英文简写为Cr)表示记入账户的贷方。

在借贷记账法下，“借”“贷” 两个符号对会计等式两边的会计要素规定了相反的含义。抽象地看，无论是“借”还是“贷”都既表示增加，又表示减少。具体地看，“借” 对会计等式左边的账户，即资产、费用类账户表示增加，对会计等式右边的账户，即负债、所有者权益、收入和利润类账户则表示减少；“贷”对会计等式左边的资产、费用类账户表示减少，对会计等式右边的负债、所有者权益、收入和利润类账户则表示增加。

4. 借贷记账法的账户结构

在借贷记账法下，任何账户都分为借、贷两方，而且把账户的左方称为“借方”，账户的右方称为“贷方”。记账时，账户的借贷双方必须做相反方向的记录，即对于每一个账户来说，如果借方用来登记增加额，则贷方就用来登记减少额；如果借方用来登记减少额，则贷方就用来登记增加额。在一个会计期间，借方登记的合计数称为借方发生额；贷方登记的合计数称为贷方发生额。那么，究竟用哪一方来登记增加额，用哪一方来登记减少额呢？这要根据各个账户所反映的经济内容，也就是它的性质来决定。

下面分别说明借贷记账法下各类账户的结构。

1) 资产类账户的结构

资产类账户的结构是：账户的借方登记资产的增加额，贷方登记资产的减少额；由于资产的减少额不可能大于它的期初余额与本期增加额之和，所以，这类账户期末如有余额，必定在借方。该类账户期末余额的计算公式为

资产类账户期末借方余额=期初借方余额+本期借方发生额−本期贷方发生额

资产类账户的简化结构，如图3-13所示。

资产类账户

借方			贷方
期初余额	×××		
增加额	×××	减少额	×××
本期发生额	×××	本期发生额	×××
期末余额	×××		

图3-13　资产类账户的简化结构

【例3-1】 沈阳立信公司2015年12月有关账户的期初余额为：库存现金10 000元，银行存款200 000元。12月10日，从银行提取现金3 000元备用。要求：根据期初余额及经济业务逐笔登记各账户。

分析：这笔业务涉及“库存现金”和“银行存款”这两个账户，“库存现金”和“银行存款”均属于资产类账户，所以“库存现金”期初余额10 000元、“银行存款”期初余额200 000元均登记在借方。该笔业务的发生，使得库存现金增加3 000元，由于其属于资产类账户，本期增加额登记在本账户的借方。该笔业务的发生，使得银行存款减少3 000元，由于其属于资产类账户，本期减少额登记在本账户的贷方。在“库存现金”和“银行存款”这两本账中登记，如图3-14、图3-15所示。

库存现金

借方	贷方
10 000	
3 000	
13 000	

图3-14　“库存现金”账户

银行存款

借方	贷方
200 000	
	3 000
197 000	

图3-15 “银行存款”账户

注意：在实际工作中，并不是直接根据经济业务登记账簿，而是根据经济业务先编制记账凭证，然后根据记账凭证登记账簿。本书为了很好地介绍账户的基本结构，直接根据经济业务登记账簿，中间省略了编制记账凭证的过程。以下各例与此相同。

2) 负债及所有者权益类账户的结构

依据“资产=负债+所有者权益”的会计等式，负债及所有者权益类账户的结构与资产类账户的结构正好相反，其贷方登记负债及所有者权益的增加额，借方登记负债及所有者权益的减少额；由于负债及所有者权益的增加额与期初余额之和，通常要大于其本期减少额，所以，这类账户期末如有余额，必定在贷方。该类账户期末余额的计算公式为

负债及所有者权益类账户期末贷方余额=期初贷方余额+本期贷方发生额−本期借方发生额

负债及所有者权益类账户的简化结构，如图3-16所示。

借方		贷方	
		期初余额	×××
减少额	×××	增加额	×××
本期发生额	×××	本期发生额	×××
		期末余额	×××

图3-16 负债及所有者权益类账户的简化结构

【例3-2】沈阳立信公司2015年12月初有关账户余额为：短期借款200 000元，应付账款150 000元，银行存款300 000元，实收资本600 000元。本月发生如下经济业务。

① 12月1日从银行借入60 000元，期限为3个月，款项已存入银行。

② 12月15日，用银行存款150 000元，支付欠A公司的货款。

③ 12月25日，收到B公司的投资款400 000元，款项已存入银行。

要求：根据期初余额及经济业务逐笔登记各账户。

分析：“短期借款”和“应付账款”均属于负债类账户，所以短期借款期初余额200 000元登记在贷方，应付账款期初余额150 000元登记在贷方。“银行存款”属于资产类账户，所以期初余额300 000元登记在借方。“实收资本” 属于所有者权益类账户，所以期初余额600 000元登记在贷方。

第①笔业务涉及“短期借款” 和“银行存款” 这两个账户。该笔业务的发生，使得短期借款和银行存款均增加60 000元，但由于“短期借款”属于负债类账户，本期增加额应登记在本账户的贷方；而“银行存款” 属于资产类账户，本期增加额应登记在本账户的借方。

第②笔业务涉及“银行存款”和“应付账款” 这两个账户。该笔业务的发生，使得应付账款和银行存款均减少150 000元，但“应付账款” 属于负债类账户，本期减少额应登记在本账户的借方；而“银行存款”属于资产类账户，本期减少额应登记在本账户的贷方。

第③笔业务涉及“银行存款”和“实收资本” 这两个账户。该笔业务的发生，使得实收资本和银行存款均增加400 000元，但由于“实收资本” 属于所有者权益类账户，本期增加额应登记在本账户的贷方；而“银行存款” 属于资产类账户，本期增加额应登记在本账户的借方。

根据上述业务，登记各账户如图3-17所示。

短期借款

借方	贷方
	200 000
	① 60 000
	260 000

应付账款

借方	贷方
	150 000
②150 000	

银行存款

借方	贷方
300 000	
① 60 000 ③ 400 000	②150 000
610 000	

实收资本

借方	贷方
	600 000
	③ 400 000
	1 000 000

图3-17 “短期借款”“应付账款”“银行存款”“实收资本”账户

3) 费用类账户的结构

企业在生产经营中所发生的各种耗费，大多由资产转化而来，所以费用在抵消收入之前，可将其视为一种特殊资产，因此费用类账户的结构与资产类账户基本相同，账户的借方登记费用的增加额，贷方登记费用的减少(转销)额；由于借方登记的费用增加额一般都要通过贷方转出，所以该类账户通常没有期末余额。费用类账户的简化结构，如图3-18所示。

费用类账户

借方			贷方
增加额	×××	减少额	×××
本期发生额	×××	本期发生额	×××

图3-18　费用类账户的简化结构

4) 收入类账户的结构

收入类账户的结构与负债及所有者权益类账户的结构相类似，账户的贷方登记收入的增加额，借方登记收入的减少(转销)额；由于贷方登记的收入增加额一般要通过借方转出，所以这类账户通常没有期末余额。收入类账户的简化结构，如图3-19所示。

收入类账户

借方			贷方
减少额	×××	增加额	×××
本期发生额	×××	本期发生额	×××

图3-19　收入类账户的简化结构

5) 利润类账户的结构

利润类账户的结构与负债及所有者权益类账户的结构大致相同，账户的贷方登记利润的增加额，借方登记利润的减少额，期末如有余额，则余额在贷方。利润类账户的简化结构，如图3-20所示。

利润类账户

借方			贷方
		期初余额	×××
减少额	×××	增加额	×××
本期发生额	×××	本期发生额	×××
		期末余额	×××

图3-20　利润类账户的简化结构

根据上述内容，借贷记账法下各类账户的结构，可归纳为表3-1。

表3-1　借贷记账法下各类账户的结构

账户类别	借方	贷方	余额方向
资产类	增加	减少	借方
负债类	减少	增加	贷方
所有者权益类	减少	增加	贷方
收入类	减少(转销)	增加	一般无余额
费用类	增加	减少(转销)	一般无余额
利润类	减少	增加	一般在贷方

由此可见，借贷记账法下各类账户的期末余额都在记录增加额的一方，即资产类账户的期末余额在借方，负债及所有者权益类账户的期末余额在贷方。基于此，我们可以得出一个结论：根据账户余额所在的方向，可以判断账户的性质，即账户若是借方余额，则为资产(包括有余额的费用)类账户；账户若是贷方余额，则为负债或所有者权益(利润)类账

户。借贷记账法的这一特点，决定了它可以设置双重性质账户。

所谓双重性质账户，是指既可以用来核算资产、费用，又可以用来核算负债、所有者权益和收入的账户，如“其他往来”“待处理财产损溢”“投资收益”等。由于任何一个双重性质账户都是把原来的两个有关账户合并在一起，并具有合并前两个账户的功能，所以设置双重性质账户，有利于简化会计核算手续。

5. 借贷记账法的记账规则

借贷记账法的记账规则可以用一句话概括：有借必有贷，借贷必相等。借贷记账法的记账规则是根据以下两个原理来确定的。

(1) 根据复式记账的原理，对任何一项经济业务都必须以相等的金额，在两个或两个以上相互联系的账户中进行登记。

(2) 根据借贷记账法账户结构的原理，对每一项经济业务都应作借贷相反的记录。因此，借贷记账法要求对每一项经济业务都要按借贷相反的方向，以相等的金额，在两个或两个以上相互联系的账户中进行登记。具体地说，如果在一个账户中记借方，必须同时在另一个或几个账户中记贷方；或者在一个账户中记贷方，必须同时在另一个或几个账户中记借方；记入借方的总额与记入贷方的总额必须相等。

我们在实际运用借贷记账法登记经济业务时，一般要按照以下两个步骤进行。

首先，需要分析经济业务的内容，确定它所涉及的要素是增加还是减少，是资产要素的变化，还是负债或所有者权益要素的变化；哪些要素增加，哪些要素减少，都增加或都减少，等等。

其次，根据上述分析，确定该项业务应记入相关账户的借方或贷方，以及各账户应记金额。凡是涉及资产及费用、成本的增加，负债及所有者权益的减少，收入的减少或转销，都应记入该类账户的借方；凡是涉及资产及费用、成本的减少、转销，负债及所有者权益的增加，收入的增加，都应记入该类账户的贷方。

6. 借贷记账法的经济业务对会计基本等式的影响

资产与权益的恒等关系，是借贷记账法的理论基础。前面我们曾经归纳过经济业务的发生引起等式两边会计要素变动的方式，有4种类型和9种情况。这里仍用原来的表格形式，说明在这4种类型和9种情况下使用借贷记账法时的经济业务对基本会计等式的影响，如表3-2所示。

表3-2　经济业务对基本会计等式的影响

经济业务		资产	负债	所有者权益
类型	情况			
1	1	借	贷	
	2	借		贷
2	3	贷	借	
	4	贷		借
3	5	借、贷		

(续表)

经济业务		资产	负债	所有者权益
类型	情况			
4	6		贷	借
	7		借	贷
	8		借、贷	
	9			借、贷

总结

为了记录会计要素的增减变动，需设置账户。一个完整的账户应包括名称、日期、摘要、凭证号数和金额。账户的期末余额应该等于账户期初余额加本期增加发生额减本期减少发生额。账户本期的期末余额转入下期，即为下期的期初余额。账户按照经济内容分类，可以分为资产类账户、负债类账户、所有者权益类账户、收入类账户、费用类账户和利润类账户六大类；按照用途和结构可以分为盘存类账户、所有者权益类账户、结算类账户、跨期摊配类账户、备抵类账户、抵减附加类账户、集合分配类账户、成本计算类账户、收入计算类账户、费用计算类账户和财务成果计算类账户等；按照提供信息的详细程度分类，可分为总分类账户和明细分类账户；按照与会计报表的关系分类，可分为资产负债表账户和利润表账户。

随着记账法从单式向复式发展，目前全世界的会计工作者普遍接受的、比较成熟与完善的复式记账方法是借贷记账法。借贷记账法以“借” 和“贷”作为记账符号，把账户的左方称为“借方”，账户的右方称为“贷方”。账户若是借方余额，则为资产(包括有余额的费用)类账户，若是贷方余额，则为负债或所有者权益(利润)类账户。借贷记账法的记账规则是有借必有贷，借贷必相等。

关键词

会计账户	Account
复式记账法	Double-entry Bookkeeping
借方	Debit
贷方	Credit
借贷记账法	Debit-credit Bookkeeping

习题

一、单项选择题

1. 某企业所有者权益总额为700万元，负债总额为200万元。那么该企业的资产总额为(　　)万元。

A. 900　　B. 1 000　　C. 500　　D. 以上答案都不对

2. 账户发生额试算平衡是根据(　　)来确定的。

A. 借贷记账法的记账规则　　B. 资产=负债+所有者权益

C. 收入-费用=利润　　D. 平行登记原则

3. 下列会计分录中，属于复合会计分录的是(　　)。

A. 借：生产成本
　　贷：制造费用

B. 借：银行存款
　　贷：实收资本——A公司
　　　　　　　　——B公司

C. 借：原材料——甲材料
　　　　　　——乙材料
　　贷：银行存款

D. 借：管理费用
　　　　制造费用
　　贷：累计折旧

4. 下列账户中，期末应无余额的是(　　)。

A. 实收资本　　B. 应付账款　　C. 固定资产　　D. 管理费用

5. 下列记账错误中，不能通过试算平衡发现的是(　　)。

A. 将某一账户的借方发生额600元，误写为6 000元，贷方金额无误

B. 某项经济业务在记账过程中颠倒了借贷科目，金额无误

C. 借方的金额误记到贷方

D. 漏记借方的发生额

6. 在借贷记账法下，账户的贷方用来登记(　　)。

A. 收入类科目的减少　　B. 所有者权益类科目的增加

C. 负债类科目的减少　　D. 成本类科目的增加

7. “应收账款”账户的期末余额等于(　　)。

A. 期初余额+本期借方发生额-本期贷方发生额

B. 期初余额-本期借方发生额-本期贷方发生额

C. 期初余额+本期借方发生额+本期贷方发生额

D. 期初余额-本期借方发生额+本期贷方发生额

8. 下列关于借贷记账法的表述中，正确的是(　　)。

A. 通过试算平衡可以发现漏记的经济业务

B. 借贷记账法是复式记账法的一种

C. 在借贷记账法下，负债增加记借方，负债减少记贷方

D. 在借贷记账法下，“借”代表增加，“贷”代表减少

9. 下列错误中能够通过试算平衡发现的是(　　)。

A. 重记经济业务　　B. 漏记经济业务　　C. 借贷方向相反　　D. 借贷金额不等

10. A公司月初应付账款余额为80万元，本月购入一批材料，货款30万元，款项尚未支付，另支付上期购买商品的欠款50万元，则本月应付账款的余额为(　　)万元。

A. 借方60　　B. 贷方100　　C. 借方100　　D. 贷方60

11. 借贷记账法余额试算平衡的依据是(　　)。

A. 账户的对应关系　　B. 账户的结构

C. 借贷记账法的记账规则　　D. 资产与权益的恒等关系

12. 期末收入类账户一般(　　)。

A. 余额在借方　　B. 余额在贷方　　C. 无余额　　D. 余额在借方或贷方

13. 某企业本月发生管理费用开支计58万元，月末结平“管理费用”账户，则“管理费用”账户(　　)。

A. 月末借方余额58万元　　B. 本月期末余额为0

C. 月末贷方余额58万元　　D. 以上都不对

14. 甲公司月末编制的试算平衡表中，全部账户的本月借方发生额合计为136万元，除“实收资本”账户以外的账户本月贷方发生额合计120万元，则“实收资本”账户(　　)。

A. 本月贷方发生额为16万元　　B. 本月借方发生额为16万元

C. 本月借方余额为16万元　　D. 本月贷方余额为16万元

15. 在借贷记账法下，成本类账户的期末余额一般(　　)。

A. 在借方　　B. 为零　　C. 在贷方　　D. 在减少方

二、多项选择题

1. 根据会计等式可知，不会发生的经济业务有(　　)。

A. 资产增加，负债减少，所有者权益不变

B. 资产不变，负债增加，所有者权益增加

C. 资产有增有减，所有者权益不变

D. 债权人权益增加，所有者权益减少，资产不变

2. 借贷记账法的试算平衡方法包括(　　)。

A. 增加额试算平衡法　　B. 减少额试算平衡法

C. 发生额试算平衡法　　D. 余额试算平衡法

3. 会计分录的内容包括(　　)。

A. 经济业务内容摘要　　B. 账户名称

C. 经济业务发生额　　D. 应借应贷方向

4. 下列各项经济业务中，能引起资产和负债总额同时增加的有(　　)。

A. 从银行借款并存入企业的存款账户　　B. 用银行存款偿还所欠货款

C. 企业赊购一批材料　　D. 收到投资人投入的资金并将其存入银行

5. 某企业月末编制试算平衡表时，因“库存现金”账户的余额计算不正确，导致试算平衡中月末借方余额合计为168 000元，而全部账户月末贷方余额合计为16 0000元，则“库存现金”账户(　　)。

A. 为借方余额　　B. 为贷方余额

C. 贷方余额多记8 000元　　D. 借方余额多记8 000元

6. 总分类账户余额试算平衡表中的平衡关系有(　　)。

A. 全部账户的本期借方发生额合计=全部账户的本期贷方发生额合计

B. 全部账户的期初借方余额合计=全部账户的期末贷方余额合计

C. 全部账户的期初借方余额合计=全部账户的期初贷方余额合计

D. 全部账户的期末借方余额合计=全部账户的期末贷方余额合计

7. 在借贷记账法下，账户的贷方应登记(　　)。

A. 负债、收入的增加数　　B. 负债、收入的减少数

C. 资产、成本的减少数　　D. 资产、成本的增加数

8. 下列关于借贷记账法的说法中正确的有(　　)。

A. 借贷记账法下哪一方登记增加，哪一方登记减少取决于账户的性质和类型

B. 可以进行发生额试算平衡和余额试算平衡

C. 以“有借必有贷，借贷必相等”作为记账规则

D. 以“借”“贷”作为记账符号

9. 对于资产、成本类账户而言(　　)。

A. 增加记借方　　B. 增加记贷方　　C. 减少记贷方　　D. 期末无余额

10. 年末结账后，下列会计科目中一定没有余额的有(　　)。

A. 本年利润　　B. 制造费用　　C. 应付账款　　D. 主营业务收入

11. 收到投资者投入的固定资产20万元(假定不考虑增值税，且不产生溢价)，正确的说法有(　　)。

A. 借记“固定资产”20万元　　B. 贷记“实收资本”20万元

C. 贷记“固定资产”20万元　　D. 借记“实收资本”20万元

12. 企业用银行存款偿还所欠货款，引起(　　)。

A. 资产增加　　B. 资产减少　　C. 负债增加　　D. 负债减少

13. 在借贷记账法下，可以在账户贷方登记的有(　　)。

A. 资产的减少　　B. 负债的增加　　C. 收入的增加　　D. 费用的增加

14. 经济业务发生后，一般可以编制的会计分录有(　　)。

A. 多借多贷　　B. 一借多贷　　C. 多借一贷　　D. 一借一贷

15. 下列经济业务中，会使资产和所有者权益总额同时增加的有(　　)。

A. 用银行存款购入一台机器设备(不考虑增值税)

B. 偿还购入材料的欠款

C. 收到投资者投入的资金并存入银行

D. 购入一批商品，款项未付(不考虑增值税)

三、判断题

1. 根据会计等式的平衡原理，当经济业务发生时，就以相等的金额，对相互关联的两个或两个以上科目进行记录，这种双重记录的方法就是复式记账法。(　　)

2. 借贷记账法的记账规则为“有借必有贷，借贷必相等”，即对于每一笔经济业务都只需在两个账户中以借方和贷方相等的金额进行登记。(　　)

3. “收入-费用=利润”这一会计等式，是复式记账法的理论基础，也是编制资产负债表的依据。(　　)

4. 借贷记账法下，借方表示增加，贷方表示减少。(　　)

5. 经济业务的发生，可能引起资产与权益总额发生变化，但不会破坏基本会计等式的平衡关系。(　　)

6. 在会计处理中，只能编制一借一贷、一借多贷、一贷多借的会计分录，而不能编制多借多贷的会计分录，以避免对应关系混乱。(　　)

7. 借贷记账法下，负债类账户与所有者权益类账户通常都有期末余额，而且在借方。(　　)

8. 资产、负债与所有者权益的平衡关系是企业资金运动处于相对静止状态下出现的，如果考虑收入、费用等动态要素，则资产与所有者权益总额的平衡关系必然被破坏。(　　)

9. 企业可以将不同类型的经济业务合并在一起，这样可以形成复合会计分录。(　　)

10. 运用单式记账法记录经济业务，可以反映每项经济业务的来龙去脉，可以检查每笔业务是否合理、合法。(　　)

第4章　会计确认与计量

学习目的与要求

理解：

- 会计确认的含义
- 会计确认的分类
- 会计计量的含义

掌握：

- 会计确认的基本标准
- 会计计量单位

教学重点与难点

重点：

- 会计计量属性
- 会计计量模式

难点：

- 会计计量属性概念的理解
- 会计计量的主要模式

导读材料

所有会计要素都会涉及确认和计量的问题，包括资产、负债、所有者权益、收入、费用和利润等。例如，目前随着我国经济的高速发展，各种休闲或交际型活动也相应地大量出现，如高尔夫活动。许多企业的高级管理人员为了与客户应酬，购买了高尔夫俱乐部会员资格证，支付了一定的费用，可能高达数十万元。该会员资格证一般不规定有效使用年限并可以转让或继承。会员每次消费时可能需要另行支付费用，也可能支付低于未购买俱乐部会员资格证的消费者费用水平的费用。该笔购买高尔夫俱乐部会员资格证的支出是确认为一项资产进行分年摊销，还是确认为费用？这是资产确认在实务中所面临的一个问题。

4.1 会计确认

会计作为一个信息系统，其主要功能在于分析企业发生的交易与事项，将交易与事项的发生对企业会计要素的影响记录下来，并将记录的结果传递给投资者、债权人等信息使用者。在这一过程中，并不是企业发生的所有交易与事项都会最终进入这个信息系统。在进入会计信息系统时，需要经过一个"门槛" 的认定过程，这个认定过程就是会计上的确认过程。

4.1.1 会计确认的含义

会计确认(Recognition)，是指对经济交易与事项是否应当作为会计要素正式加以计量、记录和报告所做的认定过程。企业发生各项经济交易与事项后，需要会计人员对其进行识别和判断，确定各项交易与事项是否应当进入会计系统、以何种身份进入会计系统(即在哪些会计账户中进行记录)、是否应当在财务报表中以某一项目进行披露等。例如，企业购买机器后，会计上就应当根据相关证据判断此项交易是否对会计要素构成影响，影响的金额是多少，并进一步确定其应当记入什么账户以及是否应当在财务报表中加以披露。这一识别、判断的过程，就是会计上的确认过程，它是会计信息处理的首要环节。会计确认的目标是对进入会计信息系统的项目进行界定，以提高会计信息的决策有用性。

首次在会计规范中正式提出"确认"一词的是美国的财务会计准则委员会(FASB)，其于1984年12月发布了第5号"财务会计概念公告"(SFAC)——《企业财务报表的确认和计量》并认为，"确认是指把一个事项作为资产、负债、收入、费用或其他项目正式加以记录和列入财务报表的过程"。国际会计准则委员会(IASC)在其1989年7月公布的"财务报表的框架"中认为，"确认是指将符合要素定义和规定的确认标准的项目纳入资产负债表或收益表的过程"。我国在2006年2月发布的会计准则体系中，正式使用"确认"这一概念，但并未对其做出概念上的界定。

会计信息的处理过程，包括会计确认、计量、记录和报告等相互联系的基本环节。会计确认作为会计信息处理过程的第一个基本环节，涉及确认目标、确认标准和确认方法等一系列的问题。会计确认结果的正确与否，直接影响会计计量、记录与会计报告中相关信息的结果。从总体上看，会计确认必须体现"决策有用性"信息目标的要求。

4.1.2 会计确认的分类

每一个会计主体所产生的经济信息都是大量的，在众多的经济业务中，有些是会计核算和监督的内容，有些则不属于会计核算和监督的范围。例如，企业根据各自的生产经营活动签订的购销合同、机器设备的利用情况、职工的构成等。它们中有些虽然是企业的经济业务，而且对企业的最终经营成果也会产生影响，但它们无法按照会计核算系统的特有方法直接进行加工处理。财务会计的目标是向信息使用者提供对其决策有用的会计信息，因此，会计确认不仅包括交易与事项发生时“输入”形式的确认，还包括最终向信息使用者正式传递信息时“输出”形式的确认。严格地讲，会计确认贯穿会计信息处理的全过程。在会计核算系统正式接收、记录经济业务的有关数据之前，应进行必要的确认，以排除不属于会计核算范围的经济数据。一项经济业务是否属于会计核算范围，受到会计假设、会计目标和会计信息质量的制约。能够经过确认输入会计核算系统的经济数据，通过会计特有的方法进行分类、加工、记录、整理，最后汇总编制成财务会计报表，可为管理者提供有助于经营管理的会计资料，归并一些非重要的经济数据，突出重要的数据。综上所述，会计确认可分为初次确认和再次确认。

1. 初次确认

会计的初次确认，是指针对某一项目或某项经济交易，确定其是否被记录为资产或负债、收入、费用，以及在什么账户中进行记录，是对输入会计核算系统的原始经济信息进行确认。这类原始的经济信息的载体就是伴随经济业务发生的原始凭证。因此初次确认是从审核及填写原始凭证开始，对经济业务所产生的原始数据及其内容，诸如经济业务的种类、执行单位、经手人、时间、地点、业务的数量、单价、金额等，进行具体的识别、判断、选择和归类，以便对其进行正式的记录。初次确认要依据会计目标或会计核算的特定规范要求，去掉多余的或不可接受的数据，将经筛选后有用的原始数据进行分类，运用复式记账法编制记账凭证，将经济数据转化为会计信息，并登记有关账簿。初次确认实际上是确定经济数据能否转化为会计信息，并进入会计核算系统的筛选过程。我国《企业会计准则——基本准则》中规定了会计要素的初次确认条件，主要包括以下内容。

(1) 符合要素的定义。有关经济业务确认为一项要素，必须首先符合该要素的定义。

(2) 有关的经济利益很可能流入或流出企业。这里的“很可能”表示经济利益流入或流出的可能性在50%以上。

(3) 有关的价值以及流入或流出的经济利益能够可靠地计量。如果不能可靠计量，确认就没有意义。

举例来说，沈阳立信公司在2015年1月2日发生三笔业务：第一笔是该公司与某供货商签订500 000元的采购合同；第二笔是该公司与银行签订1 000 000元的贷款协议；第三笔是该公司销售A产品60 000元并收到货款。对这三笔业务进行初次确认，要经过如下分析过程：第一笔和第二笔业务仅仅是合同协议的签订过程，合同或协议上反映的金额分别为500 000元、1 000 000元，并没有实际发生，不能进入会计系统进行反映和报告。只有等到今后这两笔业务实际发生后才可以按照会计的方法进行计量、记录和报告，因此这两笔业务都不属于会计交易或事项。第三笔业务即销售产品行为已经发生，而且商品已经转移到客户手中，并且客户为此支付了60 000元的货款，企业已经收到这笔资金。这项企业对外的商品销售活动业务符合会计交易的特征，应计入会计信息系统进行反映和报告。

2. 再次确认

再次确认是指对会计核算系统输出的、经过加工的会计信息进行确认。经过初次确认的原始数据，借助会计的核算方法转化为账簿资料。为了便于管理者使用，账簿资料还应依据管理者的需要，继续进行加工、压缩、提炼，或加以扩充、重新归类、组合，这就是会计再次确认。再次确认是依据管理者的需要，确认账簿资料中的哪些内容应列入财务会计报表，或是在财务会计报表中应揭示多少财务资料和揭示哪种财务资料。资产、负债、所有者权益在资产负债表中列示，而收入、费用、利润在利润表中列示。应当注意，会计确认的最终目的，是将具有“决策有用性”的各项会计信息列示于企业财务报表，以满足会计信息使用者的需求。因此，不被正式列入财务报表项目的信息，就无须经过严格的确认程序，如企业财务报表附注中披露的相关资料等。例如上文提到的沈阳立信公司外购一台生产设备业务，当期期末，将该项固定资产与其他固定资产一起共同列示在资产负债表的“固定资产”项目中，以披露该企业拥有或控制的固定资产信息，这就是再次确认。再如企业购入的各种存货，经初次确认后，以实际成本记录在账簿中，若物价发生变动，按照谨慎性原则核算时，应对变动影响进行再次确认。再次确认实际上是对已经形成的会计信息再提纯、再加工，以保证其真实性及正确性，满足各会计信息使用者的需要。再次确认的标准主要是会计信息使用者的需要，会计输出的信息应是能够影响会计信息使用者做出决策的信息。

很明显，初次确认与再次确认的任务是不一样的。初次确认决定经济信息能否转换为会计信息进入会计核算系统，而再次确认则是对经过加工的信息再提纯。经过初次确认和再次确认，可以保证会计信息的真实性和有用性。

有些学者认为，确认可以分为“初始确认”“后续确认”和“最终确认”。以固定资产为例，其确认包括固定资产取得时的初始确认、固定资产使用过程的后续确认(如固定资产的折旧、发生的后续支出等)、固定资产处置或报废时的最终确认。实际上这种分类与本书介绍的分类方式在会计信息系统中的起点与终点是相同的，只是对于信息所处阶段的划分不同，这种分类方式认为，初始确认在信息的收集阶段，后续确认属于信息加工处理阶段，最终确认则体现在信息报告阶段。无论怎样分类，会计确认都是贯穿会计信息系统的全过程，在本质上，这两种分类方式并没有什么不同。

4.1.3 会计确认的基本标准

有时，交易或事项已经发生，并且对企业的资产、负债或所有者权益等项目造成影响，例如企业聘请的高级管理人才，他能够给企业创造很大的价值，但我们并不将其确认为企业的资产；又如附有退货条件的销售，在退货期满之前通常并不确认为收入，即使收到货款也是如此。企业之所以这样进行会计处理，原因是会计有其特定的确认标准。

会计确认的标准可以分为两个层次。第一个层次为会计确认的基本标准，是指适用于所有会计要素的确认标准，此类标准强调不同会计要素的共性内容，具有普遍适用性。第二个层次为各个不同会计要素确认的具体标准，如资产确认的具体标准、收入确认的具体标准、费用确认的具体标准等，此类标准强调不同会计要素确认的特殊性，具有针对性。

美国财务会计准则委员会(FASB)在其发布的第5号“财务会计概念公告”(SFAC)——《企业财务报表的确认和计量》中提出的4项会计要素确认的基本标准，对国际会计准则委员会和其他会计准则制定组织产生深刻的影响，受到会计学术界的广泛认可。目前，国际财务报告准则和我国的企业会计准则，其会计要素确认标准的确立基本上都以此为基础。会计确认的基本标准包括以下4项。

1. 可定义性(Definitions)

可定义性的确认标准是指首先应确认发生的经济业务能否进入会计核算系统，然后对能够进入会计核算系统的经济业务按照会计要素的定义将其具体确认为某一会计要素。例如，将企业某日购入的一辆汽车确认为企业资产的内容，则这辆汽车必须符合“资产”要素的定义，即这辆汽车必须是由企业已经发生的交易或事项形成的、由该企业拥有或控制、能在未来期间给企业带来预期经济利益的资源。又如，将从银行借入的3年期银行借款确认为企业负债的内容，则此项借款必须符合负债要素的定义，即这项负债必须是企业过去的交易或者事项形成的、预期会导致经济利益流出企业的现时义务。

2. 可计量性(Measurability)

可计量性的确认标准是指予以确认的项目应当具有可靠的计量属性并能客观地加以计量。被计量对象在计量特征方面往往具有多种计量属性，如长度、重量、体积、价值等。会计上的计量属性仅指计量客体的价值计量特征。可计量性的确认标准，要求被确认的项目具有历史成本(Historical Cost)、现行成本(Current Cost)、现行市价(Current Market Value)、可实现净值(Net Realizable Value)或现值(Present Value)等某项属性，特别是实际成本计量属性。例如，沈阳立信公司以200 000元购入一项专利权，该项专利权具有可靠的计量属性(即实际发生的200 000元的购入成本)，则符合可计量性的确认标准要求。又如，沈阳立信公司聘请了一位具有国际顶尖商学院MBA学位、拥有多年大型跨国公司管理经验的高级管理人才担任公司总经理，尽管其符合资产要素“可定义性”的会计确认标准，但该管理人员的“价值” 难以准确地确定，因此不符合“可计量性”的会计确认标准，该管理人员不能确认为企业的资产。

3. 相关性(Relevance)

确认的目标是向信息使用者提供对其决策有用的会计信息，因此，会计确认必须考虑会计信息的质量特征。相关性是一项主要的会计信息质量特征。相关性的确认标准是指，确认项目的相关信息能够“导致决策差异”。所谓导致决策差异，是指确认项目的相关信息对信息使用者进行有关经济决策有用，能够对使用者的决策行为产生实质性的影响。如果该项目的相关信息既不能使决策者坚信其决策方案，也不能改变其决策，那么，该项目的信息就是不相关的。例如，上述例子中的“汽车”“借款”“专利权” 等确认为企业的资产或负债后，均会对会计信息使用者的决策行为产生影响，因此，符合相关性的确认标准。相关性要求针对信息使用者的具体需要，排除不相关的数据，增进信息的有用性，如在财务会计报表中增加补充资料以满足不同使用者的需要。提供资料的时间如果不适当地被拖延，就可能失去其相关性；为保证其相关性，会计人员应及时提供资料。

4. 可靠性(Reliability)

可靠性是一项主要的会计信息质量特征。可靠性的确认标准是指，确认项目的相关信息应如实反映经济活动，并且可验证和不偏不倚。可靠性的确认标准要求，确认项目必须如实反映所拥有的经济资源或承担的义务，并且在向投资者、债权人等信息使用者披露信息时应该不存在偏见，提供的资产、负债或其变动的信息等应该是可靠的。但在许多情况下，必须估计成本或价值，如暂估材料款。使用合理的估计，不会降低确认的可靠性，若无法做出合理的估计，就不能作为会计要素加以确认。

在上述确认标准中可定义性和可计量性是主要的标准。如果会计信息主要反映企业经营管理者的受托责任，会计确认强调会计信息的可靠性；如果会计信息主要是为了满足会计信息使用者的需要，会计确认强调会计信息的相关性。因此，进行会计确认时应在可靠性和相关性之间权衡，以保证输出的信息能满足信息使用者各方面的需要。

一项经济交易或项目必须同时符合上述4项会计确认标准才能予以确认。国际会计准则委员会在其发布的“编报财务报表的框架”中，将会计确认的基本标准设定为两项：一是“与该项目有关的未来经济利益将很可能流入或流出企业”；二是“对该项目的成本或价值能够可靠地加以计量”。前者强调项目的“实质”，后者强调项目的“可计量性”。

现代经济环境中，企业的许多资源由于不能同时具备会计确认的4项基本条件，因而未能予以确认，如企业的“管理经验”“关键技术人才”“市场开发能力”等资源。另外，上述4项会计确认标准只是确认会计要素的基本标准，在实务中，对于具体会计要素的确认还要遵循会计要素确认的具体标准，如收入要素确认的“实现原则”等。

4.2 会计计量

货币计量假设决定了会计信息应该是以货币单位为度量尺度的经济信息。企业财务报表中所披露的各种会计信息，不仅具有不同的“身份”，如资产、负债、所有者权益、收入、费用和利润等，而且具有不同的价值数量特征。确定经济交易与事项的价值数量关系，即会计中的计量问题，在会计信息系统中起到重要的作用。

4.2.1 会计计量的含义

会计计量(Measurement)是对已经过会计确认的交易或事项，运用货币单位衡量、计算和分配金额及其关系，以便在会计信息系统中能被记录和报告，即确定某一交易或事项对财务报表要素产生影响的价值量大小，并将价值数量分配到该要素中去的过程。会计确认是会计计量的前提和基础，会计计量是会计确认的延续和归宿，只有先通过会计确认解决了质的问题，才能再通过会计计量解决量的问题。例如，沈阳立信公司以银行存款10 000元购入一批生产用的材料，会计上不仅要确认该项交易所产生的原材料和银行存款的变化，而且要计算和衡量该项交易中形成的原材料的价值数量和耗用的银行存款数量，然后记录“原材料增加10 000元，银行存款减少10 000元”的确认结果。

国际会计准则委员会在其1989年7月公布的“编报财务报表的框架”中认为，会计计量是“为了在资产负债表和利润表内确认和列示财务报表的要素而确定其金额的过程”。它意指会计计量就是计算，衡量资产、负债、所有者权益、收入、费用和利润等要素的数量变动，并确定其应当在财务报表中列示的金额。国际会计准则的观点，侧重从会计信息系统运行的角度来理解会计计量的含义。我国《企业会计准则——基本准则》规定，企业会计应当以货币计量。它同时规定，企业应当以权责发生制为基础进行会计确认、计量和报告。

会计计量涉及计量基础和计量单位。计量基础又称为计量属性，是指被计量的会计对象在数量上的共同特征或本质。计量单位是计量尺度的量度单位。不同的计量方法会产生不同的计量结果，从而对会计信息使用者造成不同的影响，如不同的资产价值、不同的利润数量均会对投资者、债权人等会计信息使用者的决策行为产生不同的影响。

4.2.2 会计计量单位

计量单位(Unit of Measurement)是指对计量对象就某一属性进行计量时，具体使用的标准量度，货币价值量单位是会计计量单位的基本单位。当然，货币作为一种计量尺度，应具有量度上的统一性、稳定性和可比性，即要求货币单位统一、可比或者它的量度单位在不同时期保持稳定。然而，在现实经济中并不存在这样理想的计量单位，货币的度量单位就是它的购买力，而实际的货币购买力则是经常变动的。理论上常用以下两种货币计量单位。

1. 名义货币计量单位

名义货币(Nominal Currency) 计量单位也称“货币面值计量单位”，是指某一国家流通货币的法定单位，比如美国的美元，中国的人民币等。名义货币单位的特点是：无论各个时期货币的购买力如何发生变动，会计计量都采用法定的货币单位，即不调整不同时期货币的购买力。只要货币一般购买力没有发生大的变化，名义货币计量单位在一定时期内是相对稳定的。它实际上是货币自然属性的计量单位，用它直接作为会计的计量单位，具有相当的稳定性，所以它是会计货币计量的基础，在传统的会计计量中被人们长期普遍地使用。

2. 一般购买力货币计量单位

一般购买力(Purchasing Power)货币计量单位也称“不变货币计量单位”，是指以各国货币的一般购买力或实际交换比率作为计量单位。也就是说，对名义货币计量单位按一定时日的一般购买能力(如物价指数)进行调整换算后得出的价值单位。一般购买力货币计量单位的特点是：只要不同时期货币的购买力不同，在会计计量中，就必须以一定时日的货币购买力(以一般物价指数近似地表示)调整不同时期的名义货币单位，从而使不同时期的货币保持在同一个相同的购买力基础之上，不至于因自然属性的货币计量单位所代表的实际购买力(价值量)不同，而造成会计计量信息的失实或不相关，使其丧失决策价值。一般购买力货币计量单位较之于名义货币计量单位，能够反映物价变动对会计信息的影响，保持会计计量结果的可比性。

例如，沈阳立信公司2015年以800万元购入一项房产，2016年以1 000万元购入另一项房产，假定2015年的一般物价指数为100，2016年的一般物价指数为110，必须以某一年的一般物价指数进行换算。

如果以2015年为基年，两年购入房产的总成本=800+1 000×(100÷110) =1 709(万元)。

4.2.3 会计计量属性

计量属性是指被计量客体的数量特性或外在表现形式，如钢材的重量、绳子的长度、水杯的容量等。在会计中，由于会计主要是借助货币形式来反映企业的经济活动，因此，会计上的计量属性是指企业经济活动所表现的价值数量特性。企业的经济交易或事项，可以从多个方面予以货币量化，因而它具有不同的会计计量属性。例如，作为会计计量客体的钢材，具有取得日的实际价值、当前日的实际价值等不同计量属性。会计计量属性也称“计量基础”或“计价标准”。

会计实务中，可供选择的会计计量属性主要有历史成本、现行成本、现行市价、可变现净值、现值、公允价值等。

1. 历史成本

历史成本，又称“实际成本”，是指为了取得某项资产并使其达到可供使用状态所实际支付的现金或者其他等价物。在历史成本计量下，资产按照其购置时支付的现金或者现金等价物的金额，或者按照购置资产时所付出的对价的公允价值计量。例如，我国会计实务中，企业外购材料的实际成本包括材料的购买价格及其发生的采购费用，生产产品的实际成本包括实际耗用的材料费用、人工费用和应当负担的制造费用；外购机器设备等固定资产的实际成本(即原始价值)包括机器设备的购买价格和其后发生的运杂费、安装费、调试费等。例如，沈阳立信公司2015年7月1日购进一台设备，购买时实际支付的买价100 000元，运输费500元，装卸费200元，保险费400元，安装调试费1 000元，另支付增值税17 000元。2015年12月31日，受国际市场的影响该设备的价格上涨到150 000元。根据上述资料，该设备的实际成本=买价+运输费+装卸费+保险费+安装调试费+增值税款，按照历史成本计价，在2015年7月1日企业应该按照该设备的实际购买成本的有关税费入账，即100 000+500+200+400+1 000+17 000=119 100元，即便到2015年12月31日企业对外报告资产状况时，该设备价值仍然为当时的价格119 100元(如果有折旧应先扣除)，并不按照2015年12月31日的价格150 000元对外报告。

在财务会计中，由于历史成本客观且可核实，因而被公认为是一切资产项目计价的基础，也是进行成本计算的依据。历史成本是会计计量中最重要和最基本的计量属性，它一直是国际会计惯例中的基础性计价标准。我国《企业会计准则》规定，企业在对会计要素进行计量时，一般应当采用历史成本；采用重置成本、可变现净值、现值、公允价值计量的，应当保证确定的会计要素金额能够取得并可靠计量。以历史成本计量属性为基础的财务会计模式，被称为历史成本会计模式。历史成本会计信息具有较强的可靠性，有利于会计信息使用者做出决策，但在物价变动幅度较大的经济环境中，如果不根据现实情况对历史成本进行后续调整，历史成本会计信息的相关性会大大降低。

2. 现行成本

现行成本又称“重置成本” 或“现时投入成本”，是指按照当前的市场条件，重新取得同样一项资产所需支付的现金或现金等价物金额。在重置成本计量下，资产按照现在购买相同或者相似资产所需支付的现金或者现金等价物的金额计量。现行成本计量属性用于对现有资产价值的重新计量或缺乏实际成本资料的情况，如设备更新、接受捐赠资产、盘盈资产等。例如，沈阳立信公司的某套设备在一年前购入时的历史成本为100 000元，现在假设准备重新添置一套该设备，依据当前市场上该设备的价格估计需要支出90 000元，说明该设备的现行成本(重置成本)为90 000元。

现行成本可以衡量企业持有资产当前的市场价格水平，较准确地反映维持资产再生产能力所需的物质补偿。在市场价格发生较大波动时，按现行成本计量资产的价值，能够真实地衡量资产的消耗，增强收入与费用之间的配比性，避免利润虚计，从而提高会计信息的相关性，但现行成本的确定往往缺乏客观性。

3. 现行市价

现行市价是指处于正常经营活动中的企业出售资产的市场价格，即企业资产的变现价值。会计实务中，现行市价计量属性主要运用于具有市场价格的各种证券投资(如交易性金融资产、可供出售金融资产等)。例如，沈阳立信公司持有某公司的股票，历史成本为200 000元，现行股市行情中，该股票投资的市场价格为210 000元，它就是该股票投资的现行市价。

现行市价计量属性能够提供现有资产变现数额的信息，可以较准确地衡量待出售资产(主要是具有市价的证券投资)的实际市场价格，但现行市价难以适用于所有资产，而且也未考虑货币购买力的变动。

4. 可变现净值

可变现净值是指资产在企业正常经营过程中可实现的未来现金流入扣除相应现金流出后的净额，也就是资产的销售价格减去在销售过程中支付的各种税费后的金额。在可变现净值属性计量下，资产按照其正常对外销售所能收到现金或者现金等价物的金额扣减该资产至完工时估计将要发生的成本、估计的销售费用以及相关税金后的金额计量。会计实务中，可变现净值计量属性主要运用于期末存货资产的后续计量。例如，沈阳立信公司2015年年末库存A材料账面价值(历史成本)为20 000元，而市场价格为18 000元，销售A材料可能发生销售费用500元。根据上述资料，该材料可变现净值应为18 000−500=17 500(元)。

现行会计实务中，对于可变现净值计量属性的运用采用的是“成本与可变现净值孰低”(Lower of Cost and Net Realizable Value)的原则，即只有当可变现净值低于成本时，才会将存货调整为可变现净值，这种做法遵循了谨慎性的会计原则，考虑了资产变现的风险。运用可变现净值计量属性时，不考虑相关现金流入与流出的货币时间价值问题。可变现净值计量属性提供的会计信息，具有较强的决策相关性，但由于在预计售价及相关费用时需要较多的估计和判断，因而实际操作难度较大。

5. 现值

现值是“未来现金流量的现值”(Present Value of Future Cash Flows)的简称，是指对未来现金流量以恰当的折现率进行折现后的价值，是考虑货币时间价值因素等的一种计量属性。如果在对资产、负债的价值进行计量时，考虑了货币的时间价值(可参看现值表)，就是现值的确定方法。在现值计量下，资产按照预计从其持续使用和最终处置中所产生的未来净现金流入量的折现金额计量，负债按照预计期限内需要偿还的未来净现金流出量的折现金额计量。例如，沈阳立信公司3年后才能收到的应收款项1 000 000元，在利率(或贴现率)为5%的条件下，其现值为863 800元。

采用现值计量充分考虑了货币的时间价值，增强了会计信息的相关性。美国财务会计准则委员会于2000年2月发布了第7号财务会计概念公告——《在会计计量中使用现金流量信息和现值》，意味着现值计量属性在未来经济发展中将更为重要。

6. 公允价值

公允价值(Fair Value)即“公平价格”之意，是指在公平交易中，熟悉情况的交易双方自愿进行资产交换或者债务清偿的金额。在公允价值计量下，资产和负债按照在公平交易中熟悉情况的交易双方自愿进行资产交换或者债务清偿的金额计量。例如，沈阳立信公司用自有的一台账面价值为150 000元的生产设备换取另一企业的一辆小轿车，假设约定该设备按照双方认可的100 000元进行交换，那么该设备在此项资产交换中的公允价值就是100 000元。

应用“公允价值”计量属性时，要求交易双方所掌握的相关市场信息是“对称”的，否则，资产交换或债务清偿的实际价格会有失“公允”。选择公允价值计量属性的目的在于确保交易价格的客观性和资产价值或债务金额的真实性。公允价值应用的理想条件是具有一个完善、成熟的市场经济环境，但在现实中，由于公允价值的运用涉及大量的主观判断，因此，尽管公允价值计量的相关性较强，但其可靠性和可操作性较差，其运用需要受到严格的规范。

对6种计量属性的理解见表3-1。

表3-1 6种计量属性的理解

计量属性	对资产的计量	对负债的计量
历史成本	按照购置时的金额	按照承担现时义务时的金额
现行成本	按照现在购买时的金额	按照现在偿还时的金额
现行市价	按照出售时的市场价格	——
可变现净值	按照可实现的现金净额	——
现值	按照将来的金额折现	
公允价值	在公平交易中，熟悉情况的交易双方自愿进行资产交换或者债务清偿的金额	

在各种会计要素计量属性中，历史成本通常反映的是资产或者负债过去的价值，而重置成本、可变现净值、现值以及公允价值通常反映的是资产或者负债的现时成本或者现时价值，是与历史成本相对应的计量属性。当然这种关系并不是绝对的。比如，资产或者负债的历史成本有时就是根据交易时有关资产或者负债的公允价值确定的。再如，在应用公允价值时，当相关资产或者负债不存在活跃市场的报价或者不存在同类或者类似资产的活跃市场报价时，需要采用专门的估值技术来确定相关资产或者负债的公允价值，而在采用估值技术估计相关资产或者负债的公允价值时，现值往往是普遍采用的一种估值方法，在这种情况下，公允价值就是以现值为基础确定的。另外，公允价值相对于历史成本而言，具有很强的时间概念，也就是说，当前环境下某项资产或负债的历史成本可能是过去环境下该项资产或负债的公允价值，而当前环境下某项资产或负债的公允价值也许就是未来环境下该项资产或负债的历史成本。

国际会计准则只认可历史成本、现行成本、可实现净值和现值作为会计计量属性，并认为历史成本是企业编制财务报表最常用的计量基础，而且在应用历史成本时常常需要结合其他计量基础。在计量属性的选择上，我国《企业会计准则——基本准则》(2006) 认可国际会计准则的观点，并增加了“公允价值”计量属性。

企业在对会计要素进行计量时，一般应当采用历史成本；采用重置成本、可变现净值、现值、公允价值计量的，应当保证确定的会计要素金额能够取得并可靠计量。

4.2.4 会计计量模式

会计计量模式是会计计量的两个组成部分，即计量单位和计量属性的有机结合。传统的会计计量模式是名义货币计量单位与历史成本的结合。由于受到资本保值、智力资产、金融工具等新经济现象的冲击，现行会计实务是以历史成本计量为主的多重属性并用的混合计量模式。

计量单位与计量属性的不同组合，形成不同的计量模式，计量模式主要有以下几种。

1. 历史成本/名义货币

这种会计计量模式的依据是货币计量假设、配比原则和谨慎性原则。它的优点在于具有较强的客观性、可验证性，有利于资产保管责任的履行。它的缺点在于不考虑货币价值的变动，不能较好地适应经济环境的变化，不能反映企业真实的财务状况，不适用于制定经营与投资决策方案。

2. 历史成本/一般购买力

这一模式的基本假设是仍然坚持历史成本计量基础，认为历史成本计量基础本身并没有什么缺陷，问题在于需要有一个稳定的、可比的会计计量单位，因而建议以代表货币一般购买力的不变价格来代替币值已经变动的历史价格。它的具体做法是通过某种物价指数把财务报表上各个项目的历史价格金额换算为不变价格金额，即以某年度的货币购买力为基准的共同价格金额。这种会计计量模式与历史成本/名义货币计量模式相比，不同的是它考虑了一般物价变动水平，但没有考虑个别物价的变动，而且一般物价指数的选择也比较困难。

3. 现时成本/名义货币

这一模式的基本构想是，财务报表的使用者最关心的是企业净资产的现时价值，而不是净资产的历史价值，因而主张改变以历史成本为基础的会计计量模式，取而代之以现时成本为基础的会计计量模式，从而改变了收益确定的程序。在以现时成本为计量基础时，虽然仍使用名义币值，但已充分估计了物价变动的具体影响。在现时成本计量模式下，企业的收益是由经营收益和资产持有利得构成的。以存货价格上涨为例，在历史成本计量模式下，对此不予确认，一直到存货销售时通过销售收入和历史成本的配比，确定实现的经营收益。在现时成本计量模式下，存货在持有期间应按期重置成本计价，增加的价值被确认为各个会计期间的持有利得；在存货销售时，则通过销售收入和现时成本的配比，确定实现的经营收益，而这时在持有期间尚未实现的持有利得就实现了。

4. 现时成本/一般购买力

这种会计计量模式试图通过现行成本计量属性来消除个别物价变动的影响，通过不变购买力货币单位的调整来消除一般物价变动的影响，从而全面地解决物价变动对会计信息的影响问题。它的不足之处在于取得会计信息的成本较大，缺乏客观性与可行性。

总结

会计确认，是指对经济交易与事项是否应当作为会计要素正式加以计量、记录和报告所做的认定过程。会计确认作为会计信息处理过程的第一个基本环节，涉及确认目标、确认标准和确认方法等一系列问题。会计确认结果的正确与否，直接影响会计计量、记录与会计报告中相关信息的结果。从总体上看，会计确认必须体现“决策有用性”信息目标的要求。会计确认可分为初次确认和再次确认。会计的初次确认，是指针对某一项目或某项经济交易，确定其是否被记录为资产或负债、收入、费用以及在什么账户中进行记录，是对输入会计核算系统的原始经济信息进行确认。再次确认是指对会计核算系统输出的、经过加工的会计信息进行确认。经过初次确认的原始数据，借助会计的核算方法转化为账簿资料。会计确认的标准可以分为两个层次。第一个层次为会计确认的基本标准，是指适用于所有会计要素的确认标准，此类标准强调不同会计要素的共性内容，具有普遍适用性。第二个层次为各个不同会计要素确认的具体标准，如资产确认的具体标准、收入确认的具体标准、费用确认的具体标准等，此类标准强调不同会计要素确认的特殊性，具有针对性。

会计计量是对已经过会计确认的交易或事项，运用货币单位衡量、计算和分配金额及其关系，以便在会计信息系统中能被记录和报告。理论上常用名义货币计量单位和一般购买力货币计量单位。会计上的计量属性是指企业经济活动所表现的价值数量特性。企业的经济交易或事项，可以从多个方面予以货币量化，因而其具有不同的会计计量属性。会计实务中，可供选择的会计计量属性主要有历史成本、现行成本、现行市价、可变现净值、现值、公允价值等。会计计量模式是会计计量的两个组成部分，即计量单位和计量属性的有机结合。传统的会计计量模式是名义货币计量单位与历史成本的结合。会计计量模式主要有：历史成本/名义货币、历史成本/一般购买力、现时成本/名义货币、现时成本/一般购买力。

所有的会计要素都会涉及确认和计量的问题，因此，会计计量包含对资产、负债、所有者权益、收入、费用和利润等要素的计量。对会计要素进行确认与计量不仅要符合一定的条件，而且要在确认与计量过程中注意划分收益性支出与资本性支出、收入与费用配比。

关键词

会计确认	Recognition
可定义性	Definitions
可计量性	Measurability
历史成本	Historical Cost
现行成本	Current Cost
现行市价	Current Market Value
可实现净值	Net Realizable Value
现值	Present Value
相关性	Relevance
可靠性	Reliability
会计计量	Measurement

计量单位	Unit of Measurement
名义货币	Nominal Currency
一般购买力	Purchasing Power
成本与可变现净值孰低	Lower of Cost and Net Realizable Value
公允价值	Fair Value
收益性支出	Revenue Expenditure
资本性支出	Capital Expenditure
实收资本	Paid-in Capital
资本公积	Capital Reserves
应收账款	Accounts Receivable
存货	Inventory
直接费用	Direct Cost
间接费用	Indirect Cost
财务费用	Finance Cost
管理费用	Management Cost
销售费用	Sales Cost
直接材料费	Direct Material
直接人工费	Direct Labour
其他直接费用	Other Direct Expense
制造费用	Overheads
净利润	Net Profit
所得税	Income Tax

习题

一、单项选择题

1. 下列各项中，要求企业应当按照交易或者事项的经济实质进行确认、计量和报告的会计信息质量要求是(　　)。

A. 可比性　　B. 及时性　　C. 重要性　　D. 实质重于形式

2. 下列各项中，要求企业提供的会计信息应当清晰明了，便于财务会计报告使用者理解和使用的会计信息质量要求是(　　)。

A. 谨慎性　　B. 及时性　　C. 重要性　　D. 可理解性

3. 下列各项中，要求企业对于已经发生的交易或者事项，应当及时进行确认、计量和报告的会计信息质量要求是(　　)。

A. 谨慎性　　B. 及时性　　C. 相关性　　D. 可理解性

4. 下列各项中，要求企业提供的会计信息应当与财务报告使用者的经济决策需要相关的会计信息质量要求是(　　)。

A. 谨慎性　　B. 及时性　　C. 相关性　　D. 可理解性

5. 下列各项中，要求企业提供的会计信息应当反映与企业财务状况、经营成果和现金流量有关的所有重要交易或者事项的会计信息质量要求是(　　)。

A. 重要性　　B. 及时性　　C. 相关性　　D. 可理解性

6. 资产按照其正常对外销售所能收到的现金或现金等价物的金额扣减该资产至完工时估计将要发生的成本、销售费用以及相关税费后的金额计量，所采用的计量属性是(　　)。

A. 历史成本　　B. 重置成本　　C. 可变现净值　　D. 现值

7. 负债按照预计期限内需要偿还的未来净现金流出量的折现金额计量，所采用的计量属性是(　　)。

A. 历史成本　　B. 可变现净值　　C. 公允价值　　D. 现值

8. 2016年1月2日，顺德公司分配结转本月应付职工工资740 000元，其中：生产K产品的工人工资400 000元，生产N产品的工人工资260 000元，车间管理人员的工资45 000元，公司总部管理人员的工资35 000元。顺德公司应当编制的会计分录是(　　)。

A. 借：生产成本——K产品　　400 000
　　　　　　　——N产品　　260 000
　　　制造费用　　45 000
　　　管理费用　　35 000
　　　贷：应付职工薪酬　　740 000

B. 借：应付职工薪酬　　740 000
　　　贷：生产成本——K产品　　400 000
　　　　　　　　　——N产品　　260 000
　　　　　制造费用　　45 000
　　　　　管理费用　　35 000

C. 借：生产成本——K产品　　400 000
　　　　　　　——N产品　　260 000
　　　制造费用　　80 000
　　　贷：应付职工薪酬　　740 000

D. 借：应付职工薪酬　　740 000
　　　贷：生产成本——K产品　　400 000
　　　　　　　　　——N产品　　260 000
　　　　　制造费用　　80 000

9. 仓库库存的甲材料单位成本10元/公斤，乙材料单位成本20元/公斤。生产车间从仓库领用如下材料：领用甲材料150公斤、乙材料100公斤用于生产A产品；领用甲材料120公斤、乙材料80公斤用于生产B产品；用于车间共同耗用的甲材料270公斤；销售部门耗用甲材料50公斤，则以下说法正确的是(　　)。

A. 所有经济业务共耗用乙材料3 500元

B. 生产B产品耗用直接材料成本为3 500元

C. 生产A产品耗用直接材料成本为2 800元

D. 销售部门耗用甲材料500元

10. 下列各项中，(　　)不应计入营业外支出。

A. 应收账款坏账损失　　B. 出售固定资产净损失

C. 自然灾害损失　　D. 公益性捐赠支出

11. 2016年1月，甲公司将自行研发完成的非专利技术出租给另外一家公司，该非专利技术的成本为120 000元，双方约定的租赁期限为10年。下列说法错误的是(　　)。

A. 甲公司每月应摊销的金额是1 000元

B. 每月摊销额应计入“主营业务成本”的借方

C. 每月摊销额应计入“其他业务成本”的借方

D. 每月摊销额应计入“累计摊销”的贷方

12. (　　)是指假定固定资产的预计使用寿命已满并处于使用寿命终了时的预期状态，企业目前从该项资产的处置中获得的、扣除预计处置费用后的金额。

A. 预计净残值　　B. 应计折旧额

C. 预计净残值率　　D. 已计提减值准备

13. 下列关于利润分配的顺序正确的是(　　)。

A. 计算可供分配利润、提取法定盈余公积、提取任意盈余公积、向投资者分配利润

B. 提取法定盈余公积、计算可供分配利润、提取任意盈余公积、向投资者分配利润

C. 提取任意盈余公积、提取法定盈余公积、计算可供分配利润、向投资者分配利润

D. 向投资者分配利润、提取法定盈余公积、提取任意盈余公积、计算可供分配利润

14. 天宇公司用银行存款支付捐赠款20 000元。正确的会计分录为(　　)。

A. 借：资本公积　　20 000
　　贷：银行存款　　20 000

B. 借：其他业务成本　　20 000
　　贷：银行存款　　20 000

C. 借：管理费用　　20 000
　　贷：银行存款　　20 000

D. 借：营业外支出　　20 000
　　贷：银行存款　　20 000

15. 企业计算应交所得税时，正确的会计分录是(　　)。

A. 借：本年利润
　　贷：所得税费用

B. 借：管理费用
　　贷：所得税费用

C. 借：所得税费用
　　贷：银行存款

D. 借：所得税费用
　　贷：应交税费——应交所得税

16. 小蜜蜂公司2015年12月增加银行存款80 000元。其中：出售商品收入30 000元；增值税5 100元；出售固定资产收入20 000元；接受捐赠收入10 000元；出租固定资产收入

14 900元。则该月收入为(　　)元。

A. 35 100　　B. 64 900　　C. 50 000　　D. 44 900

二、多项选择题

1. 企业提取的盈余公积主要用于(　　)等方面。

A. 弥补亏损　　B. 转增资本　　C. 归还借款　　D. 采购商品

2. 企业根据职工提供服务的受益对象进行职工薪酬分配时，可能涉及的会计科目有(　　)。

A. 生产成本　　B. 制造费用　　C. 销售费用　　D. 管理费用

3. 关于“利润分配——未分配利润”账户，下列说法正确的有(　　)。

A. 未分配利润的期末贷方余额表示本年净利润减去分配的利润

B. 未分配利润的期末贷方余额表示累计未分配的利润

C. 未分配利润的期末借方余额表示本年超额分配的利润

D. 未分配利润的期末借方余额表示累计未弥补亏损

4. 属于企业非日常活动形成的经济利益的流入确认为(　　)。

A. 利得　　B. 提供劳务收入　　C. 销售商品收入　　D. 营业外收入

5. 兴荣公司2014年2月1日取得应纳消费税的销售商品收入100万元，该产品适用的消费税税率为5%。下列说法正确的有(　　)。

A. 计算应交消费税时，应借记“营业税金及附加”科目，贷记“应交税费——应交消费税”科目，金额为5万元

B. 计算应交消费税时，应借记“应交税费——应交消费税”科目，贷记“银行存款”，金额为5万元

C. 缴纳消费税时，应借记“应交税费——应交消费税”科目，贷记“银行存款”，金额为5万元

D. 期末应将“营业税金及附加”科目的余额从贷方结转至“本年利润”科目

6. 实收资本的来源有(　　)。

A. 投资者按照企业章程、合同或协议的约定，实际投入企业的资本金

B. 资本公积转增资本

C. 盈余公积转增资本

D. 投资者投入的超出其在企业注册资本中所占的份额

7. 企业接受投资者投入的资本，可能涉及的会计科目有(　　)。

A. 银行存款　　B. 固定资产　　C. 无形资产　　D. 长期股权投资

8. 宏宇企业2013年12月31日“本年利润”账户的贷方余额为300 000元，根据《公司法》的规定，按当年净利润的10%提取法定盈余公积，按当年净利润的5%提取任意盈余公积，并决定向投资者分配利润200 000元。下列会计处理正确的有(　　)。

A. 借：本年利润　　300 000
　　贷：利润分配——未分配利润　　300 000

B. 借：利润分配——提取法定盈余公积　　30 000
　　　　　　——提取任意盈余公积　　15 000
　　　　　　——应付利润　　200 000
　贷：盈余公积——法定盈余公积　　30 000
　　　　　　——任意盈余公积　　15 000
　　应付利润　　200 000

C. 借：利润分配——未分配利润　　245 000
　贷：利润分配——提取法定盈余公积　　30 000
　　　　　　——提取任意盈余公积　　15 000
　　　　　　——应付利润　　200 000

D. 借：本年利润　　300 000
　贷：盈余公积——提取法定盈余公积　　30 000
　　　　　　——提取任意盈余公积　　15 000
　　应付利润　　200 000
　　利润分配——未分配利润　　55 000

9. 海升公司是增值税一般纳税人。2015年6月1日，该公司从天明公司购入一批材料，货款20 000元，增值税3 400元，对方代垫运杂费600元。材料已运到并验收入库，款项尚未支付。6月27日，通过转账偿付A公司货款。应编制的会计分录为(　　)。

A. 借：原材料　　20 600
　　应交税费——应交增值税(进项税额)　　3 400
　贷：应付账款——A公司　　24 000

B. 借：原材料　　20 000
　　应交税费——应交增值税(进项税额)　　3 400
　贷：应付账款——A公司　　23 400

C. 借：应付账款——A公司　　24 000
　贷：银行存款　　24 000

D. 借：应付账款——A公司　　23 400
　贷：银行存款　　23 400

10. 下列说法正确的是(　　)。

A. 经营性出租的固定资产属于使用中的固定资产

B. 出于季节性经营或大修理等原因，暂时停止使用的固定资产，属于使用中的固定资产

C. 出于改建、扩建等原因暂停使用的固定资产，属于未使用的固定资产

D. 内部替换使用的固定资产，属于使用中的固定资产

11. 下列说法正确的有(　　)。

A. 企业向购货单位预收的款项，记入“预收账款”的贷方

B. 企业实现的其他业务收入，记入“其他业务收入”的贷方

C. 企业收到的应收票据的面值，记入“应收票据”的贷方

D. 期末转入“本年利润”账户的主营业务成本，记入“主营业务成本”的贷方

三、判断题

1. 企业发生的职工培训费应计入产品的制造成本。(　　)

2. 在同一个企业，不同期间的主营业务和其他业务的内容一定是固定不变的。(　　)

3. 以提供劳务为主营业务的企业，在提供劳务结转成本时，应借记“其他业务成本”科目，贷记“劳务成本”科目。(　　)

4. 企业的所得税费用一定等于企业的利润总额乘以所得税税率。(　　)

5. 对于企业收到的投资方投入的实物资产，如果确认的资产价值超过其在注册资本中所占的份额，差额应作为资本溢价，计入盈余公积。(　　)

6. 某公司购入一台管理用设备，取得的增值税专用发票上注明的价款为200万元，增值税额为34万元(根据税法有关规定允许抵扣)，发生保险费0.5万元，该设备的入账价值为234.5万元。(　　)

7. 公允价值强调独立于企业主体之外，站在市场的角度以交易双方达成的市场价格作为公允价值，是对资产和负债以当前市场情况为依据进行价值计量的结果。(　　)

8. 企业出租专利技术，收取的租金不得确认为收入。(　　)

9. 可变现净值是指在正常生产经营过程中，以预计售价减去进一步加工成本和预计销售费用以及相关税费后的净值。(　　)

10. 企业持有某衍生金融工具，其公允价值可以可靠计量，但是由于其发生的实际成本很小，所以不符合资产可计量性的确认条件。(　　)

四、综合题

1. 资料一：假定A、B、C三家公司共同投资组成ABC有限责任公司。ABC有限责任公司的章程规定，注册资本为900万元，A、B、C三方各占三分之一的股份。假定A公司以厂房投资，该厂房原值500万元，已提折旧300万元，投资各方确认的价值为300万元(公允价值)；B公司以价值200万元的新设备一套和价值100万元的一项专利权投资，其价值已被投资各方确认，并已向ABC公司移交了专利证书等有关凭证；C公司以货币资金300万元投资，已存入ABC公司的开户银行。

资料二：假定D公司有意投资ABC公司，经与A、B、C三方协商，将ABC公司变更为ABCD公司，注册资本增加到1 200万元，A、B、C、D公司四方各占四分之一股权。D公司须以货币资金400万元出资，可取得25%的股份。协议签订后，修改了原公司章程，D公司所出400万元已存入ABCD公司的开户银行，并办理了变更登记手续。

要求：

(1) 根据资料一，编制ABC公司实际收到A公司投资的有关会计分录。

(2) 根据资料一，编制ABC公司实际收到B公司投资的有关会计分录。

(3) 根据资料一，编制ABC公司实际收到C公司投资的有关会计分录。

(4) 根据资料二，编制实际收到D公司投资的有关会计分录。

(5) 假设无其他经济业务，根据资料一、二，计算ABCD公司实收资本的金额(单位：元)。

2. 荣昌企业是增值税一般纳税企业，主要生产和销售甲产品，适用增值税税率17%，所得税税率25%，不考虑其他相关税费，该公司2012年发生以下经济业务：

① 销售一批甲产品，该产品的成本为16万元，销售价格40万元，专用发票注明增值税6.8万元，产品已经发出，提货单已交给购买方。货款、增值税税率尚未收到。

② 当年分配并发放职工工资40万元，其中该生产工人工资24万元，车间管理人员工资8万元，企业管理人员工资8万元。

③ 本年出租一台设备，取得租金收入8万元。

④ 本年度计提固定资产折旧8万元，其中计入制造费用的固定资产折旧5万元，计入管理费用的折旧2万元，出租设备的折旧1万元。

⑤ 用银行存款支付营业费用1万元。

⑥ 在本年末的财产清查中发现无法支付的应付款项2万元，经批准转作营业外收入。

要求：根据上述资料，完成以下不定项选择题。

(1) 该企业2012年利润表中营业收入和营业成本的金额分别为(　　)元。

A. 170 000和480 000　　B. 480 000和170 000

C. 160 000和400 000　　D. 400 000和160 000

(2) 以下费用，应计入期间费用的有(　　)。

A. 计入制造费用的固定资产折旧5万元

B. 计入管理费用的折旧2万元

C. 出租设备的折旧1万元

D. 用银行存款支付营业费用1万元

(3) 该企业2012年利润表中营业利润的金额为(　　)元。

A. 200 000　　B. 220 000　　C. 250 000　　D. 320 000

(4) 针对业务②所做的会计分录，借方科目为(　　)。

A. 生产成本　　B. 制造费用

C. 管理费用　　D. 应付职工薪酬

(5) 该企业2012年利润表中净利润的金额为(　　)元。

A. 150 000　　B. 165 000　　C. 200 000　　D. 220 000

第5章　会计循环

学习目的与要求

理解：

- 会计循环
- 试算平衡的意义及方法
- 账项调整的必要性和依据
- 结账的必要性

掌握：

- 会计循环中分录、凭证、账簿的登记
- 过账方法和错账的更正方法
- 试算平衡表的编制
- 期末调整项目的内容及调整分录的编制
- 结账的程序
- 基本财务报表的编制

教学重点与难点

重点：

- 会计循环的流程
- 会计凭证的登记
- 过账的程序
- 试算平衡
- 结账程序

难点：

- 原始凭证的各种表格形式
- 账簿的分类、设置与登记
- 试算平衡的局限性
- 期末账项调整过程
- 制作工作底稿
- 资产负债表和利润表的编制

导读材料

某单位会计赵某，为达到调换工作岗位的目的，于2014年12月的一天，将自己保管的存放于单位档案柜中的2012年至2014年度的部分会计账簿及会计凭证秘密拿回家中隐藏。同月，他向单位谎称会计资料被盗。赵某恐事情败露，便将其隐匿的会计资料交给李某帮其保管，后来又指使李某将其销毁。李某将会计资料部分销毁后，将剩余部分放于家中。2015年5月至6月，李某先后给赵某单位投寄匿名信和打电话，称其手中有该单位的会计资料。2015年11月，李某将剩余的会计资料交给公安机关。经清查，赵某隐匿和销毁的会计资料涉及金额15 000 000余元。当地人民法院依法适用简易程序，实行独任审判，公开审理赵某隐匿、故意销毁会计凭证与会计账簿案。赵某受到了应有的法律制裁。

5.1 会计凭证与会计分录

5.1.1 会计循环概述

会计实务工作并不是从登记分类账开始的，而是始于反映具体、复杂的经济业务的原始凭证。从繁杂、具体的经济业务到最终的信息载体——财务报告，会计在经济发展过程中逐渐形成其独特的会计信息加工与处理程序和方法，由于该程序和方法在每一会计期间循环往复、周而复始，故称之为会计循环(Accounting Cycle)。会计循环一般包括编审原始凭证、编制分录、记账、试算、调整、结账和编制财务报告等一系列程序。手工会计下典型的会计循环见图5-1。

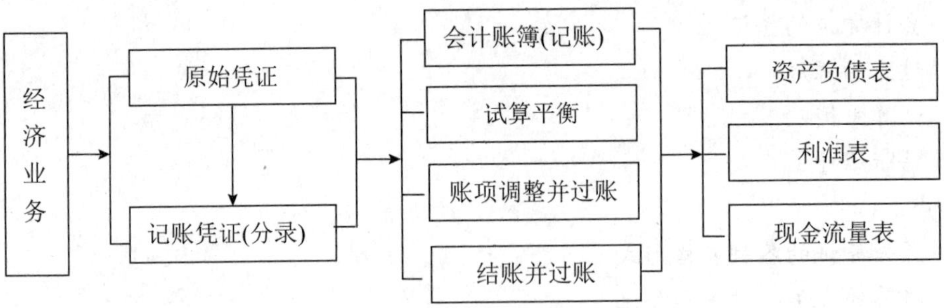

图5-1 会计循环流程图

上述会计循环流程步骤的说明如下所述。

(1) 编审原始凭证。经济业务发生以后，会计人员须首先取得、编制并审核原始凭证。这是会计循环最初的、至关重要的一步。

(2) 编制分录。根据审核的原始凭证对经济业务进行分析，按照复式记账的原理确定哪些账户应借记，哪些账户应贷记，登记的金额各是多少，并将其分析结果填入记账凭证(编制分录)。

(3) 记账。记账也称为过账，是指根据记账凭证填制的会计分录登记到各分类账。

(4) 试算。对分类账各账户借方、贷方余额或发生额汇总列表，以验证分录或者过账是否准确。

(5) 调整。在会计期末，根据权责发生制和配比原则，对调整事项进行调整。它们同其他事项一样，也需要编制分录并过账。

(6) 结账。会计期末，须结转资产、负债、所有者权益类实账户；结清收入、费用类虚账户，并将利润或亏损结转至所有者权益账户。

(7) 编制财务报表。根据结账结果，分类汇总并按一定的格式要求编制资产负债表、利润表、现金流量表等，以反映企业的财务状况、经营成果和现金流量等。

5.1.2 会计分录

为了保证账户记录的正确性，经济业务发生后并不直接记入有关账户，而是基于对经济业务进行分析的结果，根据借贷记账法的记账原理，确定相关账户及其应借应贷的金额，先编制会计分录(Accounting Entry)，然后再根据会计分录记入有关账户。这样做一方面可以提高记账的效率；另一方面，通过记账凭证与原始凭证的归集，可以分类保存经济业务发生时留下的凭据，作为以后检查责任归属和控制经济活动的依据。

所谓会计分录，是指标明某项经济业务的应借应贷账户及其金额的一种记录。会计分录分为简单分录和复合分录。简单分录只有一借一贷的对应关系，即借方和贷方各只有一个账户[如下面业务(1) 的会计分录]；复合分录是指有一借多贷或一贷多借或多借多贷对应关系的会计分录[如下面业务(3) 的会计分录]。会计分录的常用格式是贷记符号不能与借记符号写在同一行上，而是写在借方分录的下一行，并且行首向右缩进一格或两格。下面将举例说明会计分录的编制方法。

【例5-1】沈阳立信公司是一家商品流通企业，2015年12月发生了以下经济业务，各业务发生后的会计分录编制如下所述。

(1) 12月1日，所有者投资500 000元，创建沈阳立信公司，款项已存入银行。

借：银行存款　　　　　　　　500 000
　　贷：实收资本　　　　　　　　500 000

(2) 12月1日，沈阳立信公司从A公司租用营业场地一块，租期两年，租金共计50 000元，并于当日支付了这笔租金。

借：长期待摊费用　　　　　　50 000
　　贷：银行存款　　　　　　　　50 000

(3) 12月1日，沈阳立信公司从B公司购入商品(运动服)一批，货款40 000元，商品已验收入库，开出3个月的带息商业汇票30 000元，利率为6%，其余货款未付(不考虑相关税费)。

借：库存商品——运动服　　　　40 000
　　贷：应付票据　　　　　　　　30 000

应付账款——B公司　　10 000

(4) 12月2日，购买收银机两台，单价2 000元；空调两台，单价4 500元，货款未付。

借：固定资产——收银机　　4 000

——空调　　9 000

贷：应付账款　　13 000

(5) 12月5日，沈阳立信公司向C公司销售运动服一批，货款30 000元，商品已发出，货款尚未收到。此次销售商品的成本为22 000元(不考虑相关税费)。

借：应收账款——C公司　　30 000

贷：主营业务收入　　30 000

成本结转的分录如下：

借：主营业务成本　　22 000

贷：库存商品——运动服　　22 000

(6) 12月8日，沈阳立信公司从银行提取现金1 000元，以备日常零星开支。

借：库存现金　　1 000

贷：银行存款　　1 000

(7) 12月10日，沈阳立信公司从D公司购进运动鞋一批，货款40 000元，已支付15 000元，其余货款暂欠。商品已验收入库。

借：库存商品——运动鞋　　40 000

贷：银行存款　　15 000

应付账款——D公司　　25 000

(8) 12月12日，支付购买固定资产款项13 000元。

借：应付账款　　13 000

贷：银行存款　　13 000

(9) 12月14日，从E公司购进一批球拍，货款共计30 000元，货款尚未支付。商品已验收入库。

借：库存商品——球拍　　30 000

贷：应付账款——E公司　　30 000

(10) 12月16日，收到C公司的部分销货款20 000元。

借：银行存款　　20 000

贷：应收账款——C公司　　20 000

(11) 12月18日，向F公司赊销运动鞋一批，货款共计56 000元，此次销售商品的成本为40 000元(不考虑相关税费)。

借：应收账款——F公司　　56 000

贷：主营业务收入　　56 000

成本结转的分录如下：

借：主营业务成本　　40 000

贷：库存商品——运动鞋　　40 000

(12) 12月22日，支付办公费用500元。

借：管理费用 500

  贷：库存现金 500

(13) 12月25日，向G公司销售一批球拍，价款43 500元，货款已存入银行。此次销售商品的成本为30 000元(不考虑相关税费)。

借：银行存款 43 500

  贷：主营业务收入 43 500

成本结转分录如下：

借：主营业务成本 30 000

  贷：库存商品——球拍 30 000

(14) 12月26日，收到F公司货款30 000元，已存入银行。

借：银行存款 30 000

  贷：应收账款——F公司 30 000

(15) 12月30日，计提本月沈阳立信公司应付职工工资，其中管理人员工资10 000元，销售人员工资30 000元。

借：管理费用 10 000

  销售费用 30 000

  贷：应付职工薪酬 40 000

(16) 12月31日，发放职工工资共40 000元。

借：应付职工薪酬 40 000

  贷：银行存款 40 000

(17) 12月31日，本期沈阳立信公司的水电费、电话费等，共计4 000元，款项已通过银行直接转账支付。

借：管理费用 4 000

  贷：银行存款 4 000

5.1.3 会计凭证

为了反映企业各种交易、事项(经济业务)对会计要素的影响，以编制出最终的财务报告，企业会计人员必须在经济业务发生时填制或取得原始凭证(Source Documents)，进而真正开始会计的记录工作。会计凭证(Accounting Documents)就是记录经济业务的发生情况、明确经济责任、作为记账依据的书面证明。填制或取得并审核会计凭证是保证会计核算按照交易、事项的实际发生情况进行如实记录的基础，也是确保财务报告如实反映企业真实状况的前提条件。会计凭证按其填制的顺序和用途可分为原始凭证和记账凭证。

1. 原始凭证

原始凭证是在交易、事项发生或完成时取得或填制的，用来证明交易或事项已发生、明确经济责任并作为记账依据的最初书面证明文件，是会计核算的重要依据。如购买商品时由供货方开具的发票、银行支票、汇票、收款单、材料验收入库单、材料领用单、商品收货单、发货单等。原始凭证必须真实、完整、清楚、正确，并有经办人员的签字。

原始凭证按其来源，可分为自制凭证和外来凭证。自制凭证是由本单位的经办人员，在执行或完成某项交易或事项时所填制的原始凭证，如材料验收入库单、材料领用单等；外来凭证是在交易、事项完成时从其他单位或个人取得的原始凭证，如购货发票。无论是自制凭证还是外来凭证，都能证明交易、事项已经完成，审核后均可作为记账的依据。

原始凭证按其填制方法的不同可分为一次性凭证、累计凭证和原始凭证汇总表。一次性凭证是一次性填制完成的原始凭证，大多数原始凭证都属此类，如发票(格式见图5-2)、收据(格式见图5-3)、入库单等。累计凭证是指经多次填制完成的、定期根据其累计数作为计账依据的原始凭证。通常用于反映一定期间内重复发生的同类交易或事项，最具代表性的累计凭证是限额领料单(格式见图5-4)。原始凭证汇总表是根据许多同类交易或事项的一次性凭证或累计凭证定期编制的，如发料汇总表(格式见图5-5)、工资汇总表等。

增值税专用发票

开票日期：　　　　年　月　日　　　　NO.

购货单位	名称			税务登记号		
	地址、电话			开户银行及账号		
货物或应税劳务名称	计量单位	数量	单价	金额	税率	税额
合计						
价税合计						
备注						
销货单位	名称			税务登记号		
	地址、电话			开户银行及账号		

销货单位：(章)　　　　收款人：　　　　复核：　　　　开票人：

图5-2　增值税专用发票

收据

年　月　日　　　　NO.

付款单位：

金额(大写)____________________(小写)______________

收款原因：

备注：

收款单位：(章)　　　　审核：　　　　经手：　　　　出纳：

图5-3　收据

限额领料单

年　月　日

领料部门：	计划产量：
用途：	单耗定额：
材料名称：	领料限额：
计量单位：	单价：
发料仓库：	编号：

日期	请领		实发					备注
	数量	领料单位盖章	数量	发料人	领料人	累计	限额结余	
累计实发金额								

供应部门负责人：　　　　生产部门负责人：　　　　仓库负责人：

图5-4　限额领料单

发料汇总表

年　月　日　　　　NO.

会计科目		领料部门	原材料	辅助材料	燃料	合计
生产成本	基本生产车间	一车间				
		二车间				
		小计				
	辅助生产车间	供水车间				
		机修车间				
		小计				
制造费用		一车间				
		二车间				
		小计				
合计						

会计主管：　　　　复核：　　　　制表：

图5-5　发料汇总表

尽管原始凭证的格式多种多样，其所反映的交易或事项的内容也包罗万象，但任何一种原始凭证都必须起到证明交易或事项已发生或已完成的作用，并能明确经济责任。只有经过审核无误的原始凭证才能进入会计信息系统，为了明确原始凭证是否真实地反映交易或事项、是否遵循了有关法规和本单位相应制度的要求，一切原始凭证在填制或取得后，都应按规定的程序及时送交会计部门，由会计主管或具体处理该交易或事项的会计人员进行审核。原始凭证的审核主要包括以下两个方面：

(1) 形式上的审核。审核原始凭证的填制是否符合规定的要求，应具备的内容是否填列齐全，尤其是审核数字计算是否正确，有关人员是否都已签章。

(2) 实质上的审核。实质上的审核主要是：第一，原始凭证所反映的交易或事项是否真实，其来源是否可靠；第二，原始凭证所反映的交易或事项是否符合有关政策、法令、制度、合同以及计划等的要求，是否符合规定的审核权限和手续。

经审核不合格的原始凭证不能作为记账的依据。通过对原始凭证的审核，可确保输入会计信息系统的数据真实、合法，从而为会计信息系统最终所提供的财务报告信息的质量提供有效保证。

5.1.4 记账凭证

交易、事项发生时所产生的财务信息是由原始凭证直接接收(记录)下来，但并没有用会计语言来描述已发生的交易、事项。在原始凭证经审核合格后即可编制记账凭证(会计分录)。记账凭证是会计人员根据审核无误的原始凭证编制的、用来确定会计分录、作为记账直接依据的会计凭证。记账凭证又被称为记账凭单，因为记账凭证是根据借贷记账法的基本原理，确定了应借、应贷的会计科目及其金额，将原始凭证中的一般数据化的财务信息转化为会计语言，是介于原始凭证与账簿之间的中间环节，是据以登记账簿的直接依据。在实际工作中，会计分录一般直接编制在记账凭证上。

记账凭证可以根据每一张原始凭证直接编制，也可以根据同类原始凭证汇总编制或根据原始凭证汇总表编制。它的作用是便于登记账簿，减少差错，保证账簿记录的质量；另外，在汇总编制或根据原始凭证汇总表编制的情况下，还可以简化记账工作。从不同的角度可将记账凭证分成不同的种类。

1. 记账凭证按其用途可分为专用记账凭证和通用记账凭证

专用记账凭证按其反映经济业务内容的不同，可分为收款凭证、付款凭证和转账凭证三种。收款凭证是用来记录库存现金与银行存款收款业务的记账凭证，付款凭证是记录库存现金与银行存款付款业务的记账凭证，转账凭证是用来记录不涉及库存现金与银行存款收付业务的记账凭证。通用记账凭证是指对不同性质的经济业务均采用同一格式的记账凭证来进行记录的记账凭证。通用记账凭证的格式与转账凭证基本相同，只是凭证的名称统称为“记账凭证”，其格式见图5-6。

记账凭证

年　月　日　　　　　　第　　号

摘要	会计科目				借方金额	贷方金额
	一级科目	账页	二级或明细科目	账页		
附件：张	合计					

会计主管：　　　　记账：　　　　审核：　　　　制证：

图5-6　记账凭证

采用专用记账凭证有利于对不同经济业务进行分类管理，有利于经济业务的检查，但工作量较大，一般适用于规模较大、收付款业务较多的企业。而在经济业务较简单、规模较小、收付款业务较少的企业，一般较适合采用通用记账凭证。

2. 记账凭证按照是否经过汇总，可分为汇总记账凭证和非汇总记账凭证

汇总记账凭证是根据许多同类的单一记账凭证定期加以汇总而重新编制的记账凭证；非汇总记账凭证是根据原始凭证编制的、只反映某项经济业务的记账凭证。重新编制汇总记账凭证的目的是简化登记总分类账的手续。汇总记账凭证按其汇总的方法和范围，可分为分类汇总和全部汇总。分类汇总记账凭证主要是对收款凭证、付款凭证和转账凭证分别进行汇总，形成汇总收款凭证、汇总付款凭证和汇总转账凭证；全部汇总记账凭证则是按各会计账户名称分别进行汇总，形成科目汇总表。

记账凭证是登记账簿的依据。它所反映的经济业务内容不同、格式也不同，为了保证账簿记录的正确性，除了应当正确填制记账凭证之外，还应对其进行严肃、认真的审核。只有经过审核无误后的记账凭证才能据以登记账簿。审核中若发现差错，应查明原因并及时更正。应根据不同的情况进行更正处理，具体的更正方法将在下文进行详细的阐述。

5.2 会计账簿与过账

5.2.1 会计账簿

会计账簿(Accounting Books)是账户的载体和具体形式，标记有特定名称的账簿就是账户。会计账簿(简称账簿)是由一定格式、相互连接的账页组成的，以会计凭证为依据，全面、系统、连续地记录各项交易或事项的簿籍。从外在形式上看，账簿是由具有专门格式而又相互连接的若干账页组成的簿籍。从记录的内容上看，账簿又是对各项交易或事项进行分类和序时记录的簿籍。通常所说的记账(过账)，就是在账簿中按账户进行登记。

1. 账簿的作用

填制与审核会计凭证，可以将每天发生的交易、事项进行如实、正确的记录，并明确经济责任。但会计凭证数量繁多且分散，缺乏系统性，不便于会计信息的整理与报告，无法满足经营管理的需要。因此，有必要利用账簿这一方法把会计凭证提供的原始数据，按交易、事项发生的顺序和科目的不同性质加以归类、加工、整理。设置和登记账簿的作用可以概括为以下几方面。

(1) 设置账簿并进行登记，有利于全面、系统地记录和反映一个会计主体的经济业务，把大量、分散的数据或资料进行归类整理，逐步加工成有用的会计信息。

(2) 为编制会计报表提供依据。核对无误的账簿记录及其加工的数据，提供了总括、全面、连续、系统的会计信息资料，是编制会计报表的主要依据。

(3) 发挥会计的监督职能作用。通过账实核对，可以检查账实是否相符，从而发挥会计的监督职能，有利于保证各项财产物资的安全完整和合理使用。

2. 账簿的分类

账簿的种类多种多样，按不同的分类标准，账簿可分为不同的类别。

1) 按用途分类，可分为序时账簿、分类账簿和备查账簿

(1) 序时账簿(Book of Chronological Entry)是对各项经济业务按照其发生时间的先后顺序，逐日逐笔进行登记的账簿，又称为日记账(Day Book)。按其记录的内容不同，它可分为普通日记账和特种日记账。普通日记账登记全部经济业务，根据经济业务及其发生时间的先后顺序逐日逐项编制会计分录。我国会计核算工作中很少采用普通日记账。特种日记账是用来登记某一类经济业务的日记账，如购货日记账、销货日记账、现金日记账和银行存款日记账等。它在形式上类似于我国的汇总记账凭证。目前，我国企业一般只对库存现金与银行存款的收付业务设置的现金日记账和银行存款日记账进行序时核算，以加强货币资金的管理。

(2) 分类账簿(Ledger Book)是对各项经济业务按照其涉及的两个或两个以上的账户进行分类登记的账簿。其目的在于使记账凭证内各分录所记经济业务按相同科目予以汇总。分类账簿可分为总分类账簿(简称总分类账)和明细分类账簿(简称明细分类账)。前者一般只登记总数，进行总括核算，对其所属明细分类账起统驭作用；后者用来分类登记某一类经济业务的增减变化，提供明细核算资料，是对总分类账的补充和说明。会计核算中，分类账簿是必须设置的主要账簿，它所提供的资料是编制会计报表的主要依据。

(3) 备查账簿(Memorandum Record)也称辅助账簿，是为了便于查考而对序时账簿和分类账簿等主要账簿不能记载或记载不全的经济业务进行补充登记的账簿。它所登记的内容并不纳入本企业的会计循环。设置和登记备查账簿只是对其他账簿记录的一种补充，是对某些经济业务的内容提供必要的参考资料。

2) 按形式分类，可分为订本式账簿、活页式账簿和卡片式账簿

(1) 订本式账簿也称订本账，是在启用之前就将编有序号的若干账页固定装订成册的账簿。它一般适用于具有统驭性强、重要程度高、应该只由一个会计人员登记的账簿，如总分类账、现金日记账、银行存款日记账等。

(2) 活页式账簿简称活页账，一般适用于明细分类账，如应收、应付款的明细分类账、材料明细分类账等。

(3) 卡片式账簿，简称卡片账，是由许多具有一定格式的硬卡片组成，存放在卡片箱内，随时可以取放的账簿。它一般适合于需要随财产物资使用或存放地点的转移而重新排列的明细账，如固定资产明细分类账。

3) 账簿的设置与登记

(1) 日记账的设置与登记。普通日记账最一般的格式是设有借方和贷方两个金额栏。

【例5-2】 承例5-1，下面以沈阳立信公司2015年12月发生的经济业务为例，说明普通日记账的记账格式，见表5-1。

表5-1　普通日记账

日期		分录号	账户及摘要	借方金额	贷方金额	过账
2015年						
月	日					
12	1	1	银行存款	500 000		
			实收资本		500 000	
			(所有者投资)			
	1	2	长期待摊费用	50 000		
			银行存款		50 000	
			(租用经营场地，租期两年)			
	2	3	库存商品——运动服	50 000		
			应付票据		40 000	
			应付账款——B公司		10 000	
			(购入商品)			
	2	4	固定资产——收银机	4 000		
			——空调	9 000		
			应付账款		13 000	
			(购买收银机和空调，货款未付)			
	5	5	应收账款——C公司	30 000		
			主营业务收入		30 000	
			主营业务成本	22 000		
			库存商品——运动服		22 000	
	8	6	库存现金	1 000		
			银行存款		1 000	
	10	7	库存商品——运动鞋	40 000		
			银行存款		15 000	
			应付账款——D公司		25 000	
	12	8	应付账款	13 000		
			银行存款		13 000	
	14	9	库存商品——球拍	30 000		
			应付账款——E公司		30 000	
	16	10	银行存款	20 000		
			应收账款——C公司		20 000	
	18	11	应收账款——F公司	56 000		
			主营业务收入		56 000	
			主营业务成本	40 000		
			库存商品——运动鞋		40 000	
	22	12	管理费用	500		
			库存现金		500	
	25	13	银行存款	43 500		
			主营业务收入		43 500	
			主营业务成本	30 000		
			库存商品——球拍		30 000	
	26	14	银行存款	30 000		
			应收账款——F公司		30 000	

(续表)

日期		分录号	账户及摘要	借方金额	贷方金额	过账
2015年						
月	日					
12	30	15	管理费用	10 000		
			销售费用	30 000		
			应付职工薪酬		40 000	
	31	16	应付职工薪酬	40 000		
			银行存款		40 000	
	31	17	管理费用(水电费)	4 000		
			银行存款		4 000	

由此可见，在日记账里，分别确定了每一笔经济业务的会计分录，可据其直接过入分类账各有关账户，这大大减少了直接根据经济业务登记各有关分类账时可能发生的差错；另外，应用一本日记账，可以集中、序时地记录一个企业的全部经济业务，是一份按时间排列的企业经济活动的完整档案。一个规模较小、经济业务不多且比较简单的企业，只用一本日记账便可以满足需要。经济业务较多、较复杂的企业，只用一本日记账不便于记账分工，也不便于观察发生的各类经济业务情况，而且从日记账逐笔过入分类账，工作量较大，于是出现了特种日记账。

特种日记账是用来专门登记某一类经济业务的日记账。常见的特种日记账有现金日记账、银行存款日记账、购货日记账、销货日记账等。在采用特种日记账后，对某些特种日记账中无法登记的经济业务，仍可设置一本普通日记账进行登记，并采用逐笔过账法过入有关分类账。现在以沈阳立信公司2015年12月发生的经济业务为例说明银行存款日记账的记账格式，如表5-2所示。

表5-2 银行存款日记账

第1页

2015年		摘要	对应账户	借方	贷方	余额	过账
月	日						
12	1	期初余额				0	
	1	所有者投资	实收资本	500 000		500 000	
	1	支付租金	长期待摊费用		50 000	450 000	
	8	提现以备零用	库存现金		1 000	449 000	
	10	支付货款	库存商品		15 000	434 000	
	12	支付固定资产款项	应付账款		13 000	421 000	
	16	收到销货款	应收账款	20 000		441 000	
	25	获得销售收入	主营业务收入	43 500		484 500	
	26	收到美达公司购货款	应收账款	30 000		5145000	
	31	发放职工工资	应付职工薪酬		40 000	474 500	
	31	支付水电费	管理费用		4 000	470 500	
	合计			593 500	123 000	470 500	

(2) 分类账的设置与登记。总分类账是对企业的经济业务进行概括反映，一般只提供较总括的金额指标。常见的总分类账有两栏式和三栏式两种。两栏式账户就是T形账户的标准化格式，多用于教学。三栏式账户是由借、贷、余三栏组成的，常用订本式的形式。企业可以直接根据记账凭证逐笔登记，也可以将记账凭证用一定的方法定期汇总，然后一次性登记到总分类账中，这取决于企业所采用的会计记账程序。现以应收账款总分类账为例，说明沈阳立信公司2015年12月发生的经济业务记入应收账款总分类账的情况(这里是根据记账凭证逐笔进行登记的)，如表5-3所示。

表5-3　总分类账

会计科目：应收账款　　　　　　　　　　　　　　　　　　　编号：

2015年		凭证号数	摘要	对方科目	借方	贷方	借或贷	余额
月	日							
12	1		期初余额					
	5	转3	向C公司销售运动服	主营业务收入				
			收到C公司货款		30 000			
	16	银收2	向C公司销售运动鞋	银行存款		20 000		0
	18	转7	收到C公司货款	主营业务收入				
					56 000			
	26	银收3		银行存款		30 000		
	31		本月合计		86 000	50 000	借	36 000

明细分类账是总分类账簿的必要补充，它所提供的信息对日常的经营管理非常重要。明细分类账簿一般采用活页式账簿，有的也采用卡片式账簿。它的格式通常有以下三种。

① 三栏式。这种格式适用于“应收账款”“应付账款”等结算类科目的明细分类核算，见表5-4。

表5-4　应收账款明细分类账

二级科目或明细科目：F公司

2015年		凭证号数	摘要	对方科目	借方	贷方	借或贷	余额
月	日							
12			期初余额					
	1	转7	向C公司销售运动鞋	主营业务收入	56 000			
	18		收到C公司货款					0
	26	银收3		银行存款		30 000		
	31		本月合计		56 000	30 000	借	26 000

② 数量金额式。它适用于财产物资的明细分类核算，每一明细科目设置一张账页，其格式如图5-7所示。

材料物资明细账

材料名称：

计量单位：　　　　　　　　　　　　　　仓库：　　　　　　　　　　　　　　第　页

2015年		凭证号数	摘要	收入			支出			结存		
月	日			数量	单价	金额	数量	单价	金额	数量	单价	金额
			本月发生额合计和月末余额									

图5-7　材料物资明细账

③ 多栏式。这种格式适用于收入、费用的明细分类核算，如“销售费用”“管理费用”“主营业务收入”等科目，其格式如图5-8所示。实际工作中，“管理费用”“销售费用”等账户的多栏式明细分类账可以只按借方发生额设置专栏，而贷方发生额由于每期只发生一笔或少数几笔，可运用红字冲账原理在有关栏内用红字登记，表示应从借方发生额冲销。

管理费用明细账

元

2015年		凭证号数	摘要	借方					
月	日			工资	招待费	咨询费	差旅费	其他	合计
			本月发生额合计结转管理费用						

图5-8　管理费用明细账

(3) 备查账簿的设置与登记。备查账簿对主要账簿起到补充说明的作用，没有固定的格式，一般是各企业根据其会计核算和经营管理的需要来设置的。

前已述及，总分类账一般根据总分类账户(一级会计科目)设置，通常以货币为计量单位，分类、连续、总括地反映企业的经济业务。明细分类账则根据总分类账户(二级会计科目或明细科目)设置，以货币、实物量为计量单位，分类、连续、详细地反映企业的经济业务。因此，总分类账是所属明细分类账的总括，对所属明细分类账起统驭作用；而明细分类账则是总分类账的明细记录，对总分类账起补充说明作用。企业在会计核算中，除了设置总分类账外还要设置相应的明细分类账。

通过总分类账和明细分类账之间的相互关系可知，总分类账和明细分类账所反映的对象和登记的依据是相同的，它们所提供的核算资料是相互补充、相互制约的。为了保证总分类账和明细分类账记账的正确、完整，总分类账和明细分类账的登记必须按照“平行登记”的原则来进行，具体如下所述。

① 同时登记。对每一张记账凭证，一方面应登入有关的总分类账，另一方面对设置了明细分类账的，还应登入其所属的明细分类账内。

② 方向一致。将每一张记账凭证登入总分类账和明细分类账时，其记账方向必须保持一致。如果在总分类账中记在借方，在明细分类账中也应记在借方；若在总分类账中记入贷方，则在明细分类账中也必须记入贷方。

③ 金额相等。记入总分类账中的金额与记入其所属各明细分类账中的金额之和必须相等(如应收账款总分类账金额等于应收账款明细分类账金额之和)。

④ 依据相同。记入总分类账户的资料是根据记账凭证；记入所属明细分类账户时，也要以该记账凭证或以该记账凭证所附的原始凭证为依据。

总分类账与明细分类账采用平行登记的结果，必然会使总分类账与明细分类账之间存在以下数量关系

总分类账的本期发生额=所属各明细分类账户本期发生额之和

总分类账户期末余额=所属各明细分类账户期末余额之和

正因为总分类账户与明细分类账户采用的是平行登记，其所依据的资料也相同，所以，会计人员便可根据总分类账和明细分类账有关数字之间的相等关系来相互核对总分类账及明细分类账的数据是否正确、完整，以便及时纠正登记时可能发生的错误，保持账账相符。

5.2.2　过账

1. 过账的程序与方法

将会计凭证上每一笔分录的借项和贷项记录分别转记到分类账的各有关账户中，这一转记程序就称为“过账”(Posting)，也称为“记账”。过账的具体步骤如下：

(1) 找出与会计分录中借方科目和贷方科目相对应的账户。

(2) 在相应分类账户的日期栏中填入会计分录的编写日期。填入的日期一般以编制会计分录的日期为准，而不一定是实际过账的日期。

(3) 将会计凭证(日记账)中所载明的摘要登记于分类账户的摘要栏内。

(4) 将会计凭证(日记账)中各笔分录的借方和贷方金额分别过入相应账户的借方或贷方的金额栏内。

(5) 将凭证号(日记账分录号)填入分类账户的过账记号栏内。

(6) 将分类账户的账户编号或页数填列在会计凭证(日记账)的过账记号栏内，以表示该记账凭证(日记账)的分录已过账。

为了进一步说明过账方法，现将沈阳立信公司2015年12月发生的经济业务从会计分录过入对应的分类账户，但为了简化，这里的分类账户一律使用T形账户格式，具体如下所示。

银行存款	
(1) 500 000	(2) 50 000
(10) 20 000	(6) 1 000
(13) 43 500	(7) 15 000
(14) 30 000	(8) 13 000
	(16) 40 000
	(17) 4 000

库存现金	
(6) 1 000	(12) 500

库存商品	
(3) 40 000	(5) 22 000
(7) 40 000	(11) 40 000
(9) 30 000	(13) 30 000

固定资产	
(4) 13 000	(12) 500

应收账款	
(5) 30 000	(10) 20 000
(11) 56 000	(14) 30 000

实收资本	
	(1) 500 000

应付账款	
(8) 13 000	(3) 10 000
	(4) 13 000
	(7) 25 000
	(9) 30 000

应付票据	
	(3) 30 000

主营业务成本	
(5) 22 000	(3) 10 000
(11) 40 000	(4) 13 000
(13) 30 000	(7) 25 000
	(9) 30 000

应付职工薪酬	
(16) 40 000	(15) 40 000

长期待摊费用	
(2) 50 000	

管理费用	
(15) 30 000	
(17) 4 000	

管理费用	
(12) 500	
(15) 10 000	

主营业务收入	
	(5) 30 000
	(11) 56 000
	(13) 43 500

2. 记账错误的更正方法

记账错误的更正方法，一般有以下几种。

(1) 划线更正法。

在结账之前，如果发现账簿记录有误，但记账凭证正确，即纯属过账时笔误，一般可采用划线更正法进行更正。更正时，先将错误的数字或文字全部划一条红线(不能只划去其中一个或几个写错的数字)，表示注销，应使划销的文字或数字保持原有字迹且仍可辨认，以备考查。然后，将正确的文字或数字用蓝笔写在原数字或文字的上面，并由记账人员在更正处盖章，以明确责任。

(2) 红字更正法。

记账以后，如果发现会计分录中的应借、应贷科目或金额有误，或科目和金额同时出现差错，可用红字更正法予以更正。具体方法是，先用红字金额作一笔与原来错误的会计分录完全相同的会计分录，注明更正某月某日的错账，并用红字登记入账，据以冲销原有的错误记录，再用蓝字作一笔正确的会计分录后，注明更正某月某日的错账，重新登入账簿。

如果原会计分录中应借、应贷账户并没有错误，只是填列的金额大于应填列的金额，并已过账，或者会计分录完全正确，只是登账时发生笔误，使得登记金额大于正确金额，且已结账时，也要用红字更正法进行更正。具体更正时，只需用红字编制一笔金额为错误金额超过正确金额部分的会计分录，并登入有关账簿即可。

(3) 补充登记法。

记账以后，如果发现原来所编的会计分录中应借、应贷账户虽然没有错误，但所写金额小于正确的金额，这时可用补充登记法进行更正。更正时，以正确金额与原来所填金额之差作为分录的金额，用蓝字编制一张与原会计分录应借、应贷账户完全相同的会计分录，注明补记某月某日的金额，将其补记入账即可。

由此可见，记账错误应根据不同的情况采用不同的方法予以更正。

5.3　试算平衡

5.3.1　试算平衡表的编制

在将会计分录过账到分类账之后，为检查过账是否正确，往往要进行试算平衡。所谓试算平衡(Trial Balance)，就是在期末对所有账户的发生额和(或)余额进行加总，以确定借贷是否相等，检查记账、过账过程中是否存在差错的一种方法。在实际会计工作中，试算平衡是通过编制试算平衡表来完成的。

下面就以沈阳立信公司2015年12月发生的经济业务为例说明试算平衡表的编制。在编制试算平衡表之前，首先要检查、确定本期所有的会计分录是否都已正确过账。在此基础上，再计算出所有账户的期末余额。最后，将各分类账户的期末余额分别记入试算平衡表的借方和贷方栏。沈阳立信公司2015年12月末各分类账户的期末余额如下所示。

银行存款

(1)	500 000	(2)	50 000
(10)	20 000	(6)	1 000
(13)	43 500	(7)	15 000
(14)	30 000	(8)	13 000
		(16)	40 000
		(17)	4 000
本期借方发生额合计	593 500	本期贷方发生额合计	123 000
期末余额	470 500		

库存现金

(6)	1 000	(5)	30 000
		(11)	56 000
		(13)	43 500
本期借方发生额合计	1 000	(12)	500
期末余额	500	本期贷方发生额合计	500

库存商品

(3)	40 000	(5)	22 000
(7)	40 000	(11)	40 000
(9)	40 000	(13)	30 000
本期借方发生额合计	110 000	本期贷方发生额合计	92 000
期末余额	18 000		

固定资产

(4)	13 000		
本期借方发生额合计	13 000	本期贷方发生额合计	0
期末余额	500		

应收账款

(5)	30 000	(10)	20 000
(11)	56 000	(14)	30 000
本期借方发生额合计	86 000	本期贷方发生额合计	50 000
期末余额	36 000		

实收资本

		(1)	500 000
本期借方发生额合计	0	本期贷方发生额合计	500 000
		期末余额	500 000

应付账款

(8)	13 000	(3)	10 000
		(4)	13 000
		(7)	25 000
		(9)	30 000
本期借方发生额合计	13 000	本期贷方发生额合计	78 000
		期末余额	65 000

应付票据

		(3)	30 000
本期借方发生额合计	0	本期贷方发生额合计	30 000
		期末余额	30 000

主营业务成本

(5)	22 000		
(11)	40 000		
(13)	30 000		
本期借方发生额合计	92 000	本期贷方发生额合计	0
期末余额	92 000		

应付职工薪酬

(16)	40 000	(15)	40 000
本期借方发生额合计	40 000	本期贷方发生额合计	40 000
		期末余额	0

长期待摊费用

借方		贷方	
(2)	50 000		
本期借方发生额合计	50 000	本期贷方发生额合计	0
期末余额	50 000		

销售费用

借方		贷方	
(15)	30 000		
(17)	4 000		
本期借方发生额合计	34 000	本期贷方发生额合计	0
期末余额	34 000		

管理费用

借方		贷方	
(12)	500		
(15)	10 000		
本期借方发生额合计	10 500	本期贷方发生额合计	0
期末余额	10 500		

销售费用

借方		贷方	
(15)	30 000	(5)	30 000
(17)	4 000	(11)	56 000
		(13)	43 500
本期借方发生额合计	0	本期贷方发生额合计	129 500
		期末余额	129 500

账户余额表，如表5-5所示。

表5-5 账户余额表

2015年12月31日 元

账户名称	借方余额	贷方余额
库存现金	500	
银行存款	470 500	
库存商品	18 000	
固定资产	13 000	
应收账款	36 000	
长期待摊费用	50 000	
应付票据		30 000
应付账款		65 000
实收资本		500 000
主营业务收入		129 500
主营业务成本	92 000	
销售费用	34 000	
管理费用	10 500	
合计	724 500	724 500

5.3.2 试算不平衡的原因及试算平衡表的局限性

上文的试算结果表明，所有账户的借方期末余额合计等于所有账户的贷方期末余额合计，表明不存在明显的记账、过账差错。若试算结果不平衡，则表明会计循环的某一步骤肯定存在错误。试算不平衡的常见原因有以下几种：

(1) 编制试算平衡表时出错。如对试算中借方、贷方加总错误、分类账余额转入时出错、借方余额写入贷方栏或相反、余额遗漏等。

(2) 计算账户余额时出错。

(3) 过账过程中出错。如借贷双方中的某一方遗漏或重复过账。

(4) 会计分录出错。如分录中的借贷双方金额不相等。

当试算平衡表出现借贷不相等时，会计人员应认真检查，找出错误并予以更正。值得注意的是，当试算不平衡时，可以肯定会计循环的某一步骤必定有错，然而，试算平衡并不一定说明不存在错误。这是因为试算平衡只能说明借贷双方的金额相等，即只能查出借贷不相等的错误。而实际工作中有些错误并不影响借贷双方账户的平衡关系，这类错误采用试算平衡这一方法是无法检查出来的，即试算平衡表有其局限性。

在会计实际工作中，试算平衡但仍可能存在的常见错误如下：

(1) 漏记某项经济业务；

(2) 重复记录整笔经济业务；

(3) 某笔经济业务的会计分录记错账户，但借贷平衡；

(4) 将分类账户的余额过入错误账户，但方向一致；

(5) 金额的差错刚好相互抵销。

5.4 期末账项调整

5.4.1 账项调整的必要性及依据

尽管权责发生制是较为合理的记账基础，但如果企业在日常的会计工作中，对每项业务都按权责发生制来记录，将会带来很多的麻烦。例如，利息收入和利息费用在理论上是随时间的推移而发生的，但企业如果每天都记录增加的利息收入或费用，不仅烦琐、工作量大，而且没有这个必要。通常，企业都是在收到利息收入或支付利息费用时，才予以记录，到期末计算利润时，再根据权责发生制确认收入和费用的标准来确认应属于本期的利息收入和利息费用。正是由于企业平时对部分业务按现金收支予以入账，因此，每个会计期末都应该按权责发生制予以调整，以便合理地反映企业的经营成果。这种期末按权责发生制要求对部分会计事项予以调整的行为就是账项调整(Accounting Adjustment)。账项调整时所编制的会计分录，就是调整分录。

需要指出的是，期末进行账项调整，虽然主要是为了在利润表中正确地反映本期的经营成果，但是，收入和费用的调整必然影响有关资产、负债、所有者权益项目发生相应的增减变动。因此，期末账项的调整与较正确地反映企业期末的财务状况密切相关。

5.4.2 应予调整的项目

通常，企业期末的账项调整包括三大类，即应计项目[应计费用(Accrual Expense)和应计收入(Accrual Income)]、递延项目[预付费用(Prepayment)和预收收入(Unearned Revenue)]和估计项目。下面以沈阳立信公司为例，说明该公司在2015年12月末对有关账项的调整。

1. 应计项目的调整

(1) 应计费用。应计费用是指本期已发生，应由本期承担但并未支付款项的费用。之所以在期末要对应计费用进行调整，是因为这笔费用虽已发生，企业有支付这笔款项的义务，但由于尚未到支付日期，企业无法根据支付凭证将其入账，为了正确反映企业的经营成果，只得在期末对其进行调整。调整时，因这笔款项已形成企业的支付义务，故除了会增加企业的费用外，还会增加企业的负债。常需调整的应计费用有应付利息、应付职工薪酬、应付租金等。

【例5-3】沈阳立信公司于12月1日从B公司购入商品(运动服)一批，货款40 000元，商品已验收入库，开出3个月的带息商业汇票30 000元，利率为6%，其余货款未付(不考虑相关税费)。这里，3个月的带息商业汇票所形成的利息在期末就属于应计费用。由于票据尚未到期，虽然这笔利息并未支付出去，但12月份应承担一个月的利息。调整分录如下所述。

调(1) 借：财务费用(30 000×6%×1/12)　　150

　　　贷：预提费用　　150

(2) 应计收入。应计收入是指本期期末已获得但尚未收到款项的各项收入，如应收租金、应收利息等。对于应计收入，由于收款期限未到，企业尚未收到款项，无法入账，但企业已获得收取这笔款项的权利，故按权责发生制，视为收入已实现，并在期末对其进行调整。调整时，一方面调增收入，另一方面调增资产(债权)。

【例5-4】沈阳立信公司于12月10日将其租用场地中的一个柜台出租，租赁合同约定每月租金500元，每月月末支付，但到12月31日仍未收到这笔租金。调整分录如下所述。

调(2) 借：其他应收款　　500

　　　贷：其他业务收入　　500

2. 递延项目的调整

所谓递延，是指将已支付的费用或已收到的收入推迟到以后期间予以确认。这些已收到的收入即为预收收入，已支付的费用即为预付费用。随着时间的推移，预收收入会逐渐转为已实现的收入，而预付费用则会逐渐转为已发生的费用。因此，在会计期末要将已实现的收入从预收收入转入收入账户，将预付费用分摊到各受益期并转到相应的费用账户。

(1) 预付费用的分摊。常发生的预付费用包括预付的租金、保险费、报刊费等。这类业务通常是先支付款项，然后再受益，从而逐渐转化为费用。

【例5-5】12月1日，沈阳立信公司从A公司租用营业场地一块，租期两年，租金共计50 000元，并于当日支付了这笔租金。预付的这笔租金应视为一项资产，只有在使用这个场地时才能列为费用，故支付这笔租金时，借记“长期待摊费用”。但这项支付使沈阳立信公司对这块场地有两年的使用权，因此，根据权责发生制，沈阳立信公司到12月31日应承担一个月的场地租用费，其余部分仍作为资产列示。调整分录如下所述。

调(3) 借：销售费用(50 000/24)　　　　2 083
　　　贷：长期待摊费用　　　　　　　2 083

(2) 预收收入的实现。预收收入是指提供在产品或劳务之前就预先收到的款项，如预收报刊费用、预收租金、预收货款等。由于产品或劳务尚未提供，收入并未真正实现，故收到款项时应贷记“预收账款”，表示一项负债，到产品或劳务已提供时，再将已获取的部分转为收入。

在沈阳立信公司12月份的经济业务中未发生预收收入的业务，大家要注意沈阳立信公司的第2笔业务，即12月1日，沈阳立信公司从A公司租用营业场地一块，租期为2年，租金共计50 000元，并于当日支付了这笔租金。如果从A公司的角度来看，A公司把场地租给沈阳立信公司，租期为2年，并于2015年12月10日全部收到了这笔款项，由于A公司是在2015年12月1日后的两年内向沈阳立信公司提供场地，因此，这笔款项不能看成A公司12月份的收入，而只能作为预收账款。

【例5-6】 A公司收到款项时(2015年12月10日)的分录如下所述。

借：银行存款　　　　　　　　50 000
　　贷：预收账款　　　　　　　　50 000

到2015年12月末，A公司已向沈阳立信公司提供了一个月的场地租赁，部分收入已实现，期末应确认已实现的这部分收入，此时A公司的期末调整分录为

借：预收账款　　　　　　　　2 083
　　贷：其他业务收入　　　　　　2 083

3. 估计项目的调整

根据权责发生制，为了使企业在每一会计期间的收入与相关的成本、费用相配比，进而正确计算每期的经营成果，在会计期末，除了对应计项目和递延项目进行调整外，还须调整一些账项。由于这些账项与前述账项不同，其调整的金额具有不确定性，常常是根据经验或未来事项来估计其金额，故被称为估计项目。如应收账款坏账准备的计提、固定资产的折旧等。

(1) 应收账款坏账准备的计提。应收账款是企业赊销商品或劳务时所形成的一项债权。这类资产可能会因债务人无力偿还欠款而使债权人全部或部分款项无法收回，这笔不能收回的款项就称为坏账。发生一笔坏账，就意味着企业要承担一笔损失。只要存在应收账款，就有发生坏账的可能。应收账款是伴随赊销而产生的，赊销时已确认这笔赊销业务的收入，但无法知晓到底哪笔应收账款无法收回。如不考虑坏账因素，则必然会导致资产(应收账款)和利润的高估，因此，必须在期末估计可能的坏账损失，列为费用，以正确反映企业的经营成果与资产状况。

企业专设“坏账准备”账户来反映企业应收账款坏账准备的计提情况。计提坏账准备时，借记“资产减值损失”，贷记“坏账准备”，而不是直接贷记“应收账款”，这是因

为：坏账准备的计提是基于稳健性原则的典型运用，是为了收入与费用更好地进行配比，并不是放弃债权的索取；会计期末，并不知道哪笔应收账款无法收回，不能收回的确切金额到底是多少，只能是估计数，故不能直接抵销应收账款。

【例5-7】沈阳立信公司2015年12月31日应收账款的期末余额为36 000元，经估计约有2%无法收回，则调整分录如下所述。

调(4) 借：资产减值损失 (36 000×2%)　　720

　　　贷：坏账准备　　720

(2) 固定资产折旧。企业的固定资产虽然在为企业提供服务、带来利益的过程中不会改变其实物形态，但随着对固定资产的使用和时间的推移，固定资产会受到磨损，再加上技术的革新而使其价值下降，以至于最终退出企业。根据权责发生制，为使收入和费用合理地进行配比，固定资产应将其成本按照合理、系统的方法分摊到使用固定资产的各会计期间，这就是折旧。每一会计期间所分摊的成本就是折旧费用。计算固定资产每一期间的折旧费用时，一般要考虑固定资产的原始成本、估计使用年限和残值，因此，每期的折旧额是估计数。另外，固定资产在使用中仍保持其实物形态，因此，专设“累计折旧”账户来反映固定资产的折旧情况，即固定资产的减值情况，而“固定资产”账户保持固定资产原始成本不变。因此，在期末计提固定资产折旧时，借记“管理费用”“销售费用”等，贷记“累计折旧”。

【例5-8】若沈阳立信公司在本期末应计提折旧额为100元，则调整分录如下所述。

调(5) 借：管理费用　　100

　　　贷：累计折旧　　100

5.4.3 调整分录的过账与调整后的试算

与根据经济业务编制的会计分录一样，调整分录也要将其过到相应的账户中去。

【例5-9】将沈阳立信公司的期末调整分录过到各相应的账户，其结果如下所示。

银行存款

借方		贷方	
(1)	500 000	(2)	50 000
(10)	20 000	(6)	1 000
(13)	43 500	(7)	15 000
(14)	30 000	(8)	13 000
		(16)	40 000
		(17)	4 000
本期借方发生额合计	593 500	本期贷方发生额合计	123 000
期末余额	470 500		

库存现金

借方		贷方	
(6)	1 000	(12)	500
本期借方发生额合计	1 000	本期贷方发生额合计	500
期末余额	500		

库存商品

(3)	40 000	(5)	22 000
(7)	40 000	(11)	40 000
(9)	40 000	(13)	30 000
本期借方发生额合计	110 000	本期贷方发生额合计	92 000
期末余额	18 000		

固定资产

(4)	13 000		
本期借方发生额合计	13 000	本期贷方发生额合计	0
期末余额	13 000		

应收账款

(5)	30 000	(10)	20 000
(11)	56 000	(14)	30 000
本期借方发生额合计	86 000	本期贷方发生额合计	50 000
期末余额	36 000		

实收资本

		(1)	500 000
本期借方发生额合计	0	本期贷方发生额合计	500 000
期末余额	13 000	期末余额	500 000

应付账款

(8)	13 000	(3)	10 000
		(4)	13 000
		(7)	25 000
		(9)	30 000
本期借方发生额合计	13 000	本期贷方发生额合计	78 000
期末余额	36 000	期末余额	65 000

应付票据

		(3)	30 000
本期借方发生额合计	0	本期贷方发生额合计	30 000
期末余额	13 000	期末余额	30 000

主营业务成本

(5)	22 000		
(11)	40 000		
(13)	30 000		
本期借方发生额合计	92 000	本期贷方发生额合计	0
期末余额	92 000		

应付职工薪酬

(16)	40 000	(15)	40 000
本期借方发生额合计	40 000	本期贷方发生额合计	40 000
期末余额	13 000	期末余额	0

长期待摊费用

(2)	50 000	调(3)	2 083
本期借方发生额合计	50 000	本期贷方发生额合计	2 083
期末余额	47 917		

销售费用

(15)	30 000		
(17)	4 000		
调(3)	2 083		
本期借方发生额合计	36 083	本期贷方发生额合计	0
期末余额	36 083		

管理费用

(12)	500	调(3)	2 083
(15)	10 000		
调(5)	200		
本期借方发生额合计	10 600	本期贷方发生额合计	0
期末余额	10 600		

主营业务收入

		(5)	30 000
		(11)	56 000
		(13)	43 500
本期借方发生额合计	0	本期贷方发生额合计	129 500
		期末余额	129 500

财务费用

借方	贷方
调(1) 150	
本期借方发生额合计 150	本期贷方发生额合计 0
期末余额 150	

预提费用

借方	贷方
	调(1) 150
本期借方发生额合计 0	本期贷方发生额合计 150
	期末余额 150

其他应收款

借方	贷方
调(2) 500	
本期借方发生额合计 500	本期贷方发生额合计 0
期末余额 500	

其他业务收入

借方	贷方
	调(2) 500
本期借方发生额合计 0	本期贷方发生额合计 500
	期末余额 500

坏账准备

借方	贷方
	调(4) 720
本期借方发生额合计 0	本期贷方发生额合计 720
期末余额 500	期末余额 720

累计折旧

借方	贷方
	调(5) 100
本期借方发生额合计 0	本期贷方发生额合计 100
	期末余额 100

资产减值损失

借方	贷方
调(4) 720	
本期借方发生额合计 720	本期贷方发生额合计 0
期末余额 720	

在所有的调整分录过入相应账户后，需再进行一次试算，以检查将调整分录过入相应账户时是否存在差错。调整后各账户期末余额试算表，如表5-6所示。

表5-6 沈阳立信公司各账户期末余额试算平衡表(调整后)

2015年12月31日 元

账户名称	借方余额	贷方余额
库存现金	500	
银行存款	470 500	
库存商品	18 000	
固定资产	13 000	
累计折旧		100
应收账款	36 000	
坏账准备		720
其他应收款	500	
长期待摊费用	47 917	
应付票据		30 000
应付账款		65 000
预提费用		150
实收资本		500 000
主营业务收入		129 500
主营业务成本	92 000	
其他业务收入		500

(续表)

账户名称	借方余额	贷方余额
销售费用	36 083	
管理费用	10 600	
财务费用	150	
资产减值损失	720	
合计	725 970	725 970

从表5-6可以看出，所有账户借方余额的合计数等于所有账户贷方余额的合计数，都是725 970元，表明各分类账的记账、过账基本正确。

5.4.4 工作底稿

工作底稿是实务工作中会计人员为了提高工作效率而编制的一种多栏式草表，在此基础上可以方便地编制会计报表。编制工作底稿的程序为

第一步：绘制工作底稿；

第二步：将调整前各分类账金额过入调整前试算表借贷栏；

第三步：将调整分录过入调整栏；

第四步：计算调整后试算表借贷栏金额；

第五步：将利润表和资产负债表项目过入相应的利润表和资产负债表栏，同时计算利润表中的本年利润，并将本年利润转入资产负债表中。

至此，工作底稿编制完毕，利润表和资产负债表在此基础上可调整编制完成。

若编制沈阳立信公司2015年12月31日的工作底稿，见表5-7。

表5-7 沈阳立信公司工作底稿

2015年12月31日 元

项目	调整前试算表		调整		调整后试算表		利润表		资产负债表	
	借	贷	借	贷	借	贷	借	贷	借	贷
库存现金										
银行存款										
应收账款	500				500				500	
坏账准备	470 500				470 500				470 500	
其他应收款	36 000			720	36 000	720			36 000	720
库存商品										
固定资产			500		500				500	
累计折旧	18 000				18 000				18 000	
长期待摊费用	13 000			100	13 000	100			13 000	100
应付票据				2 083						
应付账款	50 000	30 000			47 917	30 000			47 917	30 000
预提费用		65 000				65 000				65 000
实收资本				150		150				150
主营业务收入		500 000				129 500		129 500		500 000
其他业务收入		129 500		500		500		500		

(续表)

项目	调整前试算表		调整		调整后试算表		利润表		资产负债表	
	借	贷	借	贷	借	贷	借	贷	借	贷
主营业务成本	92 000				92 000		92 000			
销售费用	35 000		2 083		36 083		36 083			
管理费用	10 500		100		10 600		10 600			
资产减值损失			720		720		720			
财务费用			150		150		150			
合计	724 500	724 500	3 553	3 553	725 970	725 970				
本年利润							9 553			9 553
合计							130 000	130 000	586 417	586 417

工作底稿一般适合年中会计报表的编制使用。年终编制正规的会计报表时，还要经过一个正式的会计程序——结账。

5.5 结账

5.5.1 结账的必要性

结账是指在会计期末将各账户余额结清或结转至下期，以结束这一期间的会计记录工作。企业不断地持续经营，而会计是一个以提供财务信息为主的信息系统，它要定期编制财务报告向会计信息使用者提供如财务状况、经营业绩和现金流量等财务信息。企业是持续经营的，可人为地分期，怎样才能使每期的会计核算与记录工作能既独立又连续地反映持续经营企业的财务信息呢？会计循环就是通过“结账” 这一程序来实现的。在会计期末，通过结清与利润表相关的各账户，可计算出本期的经营成果，而对与资产负债表相关的账户则结转至下期，这样既结束了本期的会计工作，又为下一期的会计工作做好准备，使下期的会计核算工作在新的起点上重新开始。

如前所述，账户是对会计要素的再分类。而会计要素又分为资产负债表要素和利润表要素。于是，根据会计要素的分类，可将账户分为与资产负债表相关的账户和与利润表相关的账户。由于与资产负债表相关的账户在期末都有余额，表示企业在特定时日的资产、负债和所有者权益，将随着企业的持续经营而不断地递延到下一个会计期间，故把这类账户称为“实账户”或“永久性账户”；而与利润表相关的账户，在期末一般没有余额，由于这一期的经营成果属于这个会计期间，而不能递延到下一个会计期间。每个会计期间经营成果的计算都是“从零开始”，因此，每个会计期末都要将这些账户结清，到下个会计期间再重新开设，故把这类账户称为“虚账户” 或“临时性账户”。

会计期末，要根据账户的类型进行结账。对实账户，要计算出余额，并将其结转到下一个会计期间，使本期的期末余额成为下一期的期初余额；对虚账户，则要求全部予以结清，一方面是为了计算出本期的经营成果，另一方面是为了下一会计期间使用方便，将账户结清后，各账户余额复归为零，下期便可重新开始归集收入和费用，以计算下期的经营成果。

结账前，通常要做好下列各项准备工作：

(1) 详细查明本期内日常发生的各项经济业务是否都已填制记账凭证，并据以记入各账簿。若发现漏账，应当及时补记。

(2) 是否按照权责发生制的要求对期末账项进行调整。

(3) 进行对账，确保账证相符、账账相符和账实相符。账证相符是指各账簿记录应当与会计凭证核对相符；账账相符是指总分类账各账户期末借方余额合计数与贷方余额合计数核对相符、总分类账各账户期末余额与各明细分类账期末余额合计数核对相符；账实相符是指库存现金、银行存款、固定资产、原材料等财产物资的账面余额应当与库存的实际余额核对相符。其中银行存款余额的核对是通过企业银行存款日记账与银行送来的企业银行存款对账单进行核对实现的，通过编制银行存款余额调节表，检查两者之间的差异是正常的未达账项还是错账造成的，最后查明原因。

5.5.2 结账程序

结账程序的阐述围绕结清虚账户和结转实账户两方面展开。

1. 虚账户的结清

虚账户的结账程序如下所述。

1) 编制结账分录

结清虚账户时，先设置“本年利润”账户，以归集本期各收入、费用类账户的余额。一般情况下，收入类账户的期末余额在贷方，费用类账户的期末余额在借方，因此，编制结账分录时，对收入类虚账户，贷记“本年利润” 账户，借记各收入类账户；对费用类虚账户，则借记“本年利润”账户，贷记费用类账户。

【例5-10】编制沈阳立信公司2015年度的结账分录如下所述。

结(1) 借：	主营业务收入	129 500	
	其他业务收入	500	
	贷：本年利润		130 000
结(2) 借：	本年利润	139 553	
	贷：主营业务成本		92 000
	管理费用		10 600
	销售费用		36 083
	资产减值损失		720
	财务费用		150

编制结账分录后，将其过入各相应账户，以结清各虚账户的方法，称为“账结法”。在会计实际工作中，一般只在会计年度终了，才需将收入、费用类账户结清；平时让各账户保持其余额不变，以使收入、费用类账户累计反映全年的收入和费用水平。这样，在年度终了，为了编制利润表，就需要在报表中对收入和费用账户进行结转，这种结转方法称为“表结法”。表结法不需要编制结账分录，也不需要在账户中进行任何登记，平时编制工作底稿的方法就是表结法的运用。

2) 结清“本年利润”账户

“本年利润”账户一般只在期末结账计算本期经营成果时使用。该账户的借方归集所有费用类账户的借方余额，贷方归集所有收入类账户的贷方余额。当“本年利润”账户的贷方合计数大于其借方合计数时，表示本期获得的利润；反之，则为本期发生的亏损。期末结账的最后，要求将“本年利润” 账户的余额转入“利润分配——未分配利润”账户。获得利润时，借记“本年利润”，贷记“利润分配——未分配利润”，如果亏损则做相反的分录。沈阳立信公司在2015年末“本年利润”账户的结账分录如下所述。

结(3) 借：利润分配——未分配利润　　9 553

　　　贷：本年利润　　9 553

会计年度终了，编制的结账分录在将其余额过入分类账后，所有虚账户均应划线结清，以避免本期记录因不慎而与下期记录相混淆。对于那些仅有一个借方或贷方记录的账户，则只需简单地划双线，而有若干个借方或贷方记录的账户，则应先加计本月的发生额，加总后再划双线。下面以T形账户为例，说明沈阳立信公司结清虚账户的结账程序。

主营业务成本

(5)	22 000		
(11)	40 000		
(13)	30 000		
期末余额	92 000	结(2)	92 000

累计折旧

(15)	30 000		
(17)	4 000		
调(3)	2 083		
期末余额	36 083	结(2)	36 083

管理费用

(12)	500		
(15)	10 000		
调(5)	100		
期末余额	10 600	结(2)	10 600

主营业务收入

		(5)	30 000
		(11)	56 000
		(13)	43 500
结(1)	129 500	期末余额	129 500

财务费用

调(1)	150		
期末余额	150	结(2)	150

其他业务收入

		调(2)	500
结(1)	500	期末余额	500

资产减值损失

调(4)	720		
期末余额	720	结(2)	720

本年利润

结(2)	139 553	结(1)	130 000
期末余额	9 553	结(3)	9 553

2. 实账户的结转过程

资产、负债和所有者权益账户的余额均需结转到下期，继续记录。所谓继续记录，是指继原账簿上的余额连续记录新会计期间的经济业务。不一定沿用原来的账簿，也可视实际情况换用新账簿。

【例5-11】2015年度沈阳立信公司“银行存款”账户的结转举例见表5-8。

表5-8 “银行存款”结转举例

2015年		凭证号数	摘要	借方	贷方	余额	
月	日					借方	贷方
12	1		期初余额			0	
	1		所有者投资	500 000		500 000	
	1		支付租金		50 000	450 000	
	8		提现以备零用		10 000	449 000	
	10		支付货款		15 000	434 000	
	12		支付固定资产款项		13 000	421 000	
	16		收到销货款	20 000		441 000	
	25		获得销售收入	43 500		484 500	
	26		收到F公司购货款	30 000		514 500	
	31		发放职工工资		40 000	474 500	
	31		支付水电费		4 000	470 500	
12	31		本期发生额和期末余额	593 500	123 000	470 500	
			结转至下期		470 500	0	
2016年							
1	1		期初余额			470 500	

其余实账户的结转简示如下：

库存现金

(6)	1 000	(12)	500
期末余额	500	结转	500
期初余额	500		

利润分配——未分配利润

结(3)	9 553		
期末余额	9 553	结转	9 553
期初余额	9 553		

库存商品

(3)	40 000	(5)	22 000
(7)	40 000	(11)	40 000
(9)	30 000	(13)	30 000
期末余额	18 000	结转	18 000
期初余额	18 000		

固定资产

(4)	13 000		
期末余额	13 000	结转	13 000
期初余额	13 000		

应收账款

(5)	30 000	(10)	20 000
(11)	56 000	(14)	30 000
期末余额	36 000	结转	36 000
期初余额	36 000		

实收资本

		(1)	500 000
结转	500 000	期末余额	500 000
		期初余额	500 000

应付账款

(8)	13 000	(3)	10 000
		(4)	13 000
		(7)	25 000
		(9)	30 000
结转	65 000	期末余额	65 000
期初余额	36 000	期初余额	65 000

应付票据

		(3)	30 000
结转	30 000	期末余额	30 000
		期初余额	30 000

长期待摊费用

(2)	50 000	调(3)	2 083
期末余额	47 917	结转	47 917
期初余额	47 917		

应付职工薪酬

(16)	40 000	(15)	40 000
结转	30 000	期末余额	0
		期初余额	0

其他应收款

调(2)	500		
期末余额	500	结转	500
期初余额	500		

预提费用

		调(1)	150
结转	150	期末余额	150
		期初余额	150

坏账准备

		调(4)	720
结转	720	期末余额	720
		期初余额	720

累计折旧

		调(5)	100
结转	100	期末余额	100
		期初余额	100

5.5.3 结账后的试算平衡表

结账后，仍需编制期末余额试算平衡表，以检查结账过程是否出现差错，也为期末编制财务报表提供方便。

【例5-12】沈阳立信公司2015年12月31日结账后的试算平衡表，如表5-9所示。

表5-9 沈阳立信公司各账户期末余额试算平衡表(结账后)

2015年12月31日 元

账户名称	借方余额	贷方余额
库存现金	500	
银行存款	470 500	
库存商品	18 000	
固定资产	13 000	
累计折旧		100
应收账款	36 000	
坏账准备		720
其他应收款	500	
长期待摊费用	47 917	
应付票据		30 000
应付账款		65 000

(续表)

账户名称	借方余额	贷方余额
预提费用		150
实收资本		500 000
利润分配——未分配利润		−9 553
合计	586 417	586 417

从表5-9可看出，所有账户借方余额的合计数等于所有账户贷方余额的合计数，都是586 417元，表明结账分录及过账基本正确，并可据此编制财务报表。

5.6 编制财务报表

编制财务报表是会计循环的终点。企业在结账后便可编制财务报表，从而完成一个会计期间的会计循环。

5.6.1 财务报表概述

财务会计的主要目标是向会计信息使用者提供有助于经济决策的信息。企业财务会计所生成的信息，最终是由以“财务报表”(Financial Statements)为核心的“财务报告”(Financial Report)作为传输手段，提供给投资者、债权人和其他类似的使用者使用。财务报表是财务报告的中心部分，是向外界传递会计信息的主要手段。财务会计报告包括会计报表及其附注、其他应当在财务会计报告中披露的相关信息和资料。

财务报表是一个企业所有已发生的交易或事项，按照会计准则确认为资产、负债、所有者权益、收入、费用等要素，在可靠计量和正确记录的基础上，再次确认为报表项目而形成的书面文件。按照不同的标准，财务报表可分为不同的类型。按其所反映的内容可分为资产负债表(Balance Sheet)、利润表(Income Statement)、现金流量表(Cash Flow Statement) 和所有者权益变动表(Statement of Stockholders Equity)；按照编制的时期，可分为年度(Annual)、半年度(Interim)、季度(Quarter)和月度(Month)财务报表。一个企业基本的财务报表是资产负债表、利润表和现金流量表。小企业编制的会计报表可以不包括现金流量表，而一般企业除上文所提到的三张报表外，还要编制所有者权益变动表。

5.6.2 基本财务报表的编制

1. 资产负债表

资产负债表是反映企业某一特定时期财务状况的财务报表，它是根据“资产=负债+所有者权益” 这一会计等式，按照一定的分类标准和排列顺序，把企业一定时日的资产、负债和所有者权益各项目，基于日常核算的数据进行高度浓缩、整理后编制而成的。

它表明企业在某一特定时日所拥有或控制的资源、所承担的现有债务和所有者对净资产的要求权，是一张静态报表。资产负债表由会计报表项目构成，会计报表项目主要是在总账余额的基础上计算调整得出的。

【例5-13】沈阳立信公司2015年末的资产负债表，如表5-10所示。

表5-10　资产负债表

会企01表

编制单位：沈阳立信公司　　2015年12月31日　　单位：元

资产	年末余额	年初余额	负债及所有者权益	年末余额	年初余额
流动资产：			流动负债：		
货币资金	471 000		应付票据	30 000	
应收账款	36 000		应付账款	65 000	
减：坏账准备	720		预提费用	150	
其他应收款	500		流动负债合计	95 150	
存货	18 000		负债合计	95 150	
流动资产合计	524 780		所有者权益：		
非流动资产：			实收资本	500 000	
固定资产	13 000		未分配利润	−9 553	
减：累计折旧	100		所有者权益合计	490 447	
长期待摊费用	47 917				
非流动资产合计	60 817				
资产总计	585 597		负债及所有者权益合计	585 597	

2. 利润表

利润表又称损益表，它是反映企业一定期间经营成果的财务报表。利润表是根据权责发生制和配比原则，将一定期间内的收入与相关的费用(成本)进行配比，计算出企业一定期间的净利润或净亏损。利润表实际上是一张利润计算表，它所报告的是企业在一定期间的经营成果，是一张动态报表。根据对利润提供信息的不同要求，利润表可采用不同的编制格式。目前，比较普遍的利润表格式有两种：单步式利润表和多步式利润表。单步式利润表格式简单，即将本期所有的收入归集在一起，然后再将所有的费用归集在一起，最后一次计算出当期损益。多步式利润表的利润则是经过多个步骤计算出来的。

【例5-14】沈阳立信公司2015年度的单步式利润表，如表5-11所示。

表5-11　利润表(单步式)

会企02表

编制单位：沈阳立信公司　　2015年12月　　单位：元

项目	本期金额	上期金额
收入		0
主营业务收入	129 500	0
其他业务收入	500	0
减：费用		

(续表)

项目	本期金额	上期金额
主营业务成本	92 000	0
管理费用	10 600	0
销售费用	36 083	0
资产减值损失	720	0
财务费用	150	0
利润	−9 553	0

3. 现金流量表

现金流量表是以现金流量为基础，反映企业在一定时期由企业的经营活动、筹资活动和投资活动所引起的现金及现金等价物变动情况的财务报表，用来揭示企业经营活动、投资活动和筹资活动所引起的各种现金流入、流出与净流量的变动情况。现金流量表中使用的“现金”概念，包括库存现金、银行存款和其他货币资金，“现金等价物”主要是指企业持有的、能随时转换为已知金额的有价证券。现金流量表的编制基础是收付实现制，而不是权责发生制。

【例5-15】沈阳立信公司2015年度的现金流量表，如表5-12所示。

表5-12　现金流量表

会企03表

编制单位：沈阳立信公司　　2015年12月　　单位：元

项目	金额
经营活动产生的现金流量	
现金流入量	
(10) 收到销货款	+20 000
(13) 获得销售收入	+43 500
(14) 收到美达公司货款	+30 000
现金流入合计	+93 500
现金流出	
(2) 支付租金	−50 000
(7) 购买商品	−15 000
(12) 支付办公费	−500
(16) 支付工资	−40 000
(17) 支付水电费	−4 000
现金流出合计	−109 500
经营活动的现金净流量	−16 000
投资活动：	
(8) 支付购买固定资产款	−13 000
筹资活动：	
(1) 所有者投资	+500 000
现金净增加额	471 000

由于沈阳立信公司于2015年12月1日开业，所以没有期初余额，现金的净增加量就是银行存款与现金账户的期末余额之和，即471 000元(470 500+500)，而从表5-12可知，沈阳立信公司由经营活动、投资活动和筹资活动所引起的现金净流量的增加刚好也是471 000元。

4. 三张基本报表之间的关系

资产负债表是根据“资产=负债+所有者权益”这一会计等式为基础编制的，而利润表则是根据“收入-费用=利润”这一等式来编制的。资产负债表所反映的是企业在某一时点全部资产的分布状况及其相应来源；利润表反映的是企业在一定期间内的经营成果。企业的经营成果中未分配的部分属于企业所有者，最终要反映在资产负债表中。例如，沈阳立信公司利润表中在2015年12月所获取的利润(假设不进行分配，全部留存在沈阳立信公司)-9 553元最终作为“未分配利润”项目列示在沈阳立信公司资产负债表的所有者权益项目内，经过本期的经营，所有者权益由期初投入的500 000元，再加本期所获得的利润-9 553元，就是期末沈阳立信公司所有者权益的期末余额490 477元。这就是利润表与资产负债表之间勾稽关系的体现。现金流量表反映的是企业期初与期末现金的变化情况，现金流量表与利润表及利润分配表一起可反映企业在一定期间内的现金流量状况和经营成果及其分配情况，同时也能解释期初、期末资产负债表项目发生变化的原因。

财务报表的输出意味着本期会计循环的结束。当经济业务发生时，首先要取得或填制原始凭证；接着是将会计分录直接编制在记账凭证上，即编制记账凭证，然后再根据合格的会计凭证登记账簿(日记账、总分类账和明细分类账)并进行试算，试算平衡后进行期末账项的调整，调整账项后再进行结账，结账后便可编制财务报表，表示本期会计循环的结束。

总结

会计循环一般包括编审原始凭证、编制分录、记账、试算、调整、结账和编制财务报告等一系列程序。由于这些程序和方法在每一会计期间循环往复、周而复始，故称为会计循环。

为了保证账户记录的正确性，经济业务发生后并不直接记入有关账户，而是基于对经济业务进行分析的结果，根据借贷记账法的记账原理，确定相关账户及其应借应贷的金额，先编制会计分录，然后再根据会计分录记入有关账户。企业会计人员必须在经济业务发生时填制或取得原始凭证，即记录经济业务的发生情况、明确经济责任、作为记账依据的书面证明。会计凭证按其填制的顺序和用途可分为原始凭证和记账凭证，经审核不合格的原始凭证均不能作为记账的依据。会计账簿是账户的载体和具体形式，标记有特定名称的账簿就是账户。会计账簿(简称账簿)是由按一定格式、相互连接的账页组成的，以会计凭证为依据，全面、系统、连续地记录各项交易或事项的簿籍。通常所说的记账(过账)，就是指在账簿中按账户进行登记。账簿的种类多种多样，按不同的分类标准，账簿可分为不同的类别：按用途分类，可分为序时账簿、分类账簿和备查账簿；按形式分类，可分为订本式账簿、活页式账簿和卡片式账簿。总分类账是对企业的经济业务进行概括反映，一般只提供较总括的金额指标。常见的总分类账有两栏式和三栏式两种。总分类账户与明细分类账户采用的是平行登记，其所依据的资料相同，即账账相符。

将会计凭证上每一笔分录的借项和贷项记录分别转记到分类账的各有关账户中去，这一转记程序就称为“过账”，也称为“记账”。 记账错误的更正方法有划线更正法、红字更正法和补充登记法。记账错误应根据不同的情况采用不同的方法予以更正。

在将会计分录过账到分类账之后，为检查过账是否正确，往往要进行试算平衡。所谓试算平衡，就是在期末对所有账户的发生额和(或)余额进行加总，以确定借贷是否相等，检查记账、过账过程中是否存在差错的一种方法。在编制试算平衡表之前，首先要检查、确定本期所有会计分录是否都已正确过账；在此基础上，再计算出所有账户的期末余额；最后，将各分类账户的期末余额分别记入试算平衡表的借方和贷方栏。试算不平衡的常见原因有编制试算平衡表时出错、计算账户余额时出错、过账过程中出错和会计分录出错。然而，试算平衡并不一定说明不存在错误。这是因为试算平衡只能说明借贷双方的金额相等，即只能查出借贷不相等的错误。而实际工作中有些错误并不影响借贷双方账户的平衡关系，这类错误采用试算平衡这一方法是无法检查出来的，即试算表有其局限性。

期末按权责发生制要求对部分会计事项予以调整的行为就是账项调整，通常，企业期末的账项调整包括三大类，即应计项目(应计费用和应计收入)、递延项目(预付费用和预收收入)和估计项目。

工作底稿是实务工作中会计人员为了提高工作效率而编制的一种多栏式草表，在此基础上可以方便地编制会计报表。编制工作底稿的程序为：绘制工作底稿；将调整前各分类账金额过入调整前试算表借贷栏；将调整分录过入调整栏；计算调整后的试算表借贷栏金额；将利润表和资产负债表项目过入相应的利润表和资产负债表栏，同时计算利润表中的本年利润，并将本年利润转入资产负债表中。至此，工作底稿编制完毕，利润表和资产负债表在此基础上可调整编制完成。

结账是指在会计期末将各账户余额结清或结转至下期，以结束这一期间的会计记录工作。在会计期末，通过结清与利润表相关的各账户，可计算出本期的经营成果，而对与资产负债表相关的账户则结转至下期，这样既结束了本期的会计工作，又为下一期的会计工作做好准备，使下期的会计核算工作在新的起点上重新开始。会计期末，要根据账户的类型进行结账。对实账户，要计算出余额，并将其结转到下一个会计期间，使本期的期末余额成为下一期的期初余额；对虚账户，则要求全部予以结清。结账结束后，仍需编制期末余额试算平衡表，以检查结账过程是否出现差错，同时为期末编制财务报表提供方便。

编制财务报表是会计循环的终点。企业在结账后便可编制财务报表，从而完成一个会计期间的会计循环。财务报表是一个企业所有已发生的交易或事项，按照会计准则确认为资产、负债、所有者权益、收入、费用等要素，在可靠计量和正确记录的基础上，再次确认为报表项目而形成的书面文件。按不同的标准，财务报表可分为不同的类型。按其所反映的内容可分为资产负债表、利润表、现金流量表和所有者权益变动表；按编制的时期，可分为年度、半年度、季度和月度财务报表。一个企业基本的财务报表是资产负债表、利润表和现金流量表。小企业编制的会计报表可以不包括现金流量表，而一般企业除上文所提到的三张报表外，还要编制所有者权益变动表。资产负债表是反映企业某一特定时期财务状况的财务报表，它是根据“资产=负债+所有者权益” 这一会计等式，按照一定的分类标准和排列顺序，把企业一定时日的资产、负债和所有者权益各项目，基于日常核算的数据进行高度浓缩、整理后编制而成的。它表明企业在某一特定时日所拥有或控制的资源、所承担的现有债务和所有者对净资产的要求权，是一张静态报表。利润表又称损益表，它是反映企业一定期间经营成果的财务报表。利润表是根据权责发生制和配比原则，将一定期间内的收入与相关的费用(成本)进行配比，计算出企业一定期间的净利润或净亏损。利润表实际上是一张利润计算表，它所报告的是企业在一定期间的经营成果，是一张动态报表。现金流量表是以现金流量为基础，反映企业在一定时期由企业的经营活动、筹资活动和投资活动所引起的现金及现金等价物变动情况的财务报表，用来揭示企业经营活动、投资活动和筹资活动所引起的各种现金流入、流出与净流量的变动情况。现金流量表的编制基础是收付实现制，而不是权责发生制。

财务报表的输出意味着本期会计循环的结束。当经济业务发生时，首先要取得或填制原始凭证；接着将会计分录直接编制在记账凭证上，即编制记账凭证，然后再根据合格的会计凭证登记账簿(日记账、总分类账和明细分类账)并进行试算，试算平衡后进行期末账项的调整，调整账项后再进行结账，结账后便可编制财务报表，表示本期会计循环的结束。

关键词

会计循环	Accounting Cycle
会计分录	Accounting Entry
会计凭证	Accounting Documents
原始凭证	Source Documents
会计账簿	Accounting Books
序时账簿	Book of Chronological Entry
日记账	Day Book
分类账簿	Ledger Book
备查账簿	Memorandum Record
过账	Posting
试算平衡	Trial Balance
账项调整	Accounting Adjustment
应计费用	Accrual Expense
应计收入	Accrual Income
预付费用	Prepayment
预收收入	Unearned Revenue
财务报表	Financial Statements
资产负债表	Balance Sheet

利润表	Income Statement
现金流量表	Cash Flow Statement
所有者权益变动表	Statement of Stockholders Equity

习题

一、单项选择题

1. 经济业务发生或完成时取得或填制的凭证是(　　)

A. 转账凭证　　B. 汇总凭证　　C. 原始凭证　　D. 付款凭证

2. 如果发现原始凭证记载的内容有错误，应当采用(　　)

A. 划线更正法

B. 红字更正法

C. 由出具单位重开或更正，并在更正处加盖出具凭证单位的印章

D. 蓝字更正法

3. 为便于工作人员查阅，记账凭证和原始凭证应当(　　)

A. 集中归集，不予装订

B. 归集后，分别装订

C. 原始凭证较多时可以单独装订

D. 原始凭证按业务日期装订，记账凭证按业务性质装订

4. 根据资产与权益的恒等关系以及借贷记账法的记账规则，检查所有账户记录是否正确的过程称为(　　)。

A. 记账　　B. 试算平衡　　C. 对账　　D. 结账

5. 资产负债表的下列项目中，可以根据总账账户余额直接填列的是(　　)。

A. 短期借款　　B. 货币资金　　C. 存货　　D. 无形资产

6. 关于记账凭证与原始凭证的区别，错误的说法是(　　)。

A. 原始凭证应由经办人员填制，而记账凭证由本单位出纳人员填制

B. 原始凭证根据发生或完成的经济业务填制，而记账凭证则根据审核后的原始凭证填制

C. 原始凭证仅用以记录、证明经济业务已经发生或完成，而记账凭证则依据会计科目对已经发生或完成的经济业务进行归类、整理编制

D. 原始凭证是记账凭证的附件，是填制记账凭证的依据，而记账凭证是登记账簿的直接依据

7. 关于原始凭证，不符合要求的是(　　)。

A. 对外开出的原始凭证，必须加盖本单位公章

B. 发生销货退回的，必须有退货验收证明

C. 购买实物的原始凭证，经购买人查证核实后，会计人员即可据以入账

D. 收回借款时，应当另开收据或者退还借款副本，不得退还原借款收据

8. 关于会计凭证的保管，错误的说法是(　　)。

A. 未设立档案机构的，应当在会计机构内部指定专人保管

B. 原始凭证可以外借

C. 会计凭证不得任意销毁

D. 出纳人员不得监管会计档案

9. 下列内容中属于审核记账凭证内容的是(　　)。

A. 经济业务是否符合国家有关政策的规定

B. 凭证所列事项是否符合有关的计划和预算

C. 经济业务是否符合会计主体经济活动的需要

D. 科目是否正确

10. 关于记账凭证填制的基本要求，不正确的是(　　)。

A. 记账凭证各项内容必须完整　　B. 记账凭证应连续编号

C. 可以将不同内容和类别的原始凭证汇总填制在一张记账凭证上

D. 如果当年内发现记账凭证只是在金额上发生错误，可以用差额另编一张调整的记账凭证，调增金额用蓝字，调减金额用红字

11. 出纳人员在办理收款或付款后，为免重收重付，(　　)。

A. 应在原始凭证上加盖“收讫”或“付讫”戳记

B. 由收款人员或付款人员在备查账簿上签名

C. 由出纳人员在备查账簿上登记

D. 由出纳人员在凭证上划线注销

12. 下列内容属于记账凭证必须具备而原始凭证不具备的是(　　)。

A. 填制日期　　B. 经济业务内容　　C. 会计科目　　D. 金额

13. 下列明细分类账中，可以采用多栏式格式的是(　　)。

A. 应付账款明细分类账　　B. 实收资本明细分类账

C. 库存商品明细分类账　　D. 管理费用明细分类账

14. 下列4类账簿中，(　　)的记录与会计报表的编制没有直接关系。

A. 明细账　　B. 总账　　C. 日记账　　D. 备查账

15. 明细账从账簿的外表上看一般采用(　　)。

A. 订本式　　B. 活页式　　C. 卡片式　　D. 多栏式

16. 下列关于账簿的说法中，不正确的是(　　)。

A. 备查账簿是指对某些在序时账簿和分类账簿中未能记载或记载不全的经济业务进行补充登记的账簿

B. 数量金额式账簿的借方、贷方和余额三个栏目内，都分设数量、单价和金额三小栏

C. 账簿按用途分为序时账簿、分类账簿和备查账簿

D. 账簿按外形特征分为两栏式、三栏式、多栏式、数量金额式和横线登记式账簿

17. 某企业原材料总分类账户的本期借方发生额为16 000元，贷方发生额为15 000元，其所属的三个明细分类账中：甲材料本期借方发生额为3 500元，贷方发生额为4 500元；乙材料本期借方发生额为10 500元，贷方发生额为9 000元，则丙材料的本期借贷双方发生额分别为(　　)。

A. 借方发生额为13 500元，贷方发生额为14 000元

B. 借方发生额为2 000元，贷方发生额为1 500元

C. 借方发生额为1 000元，贷方发生额为2 000元

D. 因不知各账户期初余额，故无法计算

18. 甲公司是一家小规模企业，选用记账凭证账务处理程序记账，工作流程涉及如下环节：①根据原始凭证或汇总原始凭证填制记账凭证；②根据原始凭证或原始凭证汇总表、记账凭证登记明细账；③根据明细账和总分类账编制会计报表；④根据收款凭证、付款凭证登记现金日记账和银行存款日记账；⑤根据记账凭证登记总分类账；⑥库存现金日记账、银行存款日记账和明细分类账的余额与有关总分类账的余额核对相符。下列流程中，正确的是(　　)。

A. ①②③④⑤⑥　　B. ①④②⑤⑥③　　C. ①⑤④②③⑥　　D. ⑤④①②⑥③

二、多项选择题

1. 现金日记账属于(　　)。

A. 特种日记账　　B. 普通日记账

C. 订本账　　D. 活页账

2. 账簿的种类很多，但一般都应具备(　　)。

A. 封面　　B. 账夹　　C. 扉页　　D. 账页

3. 下列各项经济活动中，属于企业资金退出的有(　　)。

A. 偿还债务　　B. 上缴税金

C. 发放工资　　D. 向投资者分配利润

4. (　　)是会计工作的起点和基本环节。

A. 填制会计凭证　　B. 登记账簿

C. 编制报表　　D. 审核会计凭证

5. 会计凭证的意义在于(　　)。

A. 记录经济业务，提供记账依据　　B. 明确经济责任，强化内部控制

C. 监督经济活动，控制经济运行　　D. 编制会计报表，输出会计信息

6. 财务会计报告反映的内容主要包括企业(　　)。

A. 某一特定日期的财务状况　　B. 某一会计期间的经营成果

C. 某一会计期间的成本费用　　D. 某一会计期间的现金流量

7. 会计报表按编制基础分类，可分为(　　)。

A. 单位会计报表　　B. 汇总会计报表

C. 年度报表　　D. 中期报表

8. 关于资产负债表，下列说法中，正确的有(　　)。

A. 又称财务状况表

B. 可据以分析企业经营成果

C. 可据以分析企业偿债能力

D. 可据以分析企业在某日所拥有的经济资源及其分布情况

9. 收款凭证可以作为出纳人员(　　)的依据

A. 登记现金日记账　　B. 登记银行存款日记账

C. 收入现金　　D. 付出现金

10. 根据提供信息的详细程度及其统驭关系，账户分为(　　)。

A. 总分类账户　　B. 明细分类账户

C. 资产类账户　　D. 负债类账户

11. 下列各项中，可以作为记账凭证编制依据的有(　　)。

A. 若干张同类原始凭证　　B. 每一张原始凭证

C. 付款凭证　　D. 原始凭证汇总表

12. 审核原始凭证的合法性包括审核原始凭证所记录的经济业务(　　)。

A. 是否违反国家法律法规

B. 是否有贪污腐败等行为

C. 是否履行了规定的凭证传递和审查程序

D. 是否符合有关的计划、预算和合同等规定

13. 在原始凭证上书写金额数字，正确的有(　　)。

A. 人民币符号“￥”与阿拉伯数字间不得留有空白，金额数字一律填写到角分

B. 无角分的，角位和分位可写“00”或者“—”；有角无分的，分位可以写“0”，也可用“—”代替

C. 大写金额到元或角为止的，后面要写“整”或“正”字；有分的，不写“整”或“正”字

D. 大写金额前未印有“人民币”字样的，应加写“人民币”三个字，“人民币”字样与大写金额之间不得留有空白

14. 企业进行库存现金清查时盘盈库存现金100元，无法查明原因。按照规定，账务处理正确的有(　　)。

A. 借：待处理财产损溢　　100

　　贷：库存现金　　100

B. 借：库存现金　　100

　　贷：待处理财产损溢　　100

C. 借：管理费用　　100

　　贷：待处理财产损溢　　100

D. 借：待处理财产损溢　　100

　　贷：营业外收入　　100

三、判断题

1. 在贷方多栏式明细账中，平时如果发生借方发生额，应该用红字在贷方对应明细栏中登记。(　　)

2. 会计报表附注应当说明企业生产经营的基本情况，利润的实现和分配情况，资金增减和周转情况，以及对企业财务状况、经营成果和现金流量有重大影响的其他事项等。(　　)

3. 资产负债表是总括反映企业特定日期资产、负债和所有者权益情况的动态报表，通过它可以了解企业的资产构成、资金的来源构成和承担的债务及资金的流动性和偿债能力。(　　)

4. 会计凭证按其取得的来源不同，可以分为原始凭证和记账凭证。(　　)

5. 总分类科目与其所属的明细分类科目的核算内容相同，不同的是前者提供的信息比后者更加详细。(　　)

6. 试算平衡，说明账户记录是绝对正确的。(　　)

7. 在把经济业务记入账户之前，应先确定经济业务所涉及的会计科目及其应记的借贷双方金额，然后再根据经济业务发生时所取得的原始凭证，在记账凭证中编制会计分录。(　　)

8. 在会计处理中，企业可以将不同类型的交易或事项合并编制多借多贷的会计分录。(　　)

9. “累计折旧”账户的期末余额通常在贷方，它不属于资产类账户。(　　)

10. 如果记账凭证所附的原始凭证数量过多，可以单独装订保管，但应在其封面及有关记账凭证上加注说明。(　　)

11. 随着科技的发展，记账错误均可采用褪色药水消除字迹，而不必采用麻烦的更正方法。(　　)

12. 总分类账必须采用订本式的三栏式账户。(　　)

13. 企业原材料的核算一般采用卡片账的格式。(　　)

四、综合题

1. 东经公司5月份发生下列经济业务：

① 3日，销售一批产品，开出增值税专用票价款100 000元，税金17 000元，代购货方垫付运输费2 000元，款未收。

② 16日，缴纳上月增值税10 000元，并付税收滞纳金及罚款500元。

③ 20日，销售原材料10 000元，增值税税金1 700元，收到银行本票一张。

④ 31日，结转本月销售产品成本70 000元。

⑤ 31日，计提坏账准备300元。

要求：

(1) 根据经济业务①，编制会计分录。

(2) 根据经济业务②，编制会计分录。

(3) 根据经济业务③，编制会计分录。

(4) 根据经济业务④，编制会计分录。

(5) 根据经济业务⑤，编制会计分录。

2. 根据材料，回答以下问题。

(1) 甲企业2013年1月5日销售一批货物，价款10 000元，增值税税率17%，收到购买单位支票一张，收讫后存入银行，会计人员根据审核无误的原始凭证填制银行存款收款凭证，如图5-9所示。

收款凭证

借方科目：银行存款　　2013年1月5日　　收字第1号

摘要	贷方科目		金额	记账
	一级科目	二级或明细科目		
销售甲产品	主营业务收入	甲产品	①	
	应交税费	应交增值税	②	
合计			③	

会计主管　记账　稽核　填制　出纳　交款人

图5-9　收款凭证

(2) 甲企业2013年1月12日购入一批A材料，买价6 000元，增值税税率17%，开出支票一张支付购货款，会计人员根据审核无误的原始凭证填制银行存款付款凭证，如图5-10所示。

付款凭证

贷方科目：银行存款　　2013年1月12日　　付字第1号

摘要	贷方科目		金额	记账
	一级科目	二级或明细科目		
购买材料	材料采购	A材料	④	
	应交税费	应交增值税	⑤	
合计			7 020	

会计主管　记账　稽核　填制　出纳　交款人

图5-10　付款凭证

问题：

(1) 上述资料中①处的金额应为(　　)元

A. 1 700　　B. 8 300　　C. 10 000　　D. 11 700

(2) 上述资料中②处的金额应为(　　)元

A. 1 700　　B. 8 300　　C. 10 000　　D. 11 700

(3) 上述资料中③处的金额应为(　　)元

A. 1 700　　B. 8 300　　C. 10 000　　D. 11 700

(4) 上述资料中④处的金额应为(　　)元

A. 1 020　　B. 4 980　　C. 6 000　　D. 7 020

(5) 上述资料中⑤处的金额应为(　　)元

A. 1 020　　B. 4 980　　C. 6 000　　D. 7 020

第6章 主要经济业务账务处理

学习目的与要求

理解：

- 会计要素的确认与计量的含义
- 会计要素的确认与计量的要求

掌握：

- 主要经济业务的往来
- 主要经济业务的核算方法

教学重点与难点

重点：

- 主要经济业务的内容
- 主要经济业务的确认与计量

难点：

- 筹集资金的业务核算
- 生产准备过程的业务核算
- 产品生产过程的业务核算
- 销售收入的业务核算
- 利润形成与分配的业务核算

导读材料

工业企业是以产品的生产和销售为主要活动内容的经济组织。它的主要经济业务内容可归纳为以下5种：资金筹集业务、生产准备业务、产品生产业务、产品销售业务、财务成果形成与分配业务。

资金筹集业务。资金筹集业务是指公司从各种不同的来源，用各种不同的方式筹集其生产经营过程中所需的资金。这些资金由于来源与方式的不同，其筹集的条件、筹集的成本和筹集的风险也不同。因此，公司对资金筹集管理的目标就是寻找、比较和选择对公司资金筹集条件最有利、资金筹集成本最低和资金筹集风险最小的资金来源。

生产准备业务。生产准备业务是指企业为了保证日常生产的正常进行，为顺利实现生产作业计划所从事的各项准备工作。生产准备工作包括：技术准备、机械设备的准备、物资准备、劳动力的配备和调整、工作地准备等。

产品生产业务。产品生产业务是指从原材料投入到成品出产的全过程，通常包括工艺过程、检验过程、运输过程、等待停歇过程和自然过程。

产品销售业务。产品销售业务是指产成品、代制品、代修品、自制半成品等产品和工业性作业的销售。

财务成果形成与分配业务。它主要包括利润的形成和利润的分配。利润是企业在一定时期内全部经营活动反映在财务上的最终成果，它是综合反映企业经营成果的一项重要指标。

所有会计要素都要涉及确认和计量的问题，因此，会计计量包含对资产、负债、所有者权益、收入、费用和利润等要素的计量。对于具体要素而言，会计计量不仅包括会计要素具体内容形成时的初始计量，还包括其存续期间的后续计量(如资产的耗用、减值等)。

本章在介绍各会计要素的确认和计量的时候，以制造型企业为例，按照资金在企业中的运动及企业生产经营过程的顺序进行。因为，在企业经营过程中，资金运动反映了会计要素及其相互关系：当企业开始进行生产经营活动，资金进入企业表现为取得一定数量的经营资金。资金的来源有两个：①主要来源于投资者对企业的投资，按会计要素的划分，属于所有者权益；②资金来源于债权人，按会计要素的划分，属于企业的负债。从这两个来源取得的资金，在会计核算上以货币形式表现其占用形态为资产这一会计要素。

资金进入企业后，伴随生产经营活动的持续进行，不断地进行周转，体现在企业的生产经营过程(包括供应过程、生产过程、销售过程)中，资产要素发生各种形态的变化，并形成其他要素。

在供应过程中，企业用货币资产购买各种材料，形成生产的储备，使货币资产转化为储备资产。在生产过程中，劳动者借助劳动资料对劳动对象进行加工，制造出新的产品，生产过程既是产品的生产过程，也是物化劳动和活劳动的耗费过程。它的耗费主要有：生产资料的耗费(包括材料的耗费)、人工耗费、固定资产的折旧费和其他费用等。在这一过程中，资产要素表现为储备资产、固定资产、货币资产等形态转化为生产资产形态，并形成企业的各种费用；生产过程结束时，生产资产形态转化为成品资产形态。在销售过程中，企业将产品销售出去，取得收入，会计要素表现为由成品资产转化为货币资产形态，同时形成企业的收入，将收入与费用配比就可以计算出企业的利润(或亏损)。企业实现的利润在依法向国家纳税和向投资者分配利润后，余下的部分形成企业的积累，属于所有者权益的组成部分。

6.1　会计要素确认与计量的要求

对会计要素进行确认与计量不仅要符合一定的条件，而且要在确认与计量的过程中遵循以下要求：划分收益性支出(Revenue Expenditure) 与资本性支出(Capital Expenditure)；收入与费用配比。

6.1.1 划分收益性支出与资本性支出

会计核算应当合理划分收益性支出和资本性支出。凡支出的效益仅与本会计年度(或一个营业周期)相关的，应当作为收益性支出；凡支出的效益与几个会计年度(或几个营业周期)相关的，应当作为资本性支出。

划分收益性支出和资本性支出的目的在于正确地确定企业的当期(一般指一个会计年度)损益。具体来说，收益性支出是为取得本期收益而发生的支出，应当作为本期费用，计入当期损益，列于利润表中。例如，已销售商品的成本、期间费用、所得税等；资本性支出是为形成生产经营能力，为以后各期取得收益而发生的各种支出，应当作为资产反映，列于资产负债表中。例如，购置固定资产和无形资产的支出等。

如果一项收益性支出按资本性支出处理，就会造成少计费用而多计资产，出现当期利润虚增而资产价值偏高的现象；如果一项资本性支出按收益性支出处理，则会出现多计费用而少计资产，以致当期利润虚减而资产价值偏低的结果。

6.1.2 收入与费用配比

正确地确定一个会计期间的收入和与其相关的成本、费用，以便计算当期的损益，这是配比的要求。收入与费用配比包括两方面的配比问题：一是收入和费用在因果联系上的配比，即取得一定的收入是发生了一定的支出，而发生这些支出的目的是取得这些收入；二是收入和费用在时间意义上的配比，即一定会计期间的收入和费用的配比。

6.2 筹集资金：所有者权益的确认与计量

企业为了开展其经营活动，必须筹集足够的资金。筹集资金的渠道主要有：投资人投入(即会计要素中的“所有者权益”)和债权人投入(即会计要素中的“负债”)。两者的主要区别：第一，负债是债权人对企业总资产的求偿权，而所有者权益是企业所有者对企业资产扣除负债后的净资产的要求权；第二，债权人与企业只有债权债务关系，无权参与企业管理，而所有者(或股东)则有法定参与企业管理(或委托他人管理企业)的权利；第三，负债有规定的偿还期，所有者权益无须偿还；第四，债权人以获得利息作为向企业投资的回报，而所有者在企业税后利润中按比例享受分红；第五，所有者将来在企业破产时的清偿顺序后于债权人。

所有者权益是指企业资产扣除负债后由所有者享有的剩余权益。企业所有者拥有的权益，最初只是以投入企业资产的形式得以表现，随着生产经营活动的进行，投入资本自身的增值按照税后利润的一定比例提取的盈余公积以及未分配利润，也归属于企业所有者。因此，所有者权益包括投资人投入企业的资本金，以及形成的资本公积金、盈余公积金和未分配利润。对于投资人投入企业的资本金，按照资本保全的要求，应是企业一项永久性的投资。企业将资本金投入企业后，在企业生产经营期间，投资者除依法转让外，一般不得抽回投资。

6.2.1 实收资本的确认与计量

实收资本(Paid-in Capital)，也称为投入资本，是投资者按企业章程、合同、协议的约定，实际投入企业的资本。实收资本是企业所有者权益的主体，也是企业进行正常生产经营活动所必需的资金。

在不同的公司组织形式下，实收资本确认的基础有较大的差异。根据我国《公司法》的规定，国有独资公司是国家授权投资的机构或国家授权的部门单独投资设立的有限责任公司，所有者投入的资本，全部作为实收资本入账。国有独资公司不发行股票，不会产生股票溢价收入，也不会在追加投资时形成资本公积。有限责任公司是指由两个以上股东共同出资，每个股东以其认缴的出资额对公司承担有限责任，公司以全部资产对其债务承担责任，初建公司时，每个投资人投入的资本均全部列为实收资本，当有新投资人加入时，会产生投资者认缴的出资额大于其在实收资本中所占份额的情况，该差额即为资本溢价。股份有限公司的全部资本由等额股份构成并通过发行股票筹集资本，在溢价发行股票时，会产生股本溢价。

企业的资本金按照投资主体的不同，可以分为国家资本金、法人资本金、个人资本金和外商资本金。其中，国家资本金，是指有关代表国家投资的政府部门或机构以国有资产投入企业形成的资本金；法人资本金，是指其他法人单位以其依法可以支配的资产投入企业形成的资本金；个人资本金，是指社会个人或本企业内部职工以合法财产投入企业形成的资本金；外商资本金，是指外国投资者以及我国香港、澳门和台湾地区投资者投入企业形成的资本金。

企业的资本金按投入资本的不同形态，可以分为货币投资、实物投资、证券投资和无形资产投资。

为了核算企业实收资本的增减变动，应该设置“实收资本”账户(适用于非股份制公司，股份制企业使用“股本”账户)。

该账户贷方反映所有者对企业投资的增加额，借方反映所有者投资的减少额。该账户的余额一般在贷方，表明期末投资者投入资本的实际数额。该账户可根据投资主体的不同，设置“国家资本金”“法人资本金”“个人资本金”“外商资本金”等明细账户。

【例6-1】沈阳立信公司收到国家投入的货币资金100 000元，款项存入银行。

该项经济业务带来企业银行存款的增加100 000元，同时投资人的权益也增加了100 000元，记入资产类账户“银行存款”账户的借方和所有者权益类账户“实收资本”的贷方。会计分录为

借：银行存款　　　　　　　　　　100 000

　　贷：实收资本——国家资本金　　　　100 000

【例6-2】沈阳立信公司收到甲公司投入的无形资产一项，双方确认的价值为30 000元。

该项经济业务带来企业无形资产价值的增加，同时投资人的权益也增加了30 000元。记入资产类账户“无形资产”的借方和所有者权益类账户“实收资本”的贷方。会计分录为

借：无形资产　　　　　　　　30 000
　　贷：实收资本——法人资本金　　　　30 000

【例6-3】沈阳立信公司收到某外商投入的机器设备一台，该设备原价为150 000元，累计折旧90 000元，双方确认的价值为55 000元。

该项经济业务带来企业固定资产价值的增加，同时投资者的权益也增加了。由于该项固定资产是一项旧的固定资产，虽然有固定资产的原所有者相关资料(即原价150 000元，累计折旧90 000元)，但当企业接受该项资产时，应确认其客观的公允价值，目前根据相关准则的规定，必须经过双方同时确认的价值才可作为接受方的实收资本55 000元为实收资本。会计分录为

借：固定资产　　　　　　　　55 000
　　贷：实收资本——外商资本金　　　　55 000

【例6-4】沈阳立信公司2012年1月 1日按面值发行了每股1元的股份50 000 000股，委托银行收到款项50 000 000元。

该项经济业务是沈阳立信公司发生的经济业务，所以，实际收到的资本增加时，应使用“股本”账户，记入该账户的贷方表示增加；同时，企业银行存款增加，记入资产类“银行存款”账户的借方。会计分录为

借：银行存款　　　　　　　　50 000 000
　　贷：股本　　　　　　　　　　50 000 000

6.2.2 资本公积的确认与计量

资本公积(Capital Reserves)是企业资本溢价、接受捐赠资产而形成的资产价值、拨款转入、外币资本折算差额等投资人的权益，是归属于全体股东权益、非收益转化而形成的资本。它的主要内容包括：

(1) 资本溢价或股票溢价。资本溢价是指企业投资人投入的资金超过其在注册资本中所占份额的部分。对于投入企业的资本，由于出资的时间不同，其对于企业的影响程度不同，由此带给投资者的权利也不同，当新的投资者加入或投资主体再次投资时，为了维护原有投资者的权益，新投资者往往需要付出高于原投资者拥有同样比例权益的出资额，超过的部分即为资本溢价；股票溢价是企业采用溢价发行股票时，超过股票面值的部分。

(2) 接受捐赠。捐赠人的要求权和投资人的要求权不同，故在“实收资本”外又单独设立了“资本公积”的相关明细账户来反映此项内容。

(3) 拨款转入。企业收到国家拨入的专门用于技术改造、技术研究等拨款项目完成后，按规定计入“资本公积”的部分。

(4) 外币资本折算差额。根据相关会计准则的规定，我国会计核算一般采用人民币作为记账本位币，在收到外币资产时，需要将外币资产折合为人民币。当企业收到外币时的市场汇率与合同约定汇率不同，应将其差额计入“资本公积”。

为了核算企业取得的资本公积，应该设置“资本公积”账户，该账户贷方核算资本公积增加的数额，借方登记资本公积减少的数额，余额在贷方，表明企业所拥有的资本公积的数额。

【例6-5】2015年，甲乙各出资300 000元组建丁公司。2016年，丙公司想加入该公司，三方商定，丙公司投入200 000元，在所有者权益中享受1/3的份额。该项经济业务，属于资本溢价，丁公司的银行存款增加了200 000元，但实收资本中只能记入三方共同商定的150 000元，其投入金额超出150 000的部分，记入“资本公积”。会计分录为

借：银行存款　　200 000
　　贷：实收资本　　150 000
　　　　资本公积——资本溢价　　50 000

【例6-6】假设沈阳立信公司发行股票，每股面值1元，发行价每股1.2元，共发行50 000 000股，不考虑相关税费，款项存入银行。

该项经济业务，属于股本溢价，沈阳立信公司的银行存款增加了60 000 000元，但实收资本中只能按照股票的面值增加50 000 000元，其收到的金额超出10 000 000元的部分，记入“资本公积”账户的贷方。会计分录为

借：银行存款　　60 000 000
　　贷：股本　　50 000 000
　　　　资本公积　　10 000 000

6.2.3 留存收益的确认与计量

留存收益是指企业从历年实现利润中提取或形成的留存于企业内部的积累。投资者投入企业的资金，经过企业的生产经营活动，将取得的各种收入，在补偿生产经营活动中发生的各种耗费后实现盈利。企业的盈利在缴纳所得税后，一方面按照规定提取盈余公积形成企业的积累，作为留存收益的组成部分；另一方面向投资者分配利润，分配利润后的剩余部分称为未分配利润。未分配利润是企业留存收益的组成部分。

1. 盈余公积

盈余公积是指企业按照规定从税后利润中提取的各种积累资金。盈余公积分为法定盈余公积和任意盈余公积。法定盈余公积和任意盈余公积的区别在于其各自计提的依据

不同。前者以国家的法律或行政规章为依据提取；后者则由企业自行决定提取。公司制企业的法定盈余公积按照税后利润的10%提取(非公司制的企业也可按照超过10%的比例提取)，法定盈余公积的累计额已超过实收资本的50%时不再提取。

2. 未分配利润

未分配利润是指企业留待以后年度进行分配的结存利润，也是企业所有者权益的组成部分。相对于其他所有者权益，企业对于未分配利润有较大的自主权，即可以将其用于弥补以后年度亏损，还可以留待以后向投资者分配利润。

6.3 筹集资金：负债的确认与计量

对企业而言，举债筹资与投入资本相比，有许多优点：第一，举债不影响企业原有的资本结构，对原有投资者(或股东)的权益有所保障；第二，举债可以增加投资者所得的盈余，当企业经营所获得的投资利润率超过负债的利率时，剩余的利益将归属于投资者；第三，举债有一定的抵减所得税的作用，负债的利息可以从利润额中扣除，而股利只能从税后利润中扣除。

举债也存在缺点，比如：负债有固定的偿债日，对企业有还款的压力；负债的利息费用是企业对债权人固定的回报，债务人须准时足额偿还，股利可以视企业经营情况的好坏来确定发放数额，甚至可以不发放股利；企业在破产清算时必须优先偿还债权人等。

如前所述，为了便于分析企业的财务状况和偿债能力，企业的负债按其流动性，划分为流动负债和长期负债。

6.3.1 流动负债的确认与计量

流动负债按照产生的原因，分为借贷形成的流动负债，如从银行和其他金融机构借入的短期借款；结算过程中产生的流动负债，如企业购入的原材料已经到货、货款未付前形成的应付款项；经营过程中产生的流动负债，如应交税金、应付工资等；利润分配中产生的流动负债，如应付投资者利润等。

流动负债按照应付金额是否确定，分为应付金额确定的流动负债，这类负债根据合同和协议或法律的规定具有确切的金额、债权人和付款日，并且到期必须偿还，如应付账款、应付票据、应付职工薪酬等；应付金额视经营情况而定的流动负债，这类流动负债须待企业在一定的经营期末才能确定负债金额，在该经营期末结束前，不能确定负债金额，如应交税费、应付股利等；应付金额须予以估计的流动负债，这类流动负债在发生时或在资产负债表日甚至到期日，都不能精确地计量债权人、金额，只能进行估计，并必须于未来某一时日偿付的经济业务。

从理论上讲，负债应以未来应偿付的现金的贴现值列示。但在实际工作中，为了简化核算，负债按实际发生额入账。根据《企业会计准则》的规定，负债的计价原则如下：

(1) 各项负债应当以实际发生额记账。这一点与实际成本一致。

(2) 负债已经发生而金额尚未确定需要预计的，应予合理预计，待实际金额确定以后，再进行调整。在实际工作中，并非所有的负债均有确定的金额。例如，企业为了未来的支出而预提的准备，预提的目的是符合权责发生制，使收入和支出能合理地进行配比，但未来支出多少还未可知，因此，先以估计金额入账，待支出实际发生时，再加以调整。

6.3.2 长期负债的确认与计量

长期负债主要包括以下几方面内容。

(1) 长期借款。企业向银行或其他金融机构等借入的、时间超过一年的长期借款。

(2) 应付债券。企业为筹集长期资金通过发行债券而形成的长期债务。债券主要有国库券、金融债券和公司债券，这里指公司债券。

(3) 长期应付款。企业采用融资租入方式租入固定资产和补偿贸易方式引进设备而形成的长期负债。

各项长期负债应按照实际发生额入账。

6.3.3 负债的核算

1. 账户设置

(1) “短期借款”账户。本账户核算企业从银行等金融机构借入的短期借款。该账户贷方登记借入的借款，借方登记归还的款项，期末余额在贷方，反映未偿还的借款。

(2) “应付账款”账户。本账户核算企业购买材料、商品或接受劳务等所发生的应付而未付的款项。该账户贷方登记应付的款项，借方登记归还的款项，期末余额在贷方，反映尚未归还的应付账款。该账户可以按照供应单位设置明细账。

(3) “长期借款”账户。本账户核算企业向银行或其他金融机构借入的、期限在一年以上(不含一年)的各项借款。该账户贷方登记借入的款项，借方登记归还的款项，期末余额在贷方，反映尚未归还的长期借款。

2. 核算举例

【例6-7】沈阳立信公司向银行借款300 000元，3个月归还，款项已经存入银行。

该项经济业务使短期借款增加了300 000元，记入负债类账户“短期借款”的贷方；同时使银行存款增加了300 000元，记入资产类账户“银行存款”的借方。会计分录为

借：银行存款　　　　300 000

　　贷：短期借款　　　　300 000

【例6-8】沈阳立信公司购买材料，价值为150 000元，未付款，假设不考虑增值税。

该项经济业务使应付账款增加了150 000元，记入负债类账户“应付账款”的贷方；同时使材料增加了150 000元，记入资产类账户“原材料”的借方。会计分录为

借：原材料　　150 000

　　贷：应付账款　　150 000

【例6-9】沈阳立信公司到期偿还银行短期借款本金200 000元。

该项经济业务使短期借款减少了200 000元，记入负债类账户“短期借款”的借方；同时使银行存款减少了200 000元，记入资产类账户“银行存款”的贷方。会计分录为

借：短期借款　　200 000

　　贷：银行存款　　200 000

【例6-10】沈阳立信公司用银行存款归还应付账款140 000元。

该项经济业务使应付账款减少了140 000元，记入负债类账户“应付账款”的借方；同时使银行存款减少了140 000元，记入资产类账户“银行存款”的贷方。会计分录为

借：应付账款　　140 000

　　贷：银行存款　　140 000

【例6-11】沈阳立信公司因弥补经营资金的不足，向银行借款2 000 000元，2年归还，款项已经存入银行。年利率为10%，利息按单利计算，该笔借款的本金在每年年末平均偿还，利息也在每年年末支付。

① 借款时：长期借款增加了2 000 000元，记入负债类账户“长期借款”的贷方；银行存款增加了2 000 000元，记入资产类账户“银行存款”的借方。会计分录为

借：银行存款　　2 000 000

　　贷：长期借款　　2 000 000

② 每年年末偿还利息和本金时，第一年偿还本金和利息金额为

2 000 000÷2 +2 000 000 × 10 %=1 200 000(元)

第二年偿还本金和利息金额为

2 000 000÷2 +(2 000 000−1 000 000) × 10%=1 200 000(元)

企业偿还的本金，冲减长期借款，记入“长期借款”账户的借方，同时减少银行存款，记入“银行存款”账户的贷方；企业偿还的利息，增加财务费用，记入损益支出类账户“财务费用”的借方，同时银行存款减少，记入“银行存款”账户的贷方。

第一年

偿还本金借：长期借款　　1 000 000

　　　　　　贷：银行存款　　1 000 000

偿还利息借：财务费用　　200 000

　　　　　　贷：银行存款　　200 000

第二年

偿还本金借：长期借款　　1 000 000

　　　　贷：银行存款　　1 000 000

偿还利息借：财务费用　　200 000

　　　　贷：银行存款　　200 000

6.4 生产准备：资产的确认与计量

企业从事生产经营活动，必须动用筹集的资金先进行生产的准备工作，如购置机器设备、厂房、专利或商标等无形资产、材料等。上述内容统称为企业的资产。

6.4.1 资产的定义和特征

资产是由过去的交易、事项形成并且企业拥有或者控制的、预期会给企业带来经济利益的资源。根据定义，资产的特征主要包括以下几方面。

(1) 资产是企业的经济资源。资产的本质是经济资源，该特征表明资产的有用性，即可将其作为要素投入生产经营中去。

(2) 资产是企业拥有或控制的经济资源。拥有是指资产的法定所有权属于企业，企业可以任意使用或处置，如企业购买的材料、固定资产、无形资产等；控制是指资产的所有权虽然不属于企业所有，但资产的收益风险归属于企业，例如，融资租赁资产的所有权属于出租方，本着实质重于形式的原则(如租赁合同期限比较长，接近于该资产的使用寿命；租赁期满，承租方有优先购买的优惠选择权等)，承租方将其列为资产。

(3) 资产是预期能为企业带来经济利益的资源。一项作为企业确认的资产，必须具有使用价值和交换价值，即将来能为企业带来经济利益，如果该项资产已经不能为企业带来利益，则不能将其列为资产核算。例如，企业在对应收账款进行检查时，如果发现债务人已经破产清算，应收账款不能收回，则应冲减应收账款。

(4) 资产是由过去的交易、事项形成的。只有过去发生的交易或事项才能增加或减少企业的资产，而不能根据计划来确认企业，即资产是现实的资产，不是预期的资产。例如，企业签订了一份销售合同，未来3个月可以收到10 000元，则该项货币资金不是企业目前的资产。

6.4.2 资产的分类

资产按照不同的标准，可以进行不同的分类。

比较常用的是按照流动性划分，可以分为流动资产和长期资产。流动资产是指可以在一年或一年以上的一个营业周期内变现或耗用的资产，主要包括库存现金、银行存款、应收账款、应收票据、其他应收款、存货等。长期资产是指在一年以上或一个营业周期以上变现或耗用的资产，主要包括长期投资、固定资产等。

资产按照有无实物形态划分，可以分为有形资产和无形资产。有形资产有物质实体，如存货、固定资产等。无形资产没有物质实体，比较虚化，如专利权等。

6.4.3 资产的确认与计量

1. 货币资金

货币资金是指企业资金周转过程中，以货币形态存在的资金，包括现金、银行存款等。

(1) 现金。它是指企业的库存现金。它与现金流量表中的“现金”概念不同。

(2) 银行存款。它是指企业存放在银行或其他金融机构的款项。

货币资金按照实际发生额入账。

2. 应收及预付账款

应收及预付款项，是指企业在日常生产经营过程中发生的各种债权，包括应收款项(包括应收票据、应收账款及其他应收款)及预付账款等。

(1) 应收账款。企业因为销售商品、产品或提供劳务而形成的债权。

(2) 应收票据。企业在采用商业汇票结算方式下，因销售商品、产品或提供劳务而收到的商业汇票所形成的债权。

(3) 其他应收款。应收账款、应收票据和预付账款以外的各种应收、暂付款项。

(4) 预付账款。企业按购货合同规定预付给供货单位的货款，它属于企业的债权。

应收及预付款项按照实际发生额记账。

3. 存货

存货(Inventory)是指企业在日常生产经营活动中持有以备出售的产成品或商品、处在生产过程中的在产品、在生产过程或提供劳务过程中将消耗的材料或物料等。存货按照经济用途分类，可以划分为商品存货、制造业存货及其他存货。

(1) 商品存货。它是指商品流通企业在其经营过程中为销售而储备的商品。如百货公司储存的日用百货、电器产品等。

(2) 制造业存货。它是指从事产品制造的工业企业的存货。制造业存货按其存在形态可以分为材料存货、在产品存货和产成品存货三类。材料存货，是指工业企业库存的各种材料，包括原料及主要材料、辅助材料、低值易耗品、包装物等；在产品存货，是指工业企业正在生产阶段加工，尚未最后制造完工的产品；产成品存货，是指工业企业已经完成全部加工过程，验收入库的产品。

(3) 其他存货。商品存货和制造业存货以外，供一般性耗用的库存实物用品，如办公用品等。

4. 固定资产

《企业会计准则第4号——固定资产》规定，固定资产是指同时具有下列特征的有形资产：为生产商品、提供劳务、出租或经营管理而持有的；使用寿命超过一个会计年度。

固定资产的特征主要包括以下几方面。

(1) 使用寿命超过一个会计年度。固定资产的使用寿命，是指企业使用固定资产的预计期间或者该固定资产所能生产产品或提供劳务的数量。通常，固定资产的使用寿命是指使用固定资产的预计期间，如自用房屋建筑物的使用寿命按照使用年限表示。对于某些机器设备或运输设备等固定资产，其使用寿命往往以该固定资产所能生产或提供劳务的数量表示。

(2) 实物形态在使用中保持不变。在企业的生产经营活动中，企业固定资产的价值以折旧的方式逐渐转移到成本和费用中去，并从企业实现的营业收入中得到补偿，但其实物形态在使用过程中保持不变。

(3) 持有的目的是生产经营活动。作为企业的固定资产，必须是以为企业服务为目的，而不是用于对外销售。为了销售而储备的资产，应列为存货。

(4) 使用寿命有限。除土地外，固定资产虽然使用寿命较长，但其寿命是一定的，期满要按照规定的程序报废。

固定资产只有在满足以下条件时，企业才能确认：一是该资产为企业获得的经济利益很可能流入企业；二是该资产的成本能够可靠计量。

固定资产应当按其成本入账，其具体计量方法主要有原始价值(历史成本)、折余价值(净值)。

企业制定的固定资产目录、分类方法、每类或每项固定资产的预计使用年限、预计净残值、折旧方法等，应当编制成册，并按照管理权限，经股东大会或董事会，或经理(厂长)会议或类似机构批准，按照法律、行政法规的规定报送有关方备案，同时备置于企业所在地，以供投资者等有关方查阅，并不得随意变更，若变更，须在会计报表附注中说明。

5. 无形资产

无形资产是指企业为生产商品或提供劳务、出租给他人或为管理目的而持有的、没有实物形态的非货币性长期资产。无形资产分为可辨认的无形资产和不可辨认的无形资产。无形资产包括专利权、非专利技术、商标权、经营特许权、著作权、土地使用权和商誉等。

无形资产具有以下特征：

(1) 没有实物形态。无形资产最突出的特点是没有实物形态，但其创利能力往往很高，高于企业的有形资产。

(2) 非货币性。无形资产是无形非货币资产，不包括无形货币性资产。

(3) 长期性。无形资产能在长时间内为企业获得经济利益。

(4) 持有的目的是使用而非出售。作为企业的无形资产，必须是以为企业服务为目的，而不是用于对外销售。为了销售而储备的资产，应列为存货。

(5) 不确定性。无形资产给企业带来经济利益的大小具有不确定性。无形资产的创利能力受外界影响很大，例如专有技术等，一旦被其他企业掌握，企业将无法再取得收益。所以，企业一定要对无形资产多加维护，例如为了保障商标权、专利权进行注册，保护其合法权益。

(6) 通常为有偿取得。无形资产只有在满足以下条件时，企业才能确认：一是该资产为企业获得的经济利益很可能流入企业；二是该资产的成本能够可靠计量。在会计实务中，判断无形资产产生的经济利益是否可能流入企业，主要是判断企业是否拥有无形资产的法定所有权，即无形资产产生的经济利益的控制权。

无形资产应当按其成本入账。

6.4.4 资产的核算

1. 账户设置

资产在进行核算时，主要使用的账户有："库存现金""银行存款""原材料""生产成本""库存商品""应收账款""应收票据""其他应收款""固定资产""无形资产"等。

(1) "库存现金"账户。该账户主要核算企业库存现金的收入和支出。借方登记现金的增加，贷方登记现金的减少，期末余额一般在借方，表示库存现金的剩余额。

(2) "银行存款"账户。该账户主要核算企业存入银行或其他金融机构的各种存款。借方登记企业存入银行或其他金融机构的款项，贷方登记企业提取和支出的存款，期末余额一般在借方，表示企业银行存款的净额。

(3) "应收账款"账户。该账户核算企业因销售产品或提供劳务等应向购货单位收取的款项。借方登记企业因销货发生的应收而未收的款项，贷方登记已经收回的款项，期末余额在借方，表示尚未收回的应收款项。该账户按照购货单位设置明细账。

(4) "应收票据"账户。该账户核算企业因销售商品、产品、提供劳务等而收到的商业汇票，包括银行承兑汇票和商业承兑汇票。借方登记企业因销售商品或提供劳务而收到购买方开出并承兑或银行承兑的商业汇票，贷方登记已经收回的款项，期末余额在借方，表示尚未到期的商业汇票的款项。

(5) "其他应收款"账户。该账户核算企业除应收票据、应收账款、预付账款等以外的其他各种应收、暂付款项，包括不设置"备用金"账户的企业拨出的备用金，应收的各种赔款、罚款，应向职工收取的各种垫付款项，以及已不符合预付账款性质而按规定转入的预付款项等。借方登记上述原因应收款的增加，贷方登记已经收回的款项，期末余额在借方，表示尚未收回的其他应收款。

(6) "固定资产"账户。该账户核算企业固定资产的原价。借方登记固定资产价值的增加，贷方登记由于报废、毁损、出售、投资等引起的固定资产原价的减少，期末余额在借方，表示企业固定资产价值的余额。

(7) "无形资产"账户。该账户核算企业为生产商品、提供劳务、出租给他人或为管理目的而持有的、没有实物形态的非货币性长期资产。该账户借方登记由于购入、投资者投入、自创或其他原因而增加的无形资产的价值，贷方登记无形资产价值的减少，期末余额在借方，表示企业无形资产价值的余额。

2. 核算举例

【例6-12】沈阳立信公司从银行取出1 000元现金备用。

该项经济业务使企业银行存款减少1 000元，记入资产类银行存款账户的贷方，同时现金增加1 000元，记入资产类现金账户的借方。会计分录为

借：库存现金　　1 000
　贷：银行存款　　1 000

【例6-13】经理出差预借差旅费2 000元，付现金。

该项经济业务使企业其他应收款增加2 000元，同时现金减少2 000元。记入资产类其他应收款账户的借方和现金账户的贷方。会计分录为

借：其他应收款　　2 000
　贷：库存现金　　2 000

【例6-14】沈阳立信公司销售一批产品，价款为6 000元，未收款，假设不考虑增值税。

该项经济业务使企业应收款增加6 000元，同时收入增加了6 000元。记入资产类应收账款账户的借方和损益收入类账户主营业务收入账户的贷方。会计分录为

借：应收账款　　6 000
　贷：主营业务收入　　6 000

【例6-15】沈阳立信公司购买一台机器设备，价款为 40 000元，以银行存款支付。

该项经济业务使企业固定资产增加40 000元，同时银行存款减少40 000元。记入资产类固定资产账户的借方和银行存款账户的贷方。会计分录为

借：固定资产　　40 000
　贷：银行存款　　40 000

【例6-16】沈阳立信公司购买一项专利权，价款为10 000元，以银行存款支付。

该项经济业务使企业无形资产增加10 000元，同时银行存款减少10 000元。记入资产类无形资产账户的借方和银行存款账户的贷方。会计分录为

借：无形资产　　10 000
　贷：银行存款　　10 000

【例6-17】沈阳立信公司收到购买方所欠货款6 000元，存入银行。

该项经济业务使企业应收账款减少6 000元，同时银行存款增加了6 000元。记入资产

类银行存款的借方和应收账款账户的贷方。会计分录为

借：银行存款　　　　　　　　　　6 000

　　贷：应收账款　　　　　　　　　　6 000

6.5 生产准备过程的主要内容与核算

6.5.1 生产准备过程的主要内容

准备过程是企业经营过程的第一个阶段。在准备过程(即供应过程)中，其主要经济业务是用货币资金购买原材料、辅助材料，支付采购费用，计算采购成本等。准备过程核算的主要任务是，核算和监督材料的买价和采购费用，确定采购成本，检查材料采购计划执行情况，核算和监督储备资金占用量，考察储备资金定额的执行情况。

1. 存货的概念

存货是企业在日常活动中持有以备出售的产成品或商品、处在生产过程中的在产品、在生产过程或提供劳务过程中耗用的材料和物料等。《企业会计准则——存货》规定，存货在同时满足以下两个条件时才能予以确认。

(1) 存货包含的经济利益很可能流入企业。

(2) 存货的成本能够可靠地计量。

不同企业在生产过程中需用的存货种类有所不同，但通常包括各种材料、在产品、库存商品、包装物、低值易耗品等。

2. 存货的确认与计量

《企业会计准则》规定，备种存货应当按取得时的实际成本记账。

存货的确认，除应确定在性质上是否属于存货外，还应确定是否属于企业的存货。通常以是否拥有所有权作为判断标准，凡所有权属于企业，不论企业是否已收到或持有，均应作为本企业的存货；反之，若无所有权，即使存放于企业，也不能作为本企业的存货。如果企业已经付款，但在运输途中尚未到达企业(包括到达企业后尚未验收入库)的存货，应该包括在企业的存货内。但是，如果企业按照购买合同预付部分货款或预付购买定金，则不应包括在企业的存货范围内。

企业的存货主要以购买、投资人投入、接受捐赠、自制等方式取得。

(1) 外购存货的采购成本，一般由买价和采购费用构成。买价是指企业采购存货时，按发票价格支付的货款。采购费用是指企业在采购存货过程中所支付的各项费用，包括存货的运输费、装卸费、保险费、仓储费、运输途中的合理损耗以及入库前整理挑选费用等。大宗物资的市内运杂费可按扣除进项税额的金额记入存货成本，但市内零星运杂费、采购人员的差旅费和采购机构的经费以及企业供应部门和仓库的经费等，一般不包括在存

货的成本中。运输途中发生的由过失人造成的短缺和损耗应向过失人索赔，由自然灾害造成的意外损失，减去保险赔偿款和可以收回的残值作价后的净损失，应作为营业外支出处理，不作为存货成本。入库前整理挑选费用是指在挑选整理过程中发生的工资、费用支出，以及挑选整理过程中发生的数量损耗(扣除可收回的下脚废料)的价值。

值得注意的是，若为一般纳税人购入原存货，其进项税额和符合规定的运输费的7%单独记入“应交税费——应交增值税(进项税额)”；若为小规模纳税人，税金及运输费全部记入存货采购成本。

(2) 自制的存货按制造过程中的各项实际支出(包括耗用的材料、工资和其他费用等)作为实际成本。

(3) 投资者投入的存货按照投资各方确认的价值作为实际成本，但双方确认的价值不公允的除外。

6.5.2　生产准备过程的核算

1. 账户设置

(1) “原材料”账户。原材料是指企业为生产商品以备耗用的存货。原材料按其经济内容可以分为：原料及主要材料、辅助材料、外购半成品(外购件)、修理用备件、包装材料、燃料等。“原材料”账户借方登记原材料的增加，贷方登记原材料的减少。该账户的借方余额反映库存原材料的实际成本。

(2) “在途物资”账户。该账户的借方登记已经付款或已开出、承兑商业汇票，但尚未到达或尚未验收入库的材料的实际成本，贷方登记验收入库的材料的实际成本，该账户的余额表示在途材料的实际成本。

(3) “预付账款”账户。该账户反映企业向供应方支付的预付款项。借方登记向客户或供应商支付的预付款，贷方登记收到商品或材料而冲销的预付款，期末余额一般在借方，反映尚未收到材料或商品的预付款项。该账户按照客户或供应商设置明细账。

(4) “应交税费——应交增值税”账户。该账户反映企业在购买材料或商品时流转税中的增值税。借方登记实际上缴的增值税或购买材料、商品的、可以抵扣的进项税额，贷方登记销售应支付的销项税额，余额在贷方，反映应上缴的增值税。该账户应设置“进项税额”“销项税额”“进项税额转出”“已缴税金”等明细账户。

(5) “应付票据”账户。该账户反映因企业购买材料、商品和接受劳务供应等开出、承兑的商业汇票，包括银行承兑汇票和商业承兑汇票。该账户贷方登记企业开具的商业汇票的金额等，借方登记偿还的应付票据的金额，期末余额一般在贷方，反映尚未偿还的应付票据的金额。

2. 原材料增加的核算

原材料采用实际成本法核算，应使用“原材料”和“在途物资”账户。

企业外购材料时，由于结算方式和采购地点的不同，材料入库和货款的支付在时间上不一定完全一致，应根据不同的情况做如下账务处理。

(1) 对于发票账单与材料同时到达的采购业务，一般纳税人在支付货款或开出、承兑商业汇票，材料验收入库后，应根据发票账单等计算凭证确定的材料成本，借记“原材料”账户，根据取得的增值税专用发票上注明的(不记入材料采购成本的)税额，借记“应交税费——应交增值税(进项税额)”，贷记“银行存款”或“应付票据”等账户；小规模纳税人应根据发票账单等计算凭证确定的材料成本和增值税进项税额，借记“原材料”账户，贷记“银行存款”或“应付票据”等账户。

(2) 如果已经付款或已开出、承兑商业汇票，但材料尚未到达或尚未验收入库的采购业务，应根据发票账单等结算凭证，借记“在途物资”“应交税费——应交增值税(进项税额)”账户，贷记“银行存款”或“应付票据”等账户；待材料验收入库后，再根据有关原始凭证，借记“原材料”账户，贷记“在途物资”账户。

(3) 如果材料先到达，有关结算凭证未到，应于月末，按材料的暂估价入账，借记“原材料”账户，贷记“应付账款——暂估应付账款”账户，下月初用红字冲回。待实际结算凭证到达时，借记“原材料”“应交税费——应交增值税(进项税额)”，贷记“银行存款”或“应付票据”等账户。

【例6-18】沈阳立信公司作为一般纳税人购入材料5 000公斤，每公斤2元，总价款为10 000元，增值税税额为1 700元，已通过银行付款，材料已验收入库。

该项经济业务的发生，一方面增加了材料的采购成本10 000元，记入资产类“原材料”账户的借方，发生的增值税进项税额1 700元，根据《增值税暂行条例》的规定，应交税金的进项税额允许将来抵扣，记入负债类账户“应交税费——应交增值税(进项税额)”的借方；另一方面，企业通过银行付款，银行存款减少，记入资产类账户“银行存款”的贷方，若未付款，属于负债增加，记入负债类账户“应付账款”的贷方。根据该项经济业务，会计分录为

借：原材料——原料 10 000
　　应交税费——应交增值税(进项税额) 1 700
　　贷：银行存款 11 700

【例6-19】沈阳立信公司购入材料8 000公斤，每公斤1.8元，增值税税率为17 %，以商业承兑汇票方式进行结算，材料验收入库。

该项经济业务使企业原材料增加了14 400元，记入资产类“原材料”账户的借方，发生的增值税进项税额2 448元，根据《增值税暂行条例》的规定，应交税金的进项税额允许将来抵扣，记入负债类账户“应交税费——应交增值税(进项税额)”的借方，同时应付票据增加了16 848元，记入负债类“应付票据”账户的贷方。根据该项经济业务，会计分录为

借：原材料 14 400
　　应交税费——应交增值税(进项税额) 2 448
　　贷：应付票据 16 848

【例6-20】沈阳立信公司购入材料4 000公斤，每公斤1.5元，增值税税率为17 %，款项暂欠。

该项经济业务使企业原材料增加了6 000元，记入资产类“原材料”账户的借方，发生的增值税进项税额1 020元，根据《增值税暂行条例》的规定，应交税金的进项税额允许将来抵扣，记入负债类账户“应交税费——应交增值税(进项税额)”的借方，同时应付账款增加了7 020元，记入负债类“应付账款”账户的贷方。根据该项经济业务，会计分录为

借：原材料——材料　　6 000
　　应交税费——应交增值税(进项税额)　　1 020
　　贷：应付账款　　7 020

【例6-21】沈阳立信公司以银行存款3 000元预付购料款。

该项经济业务使企业的银行存款减少了3 000元，预付账款增加了3 000元。记入资产类“预付账款”账户的借方和“银行存款”账户的贷方。根据该项经济业务，会计分录为

借：预付账款　　3 000
　　贷：银行存款　　3 000

3. 其他材料增加的核算

其他材料是指原料及主要材料以外的材料。它的核算可在“原材料”账户下分别设置“辅助材料”“修理用备件”“外购半成品”“包装材料”“燃料”等明细账户核算。它的会计处理为

借：原材料——修理用备件
　　贷：银行存款(或库存现金)

6.6 产品生产：费用、成本的确认与计量

企业的主要经济活动是生产符合市场需要的产品，是企业资金循环的第二阶段。产品的生产过程同时也是生产的耗费过程。企业要生产产品就会发生各种生产耗费，包括生产资料中的劳动手段(例如机器设备)和劳动对象(例如原材料、其他材料等)的耗费以及劳动力等方面的耗费(例如工资和福利费)。企业在一定时期内发生的、用货币表现的生产耗费，称为生产费用。这些费用最终要归集、分配到一定种类的产品上，形成各种产品的成本。因此，核算和监督产品生产过程中费用的发生、归集和分配以及产品成本的形成，考核生产资金定额和成本在计划内的执行情况，促使企业不断降低生产成本，提高经济效益，构成产品生产业务核算的主要内容。

6.6.1 费用和成本的确认

费用和成本既有联系又有区别。成本是对象化的费用，即生产成本是相对于一定产品所发生的费用，是按产品品种等成本计算对象对当期发生的费用进行归集而形成的。

费用按照经济用途进行分类，首先要将企业发生的费用划分为应记入产品成本、劳务成本的费用和不记入产品成本、劳务成本的费用(即期间费用)两部分。对于应记入产品成本、劳务成本的费用可划分为：直接费用(Direct Cost)和间接费用(Indirect Cost)。直接费用包括直接材料、直接人工和其他直接费用；间接费用是指制造费用。对于不记入产品成本、劳务成本的费用(即期间费用)可划分为：财务费用(Finance Cost)、管理费用(Management Cost)、销售费用(Sales Cost)。

(1) 直接材料费(Direct Material)。直接材料费是指企业在生产产品和提供劳务过程中所消耗的，直接用于产品生产，构成产品实体的原料及主要材料、外购半成品(外构件)、修理用备件、包装物、有助于产品形成的辅助材料以及其他直接材料。

(2) 直接人工费(Direct Labour)。直接人工费是指企业在生产产品和提供劳务过程中，直接从事产品生产的工人工资以及按生产工人工资总额和规定的比例计算提取的职工福利费。

(3) 其他直接费用(Other Direct Expense)。其他直接费用是指企业发生的除直接材料费用和直接人工费用以外的，与生产商品和提供劳务有直接关系的费用。直接费用应当根据实际发生数进行核算，并按照成本计算对象进行归集，直接记入产品的生产成本。

(4) 制造费用(Overheads)。制造费用是指企业为生产产品和提供劳务而发生的各项间接费用，包括工资和福利费、折旧费、修理费、办公费、水电费、机物料消耗、劳动保护费、季节性和修理期间的停工损失等。

6.6.2 费用和成本的计量

计量费用和成本时，应正确划分以下费用的界限。

(1) 正确划分资本性支出和收益性支出的界限。为取得本期收益而发生的支出，即支出的效益仅与本年度相关的，应作为收益性支出，如管理费用、财务费用等；支出的效益与几个会计年度相关的，应作为资本性支出，如购建固定资产、无形资产等。

(2) 正确划分产品成本和期间费用的界限。企业发生的各项费用，只有与产品生产有直接关系的费用才能记入产品成本，包括直接材料、直接人工等；对与产品无直接关系，与生产经营活动密切相关的费用，应作为期间费用处理，如管理费用、财务费用等。

(3) 正确划分各个月份的费用界限。按照权责发生制的原则，对发生期与归属期不一致的费用进行划分。

(4) 正确划分不同成本计算对象的成本界限。对应记入本期产品成本的费用，要进一步确定应记入的成本计算对象。对于能够直接追溯到有关产品的各项费用，要直接记入；对于几种产品共同耗费的费用，应按照一定的标准分配，记入相关的费用或成本。

(5) 正确划分在产品成本和完工产品成本的界限。期末已记入产品成本的费用，还需在在产品和完工产品成本之间进行分配，分别计算完工成品成本和在产品成本。

6.6.3 成本核算程序

1. 确定成本计算对象

成本计算对象就是费用的归集对象。根据企业生产类型和管理的要求对成本的影响，企业成本计算对象有三种类型：产品品种、产品批别和产品生产步骤。品种法，是以产品品种作为成本计算对象，这种方法一般适用于单步骤、大量生产的企业，如发电、供水、采掘等企业。在这种类型的生产中，产品的生产技术过程不能从技术上划分步骤(如企业或车间的规模较小，或者车间是封闭的，即从原材料投入到产品的全部生产过程都是在一个车间内进行的)或者生产是按流水线组织的，管理上不要求按照生产步骤计算产品成本。分批法，是以产品批别作为成本计算对象，适用于单件、小批量的单步骤生产，或虽是多步骤生产但管理上不要求分步骤计算成本的生产企业，如造船、重型机器制造、精密仪器制造等。分步法，是以产品生产步骤作为成本计算对象，适用于大量、大批多步骤生产企业，如冶金、纺织、电子行业等企业。

2. 按成本项目归集和分配生产费用

企业在生产过程中发生的各项费用按其经济用途分类，称为成本项目。工业企业一般设置以下三个成本项目：直接材料，是指直接用于产品生产，构成产品实体的原料及主要材料，以及有助于产品形成的辅助材料等；直接人工，是指直接从事产品生产的工人工资，以及按生产工人工资总额和规定的比例计算提取的职工福利费；制造费用，是指企业内部各生产单位为组织和管理生产而发生的各项间接费用。

3. 计算产品生产成本

成本计算是指在生产经营过程中，按照成本计算对象归集和分配发生的各项费用支出，以确定该对象的总成本和单位成本。如果期末既有在产品又有产成品，应将月初在产品成本与本月生产费用之和，在本月完工成品和在产品之间进行分配和归集，分别计算完工产品成本和在产品成本；如果期末没有在产品，则月初在产品成本与本月生产费用之和即为本月完工产品成本。上述情况的计算公式为

月初在产品成本+本月生产费用=本月完工成品成本+月末在产品成本

或

月初在产品成本+本月生产费用−月末在产品成本=本月完工产品成本

完工产品成本的计算方法有以下几种：

(1) 不计算在产品成本(在产品成本为零)。这种方法适用于月末在产品数量很小的情况。为了简化，可以不计算在产品成本，即上述公式中月初在产品成本和月末在产品成本

均是零。本月生产费用就是本月完工产品成本。

(2) 在产品成本按年初数固定计算。这种方法适用于月末在产品数量很小，或者在产品数量虽大但各月之间在产品数量变动不大，月初、月末在产品成本的差额对完工产品成本影响不大的情况。为了简化核算工作，各月在产品成本可以固定按年初数计算。采用这种方法，本月生产费用就是本月完工产品的成本。年终，再根据实地盘点的在产品数量，重新调整计算在产品成本，以避免在产品成本与实际出入过大，影响成本计算的准确性。

(3) 在产品成本按其所耗用的原材料费用计算。这种方法是在产品成本按其所耗用的原材料费用计算，其他费用全部由完工产品成本负担。这种方法适合于在产品成本中原材料费用所占比重较大的企业。为了简化核算工作，可以忽略在产品中其他费用(如直接人工费用、制造费用等)，只计算原材料的耗费。

(4) 约当产量法。所谓约当产量法，是指在产品按其完工程度折合成完工产品的数量。其计算公式为

在产品约当产量=在产品数量×完工程度

单位成本=(月初在产品成本+本月发生生产费用)÷(产成品数量+月末在产品约当产量)

产成品成本=单位成本×产成品产量

月末在产品成本=单位成本×月末在产品约当产量

(5) 在产品成本按定额成本计算。这种方法是事先经过会计人员和专业技术人员的调查研究和技术测定，对各个加工阶段的在产品，提前确定一个定额单位成本，月终根据在产品数量，分别乘以各项定额单位成本，即可计算出月末在产品的定额成本。将月初在产品成本加上本月发生的费用，减去月末在产品的定额成本，就可计算出产成品的总成本。产成品总成本除以产品数量，即为产成品单位成本。这种方法应定时修订单位定额成本，以保证成本计算的准确性。其计算公式为

月末在产品成本=月末在产品数量×在产品定额单位成本

产成品总成本=(月初在产品成本+本月发生费用)−月末在产品成本

产成品单位成本=产成品总成本+产成品数量

(6) 按定额比例分配完工产品和月末在产品成本的方法(定额比例法)。如果各月末在产品数量变动较大，但制定了比较准确的消耗定额，生产费用可以在完工产品和月末在产品之间用定额消耗量或定额费用做比例分配。通常材料费用按定额消耗量比例分配，而其他费用按定额公式中的比例分配。其计算公式为

材料费用分配率=(月初在产品实际材料成本+本月投入的实际材料成本)÷(完工产品定额材料成本+月末在产品定额材料成本)

完工产品应分配的材料成本=完工产品定额材料成本×材料费用分配率

月末在产品应分配的材料成本=月末在产品定额材料成本×材料费用分配率

工资(费用)分配率=[月初在产品实际工资(费用)+本月投入的实际工资(费用)]+(完工产品定额工时+月末在产品定额工时)

完工产品应分配的工资(费用)=完工产品定额工时×工资(费用)分配率

月末在产品应分配的工资(费用)=月末在产品定额工时×工资(费用)分配率

6.6.4　生产过程核算

1. 账户设置

为了组织生产过程的核算，需要设置以下会计账户。

(1) “生产成本”账户。“生产成本”账户属于成本类账户。账户的借方登记月份内发生的全部生产费用；贷方登记应结转的完工产品的成本。账户的借方余额反映生产过程中未完工产品的成本。该账户按产品的种类设置明细账。

(2) “制造费用”账户。“制造费用”账户属于成本类账户，核算企业各生产单位(如车间)为组织和管理生产而发生的各项间接费用。该账户的借方登记企业各生产单位发生的各项间接费用；贷方登记月末分配转入各产品成本的制造费用；月末一般无余额。该账户应按不同车间、不同部门和费用项目设置明细账。

制造费用大部分是间接用于产品生产的费用，例如机物料的消耗，辅助生产工人工资及福利费，车间生产用房屋及建筑物的折旧费、修理费、租赁费和保险费，车间生产用的照明费等。车间用于组织和管理生产的费用，也作为间接用于产品生产的费用进行核算。这些费用通常包括车间管理人员工资和福利费、车间管理用房屋和设备的折旧费、修理费、租赁费和保险费、车间管理用具摊销费、车间管理用的照明费、水费、取暖费、差旅费和办公费等。制造费用包括直接用于产品生产，但管理上不要求或者不便于单独核算，因而不专设成本项目的费用，例如机器设备的折旧费和生产工具摊销费等。

分配制造费用的方法很多，通常采用的有生产工人工时比例法、生产工人工资比例法、机器工时比例法和按年度计划分配率分配法等。借记“生产成本——基本生产成本”账户，贷记“制造费用”账户。

(3) “库存商品”账户。“库存商品”账户属于资产类账户。核算企业生产完工验收入库可供销售的产品的实际成本。该账户借方登记完工入库从“生产成本”账户结转的产品成本；贷方登记已经销售的产品成本。该账户的借方余额表示库存的产品的实际成本。该账户按产品品种、规格或类别设置明细账。

(4) “应付职工薪酬”账户。职工薪酬主要核算下列内容：

① 工资总额是各单位在一定时间内直接付给本单位全体职工的劳动报酬，应以直接付给职工的全部劳动报酬为依据。按照国家统计局1989年第1号令发布的《关于职工工资总额组成的规定》，工资总额包括：计时工资(对已做工作按计时工资标准支付的工资、实行结构工资制的单位支付给职工的基础工资和职务工资、新参加工作见习人员的工资)；计件工资(实行超额累进计件、直接无限计件、限额计件、定额计件等工资制，按劳动部门或主管部门批准的定额和计件单价支付给个人的工资，按工作任务包干方法支付给个人的工资)；奖金；津贴和补贴；加班加点工资；特殊情况下支付的工资(根据国家的法律、法规政策规定，因病、工伤、产假、计划生育、婚丧假、探亲假、定期休假、停工学习、执行国家或社会义务等按计时工资标准或计件工资标准的一定比例支付给职工的工资；附加工资、保留工资)。

② 职工福利费。它主要是尚未实行分离办社会职能或主辅分离、辅业改制的企业，内设医务室、职工浴室、理发室、托儿所等集体福利机构人员的工资、医务经费、职工因公负伤赴外地就医的路费、职工困难补助、未实行医疗统筹企业职工医疗费用以及按规定发生的其他职工福利支出。

③ 向社保机构支付的“五险”，包括医疗保险费、养老保险费、失业保险费、工伤保险费和生育保险费。企业以购买商业保险形式提供给职工的各种保险待遇属于职工薪酬，应当按照职工薪酬准则进行确认、计量和披露。

养老保险是我国企业提供给职工离职后福利的主要形式，一般分为三个层次。第一层次为基本养老保险，企业根据规定为职工缴纳基本养老保险费的比例，一般不得超过企业工资总额的20%(包括划入个人账户的部分)，具体比例由省、自治区、直辖市人民政府确定。按照我国企业基本养老保险制度，企业的义务只是向独立主体(通常为基金)支付固定提存金，如果该基金不能拥有足够资产以支付当期和以前期间职工服务相关的所有职工福利，企业不再负有进一步支付提存金的法定业务和推定义务。企业为职工建立的其他社会保险如医疗保险、失业保险、工伤保险和生育保险，也是根据国家相关规定，由社会保险经办机构负责收缴、发放和保值增值，企业承担的义务仅限于按照企业所在地政府等规定的标准，与基本养老保险相同。

企业可以在依法履行基本养老保险业务后，经有关部门批准，申请建立企业年金，企业年金是企业及其职工自愿建立的补充养老保险。根据国家有关部门的现行规定，企业建立年金所需资金由企业和职工个人共同缴纳，其中，企业缴费每年不超过本企业上年度职工工资总额的1/12，企业和职工个人缴费合计一般不超过本企业上年度职工工资总额的1/6。

④ 应向住房公积金管理中心缴存的住房公积金。住房公积金是企业按照国务院《住房公积金管理条例》规定的基准和比例计算，向住房公积金管理机构缴存的住房公积金。

⑤ 应向工会部门缴纳的工会经费和职工教育经费。它是指企业为了改善职工文化生活、为职工学习先进技术和提高文化水平和业务素质，用于开展工会活动和职工教育及职工技能培训等相关支出。

⑥ 非货币性福利。它是指企业以自己的产品或外购商品发放给职工作为鼓励，提供自己拥有的资产或租赁资产供职工无偿使用。

⑦ 因解除与职工的劳动关系给予的补偿。它是指出于分离办社会职能、实施主辅分离、辅业改制、重组或改组计划、职工不能胜任等原因，企业在职工劳动合同尚未到期之前解除与职工的劳动关系，或者为鼓励职工自愿接受裁减而提出补偿建议的计划中给予职工的经济补偿。

⑧ 其他与获得职工提供的服务相关的支出。它是指企业除上述7种薪酬以外的其他为获得职工提供的服务而给予的薪酬，如以现金形式结算但以权益工具公允价值为基础确定的现金股票增值权等。

为了总括反映企业与职工之间工资的结算和分配关系，应该设置“应付职工薪酬”账户，该账户贷方反映应付职工的工资，借方反映实际支付给职工的工资，期末贷方余额反映应付未付的款项。企业财务人员可根据单位的具体情况，按照职工类别、工资总额的组成内容进行核算。

(5) “销售费用”账户。“销售费用”是指企业销售过程中发生的费用，包括运输费、装卸费、包装费、保险费、展览费和广告费以及为销售本企业产品而专设的销售机构(销售网点、售后服务网点等)的职工工资及福利费、类似工资性质的费用、业务费等经营费用。该账户借方登记上述费用的增加，贷方登记期末结转的费用，期末一般无余额。

(6) “财务费用”账户。“财务费用”是指企业为筹集生产经营所需资金等而发生的费用，包括利息支出(减利息收入)、汇兑损失(减汇兑收益)以及相关的手续费等。该账户借方登记上述费用的增加，贷方登记期末结转的费用，期末一般无余额。

(7) “管理费用”账户。“管理费用”是指企业为组织和管理企业生产经营所发生的各种费用，包括企业董事会和行政管理部门在企业的经营管理中发生的，或者应由企业统一负担的公司经费(包括行政管理部门的职工工资、修理费、物料消耗、低值易耗品摊销、办公费和差旅费等)、工会经费、待业保险费、劳动保险费、董事会会费(包括董事会成员津贴、会议费和差旅费等)、聘请中介机构费、咨询费(包括顾问费)、诉讼费、业务招待费、房产税、车船使用税、土地使用税、印花税、技术转让费、矿产资源补偿费、无形资产摊销、职工教育经费、研究与开发费、排污费、存货盘亏或盘盈(不包括应记入营业外支出的存货损失)、计提的坏账准备和存货跌价准备。

该账户借方登记上述费用的增加，贷方登记期末结转的费用，期末一般无余额。

(8) “累计折旧”账户。该账户核算企业固定资产的有形损耗和无形损耗的价值。“累计折旧”账户是指“固定资产”账户的调整账户。该账户的贷方登记固定资产按月提取的固定资产折旧；借方登记减少固定资产的累计折旧。期末余额在贷方，反映企业已提取的固定资产折旧累计数额。

2. 核算举例

【例6-22】沈阳立信公司月末根据“发出材料汇总表”月末汇总产品耗用材料，甲产品耗用原材料65 000元，乙产品耗用原材料45 000元。

该项经济业务，使企业成本和费用增加，原材料同时减少。本例中根据甲乙两种产品的直接领用，记入成本类账户“生产成本”对应的甲产品和乙产品的明细账户的借方，如果有车间领用的材料，记入“制造费用”账户的借方，销售部门领用的记入损益类账户“营业费用”的借方，在建工程领用的记入资产类账户“在建工程”的借方，同时记入资产类账户“原材料”的贷方。根据该项经济业务，会计分录为

借：生产成本——甲产品　　　65 000
　　生产成本——乙产品　　　45 000
　　贷：原材料　　　　　　　　110 000

【例6-23】沈阳立信公司分配并结转本月工资，其中甲产品人员工资40 000元，乙产

品人员工资8 000元，车间管理人员工资20 000元，厂部管理人员工资15 000元。

该项经济业务，使企业成本和费用增加，应付工资同时增加。本例中根据直接从事甲乙两种产品的直接工资，记入成本类账户“生产成本”对应的甲产品和乙产品的明细账户的借方，如果有车间管理人员的工资，记入成本类账户“制造费用”的借方，销售部门人员的工资记入损益支出类账户“销售费用”的借方，在建工程人员的工资记入资产类账户“在建工程”的借方，同时记入负债类账户“应付职工薪酬”的贷方。根据该项经济业务，会计分录如下所述。

分配并结转本月工资时，记

借：生产成本——甲产品　　40 000
　　生产成本——乙产品　　8 000
　　制造费用　　20 000
　　管理费用　　15 000
　　贷：应付职工薪酬　　83 000

若以现金形式发放时，记

借：应付职工薪酬　　83 000
　　贷：库存现金　　83 000

若通过银行的存折或工资卡发放时，记

借：应付职工薪酬　　83 000
　　贷：银行存款　　83 000

【例6-24】沈阳立信公司月末提取固定资产折旧15 000元，其中车间使用的固定资产折旧额为10 000元，管理部门使用的固定资产折旧额5 000元。

企业按月计提的折旧额使制造费用、销售费用、管理费用、其他业务成本增加15 000元，同时累计折旧增加15 000元。记入“制造费用”“销售费用”“管理费用”“其他业务成本”等账户的借方，“累计折旧”账户的贷方。根据该项经济业务，会计分录为

借：管理费用　　5 000
　　制造费用　　10 000
　　贷：累计折旧　　15 000

【例6-25】沈阳立信公司通过银行支付车间电费14 500元。企业支付的车间电费使制造费用增加14 500元，同时银行存款减少14 500元。记入成本类账户“制造费用”的借方，资产类账户“银行存款”的贷方。根据该项经济业务，会计分录为

借：制造费用　　14 500
　　贷：银行存款　　14 500

【例6-26】沈阳立信公司通过银行支付车间水费8 500元。企业支付的车间水费使制

造费用增加8 500元，同时银行存款减少8 500元。记入成本类账户“制造费用”的借方，资产类账户“银行存款”的贷方。根据该项经济业务，会计分录为

借：制造费用　　　　　　　　　　8 500

　　贷：银行存款　　　　　　　　　　8 500

6.7　销售收入的确认与计量

销售过程是企业产品价值得以实现的过程，是企业资金循环的第三阶段。在此过程中，企业一方面要将产品及时销售给购买者并收回资金；另一方面要正确核算产品在销售环节中发生的相关成本和费用。此时，企业的成品资金转换为货币资金，形成资金的一次完整循环。

在产品销售过程中企业要确认如下内容：企业主营业务收入的实现；结转主营业务成本；支付营业费用；计算和缴纳销售环节发生的税金等。

6.7.1　销售商品收入的确认

销售商品收入的确认，必须同时符合以下4个条件。

(1) 企业已将商品所有权上的主要风险和报酬转移给购货方。商品所有权上的风险，主要指商品所有者承担该商品价值发生损失的可能性，如商品发生减值、商品发生毁损的可能性。商品所有权上的报酬，主要指商品所有者预期可获得的商品中包括的未来经济利益，如商品价值的增加以及商品的使用所形成的经济利益等。

商品所有权上的风险和报酬转移给购买方，是指风险和报酬均转移给购买方。当一项商品发生的任何损失均不需要销售方承担，带来的经济利益也不归销售方，则意味着该商品所有权上的风险和报酬已从销售方转出。

判断一项商品所有权上的主要风险和报酬，需要以实质重于形式的原则加以判断。

① 销售的商品在质量、品种、规格等方面不符合合同规定的要求，又未根据正常的保证条款予以弥补，因而企业仍负有责任。

② 企业尚未完成售出商品的安装或检验工作，且此项安装或检验任务是销售合同的重要组成部分。如某空调生产企业销售空调，空调一发出，发票账单已交付买方，买方已预付部分货款，但根据合同规定，卖方负责安装，卖方在安装并经检验合格后，买方立即支付余款。在此项销售中，空调发出并不表示商品所有权上的主要风险和报酬已转移给买方，企业仍须对空调进行安装，安装过程中可能会发生一些不确定因素，阻碍该项销售的实现。因此，只有在安装完毕并验收合格后才能确认。

③ 销售合同中规定了出于特定原因买方有权退货的条款而企业又不能确定退货的可能性。如某企业为推销一项新商品，规定凡买该项产品者均有一个月的试用期，不满意的，一个月内给予退货。在此项销售中，该企业尽管已将商品售出，也已收到价款，但

由于是新产品，无法估计退货的可能性，商品所有权上的风险和报酬实质上并未转移给买方，该企业在售出商品时不能确认收入。只有当买主正式接受商品或退货期满时才能确认收入。

④ 企业销售商品的收入是否能够取得，取决于代收方或寄销方是否已将商品售出。如某企业采用代销方式将商品发出后，其所有权并未转移给受托方，商品所有权上的风险和报酬在委托方，只有当受托方将商品售出后，商品所有权上的风险和报酬才移出委托方，委托方才能确认销售收入的实现。

(2) 企业既没有保留通常与所有权相联系的继续管理权，也没有对已售出的商品实施控制。企业将商品所有权上的主要风险和报酬转移给买方后，如仍然保留通常与所有权相联系的继续管理权，或仍然对售出的商品实施控制，则此项销售不能成立，不能确认相应的销售收入。例如，A企业是房地产开发企业，其将尚待开发的土地销售给B企业。合同同时规定，利润由A和B两家企业按一定比例分配。A企业仍然保留了与该土地所有权相联系的继续管理权，该项交易实质上不是销售土地的交易，而是A和B企业共同对该项土地的开发进行投资，并共享利润的交易。A企业在销售土地的同时，不能确认收入。

(3) 与交易相关的经济利益能够流入企业经济利益，是指直接或间接流入企业的现金或现金等价物。在销售商品的交易中，与交易相关的经济利益即为销售商品的价款。销售商品的价款能否有把握收回，是收入确认的一个重要条件。企业在销售商品时，如估计价款收回的可能性不大，即使收入确认的其他条件均已被满足，也不应确认收入。

(4) 收入的金额能够可靠地计量。收入能否可靠地计量，是确认收入的基本前提，收入不能可靠地计量，则无法确认收入。企业在销售商品时，通常已经确定售价，但销售过程中由于某种不确定因素，也有可能出现售价变动情况，则新的售价在确定之前不应确认收入。

(5) 相关已发生或将发生的成本能够可靠地计量。通常情况下，销售商品相关的已发生的或将发生的成本能够合理地估计，如库存商品的成本、商品运输费用等。如果库存商品是本企业生产的，其生产成本能够可靠地计量；如果是外购的，购买成本能够可靠地计量。销售商品相关的、已发生的或将发生的成本不能可靠估计的，企业应该将其确认为负债。

6.7.2 提供劳务收入的确认

企业提供劳务的收入，应分别按下列情况进行确认和计量。

(1) 企业在资产负债表日能对该项交易的结果做出可靠估计，应按完工百分比法确认收入。完工百分比法是指按照劳务的完成程度确认收入和费用的方法。企业确定提供劳务交易的完工进度，可以选用下列方法：一是已完工作的测量；二是已提供劳务占应提供劳务总量的比例；三是已发生的成本占估计总成本的比例。

提供劳务的交易结果能否可靠估计，可依据以下条件进行判断。如果同时满足以下条件，则交易的结果能够可靠地估计：

① 收入的金额能够可靠地计量；

② 与交易相关的经济利益能够流入企业；

③ 交易的完工程度能够可靠地确定；

④ 交易中已发生和将发生的成本能够可靠地计量。

(2) 企业在资产负债表日，如果不能可靠地估计所提供劳务的交易结果，以及不能满足上述条件中的任何一条，则不能按完工百分比法确认收入。这时企业应正确预计已经收回或将要收回的款项能弥补多少已经发生的成本，并按以下方法处理。

① 如果已经发生的劳务成本预计能够得到补偿，应按已经发生的劳务成本金额确认收入；同时，按相同的金额结转成本，不确认利润。

② 如果已经发生的劳务成本预计不能全部得到补偿，应按能够得到补偿的劳务金额确认收入，并按已经发生的劳务成本结转成本。确认收入的金额小于已经发生的劳务成本的金额，确认为损失。

③ 如果预计已经发生的劳务成本不能全部得到补偿，则不应确认收入，但应将已经发生的成本确认为当期费用。

6.7.3　让渡资产使用权收入的确认

让渡资产使用权取得的收入主要有：因他人使用本企业现金而取得的利息收入、因他人使用本企业的无形资产(如商标权、专利权、专营权、软件、版权)等而形成的使用费收入。利息收入和使用费收入应遵循以下确认原则。

(1) 与交易相关的经济利益能够流入企业。

(2) 收入的金额能够可靠地计量。

利息收入应在每个会计期末，按未收回的存款或贷款的本金，存续期间按适当的利率计算并确认利息收入；使用费收入应按有关合同协议的收费时间和方法确认。

6.7.4　收入的计量与核算

营业收入的金额按照我国《企业会计准则》的规定，企业应按每期收入的实际总额确定营业收入，应将实际发生的销售退回、销售折让、销售折扣作为营业收入的抵减项目。

1. 账户设置

收入核算设置的主要账户包括以下几个方面。

(1) “主营业务收入”账户。该账户核算企业销售产品或提供劳务而确定的收入。该账户的贷方登记企业取得的销售收入，借方登记期末转入“本年利润”账户的销售收入，结转后无余额。

(2) “主营业务成本”账户。该账户核算企业已售出产品、劳务的成本。该账户的借方登记已售产品、劳务的成本，贷方登记期末转入“本年利润”账户的销售收入，结转后无余额。

(3)“营业税金及附加”账户。该账户核算企业在销售环节中缴纳的税金。该账户的借方登记应缴纳的销售税金，贷方登记期末转入“本年利润”账户的销售收入，结转后无余额。

(4)“预收账款”账户。该账户核算企业按照合同规定向购货单位预收的货款。该账户的贷方登记按照合同预收的货款，借方登记发货后与购货单位结算的款项，期末贷方余额表示已预收未发货的款项。预收货款不多的企业可以不设置该账户，将预收的款项直接记入“应收账款”账户的贷方，发货后与购货单位结算的款项记入“应收账款”的借方。

不符合收入确认条件的商品，不确认收入，应将发出商品通过“发出商品”账户核算。

2. 核算举例

【例6-27】沈阳立信公司销售甲产品400台，单价为150元，乙产品600台，单价为200元，增值税税率为17 %，已通过银行收款。

该项经济业务使企业主营业务收入增加了180 000元，应缴纳的增值税增加了30 600元，同时银行存款增加了210 600元，分别记入损益收入类账户“主营业务收入”的贷方，负债类账户“应交税费——应交增值税(销项税额)”的贷方，以及资产类账户“银行存款”的借方。具体会计分录为

借：银行存款 210 600
　　贷：主营业务收入 180 000
　　　　应交税费——应交增值税(销项税额) 30 600

【例6-28】沈阳立信公司销售给中华公司甲产品10台，单价为150元，未收款。

该项经济业务使企业主营业务收入增加了1 500元，应缴纳的增值税增加了255元，同时应收账款增加了1 755元，分别记入损益收入类账户“主营业务收入”的贷方，负债类账户“应交税费——应交增值税(销项税额)”的贷方，以及资产类账户“应收账款”的借方。具体会计分录为

借：应收账款 1 755
　　贷：主营业务收入 1 500
　　　　应交税费——应交增值税(销项税额) 255

【例6-29】沈阳立信公司销售甲产品50台，单价为150元，乙产品50台，单价为200元，增值税税率为17%，得到商业承兑汇票一张。

该项经济业务使企业主营业务收入增加了17 500元，应缴纳的增值税增加了2 975元，同时应收票据增加了20 475元，分别记入损益收入类账户“主营业务收入”的贷方，负债类账户“应交税费——应交增值税(销项税额)”的贷方，以及资产类账户“应收票据”的

借方。具体会计分录为

借：应收票据　　20 475

　贷：应交税费——应交增值税(销项税额)　　2 975

　　主营业务收入　　17 500

【例6-30】沈阳立信公司销售一批商品给乙企业；增值税发票上注明的售价为80 000元，增值税额为13 600元，货到后买方发现商品质量不合格，要求在价格上给予5%的折让。经查明，情况属实，该企业同意买方意见并办妥相关手续。

确认销售时使企业主营业务收入增加了80 000元，应缴纳的增值税增加了13 600元，同时应收账款增加了93 600元，分别记入损益收入类账户“主营业务收入”的贷方，负债类账户“应交税费——应交增值税(销项税额)”的贷方，以及资产类账户“应收账款”的借方。具体会计分录为

借：应收账款　　93 600

　贷：主营业务收入　　80 000

　　应交税费——应交增值税(销项税额)　　13 600

发生销售折让使企业主营业务收入减少了4 000元，应缴纳的增值税减少了680元，同时应收账款减少了4 680元，分别记入损益收入类账户“主营业务收入”的借方，负债类账户“应交税费——应交增值税(销项税额)”的借方，以及资产类账户“应收账款”的贷方。具体会计分录为

借：主营业务收入　　4 000

　应交税费——应交增值税(销项税额)　　680

　贷：应收账款　　4 680

实际收到货款使企业银行存款增加了88 920元，同时应收账款减少了88 920元，分别记入资产类账户“银行存款”的借方和“应收账款”账户的贷方。具体会计分录为

借：银行存款　　88 920

　贷：应收账款　　88 920

【例6-31】沈阳立信公司月末结转销售460台甲产品的产品销售成本，假设已完工甲产品4 000台，成本160 000元。企业一般在月末终了根据本月销售产品的数量，采用先进先出法、后进先出法、加权平均法等计算已销产品的成本，将计算后得到的销售成本从“库存商品”账户转入“主营业务成本”账户。

产品销售成本=160 000÷4 000×460=18 400元

该项经济业务使企业主营业务成本增加了18 400元，同时库存商品金额减少了18 400元，记入损益支出类账户“主营业务成本”的借方，资产类账户“库存商品”的贷方。具体会计分录为

借：主营业务成本　　18 400

　贷：库存商品　　18 400

6.8 利润的形成与分配：利润的确认与计量以及分配核算

6.8.1 利润的确认与计量

利润是企业在一定期间生产经营的最终成果。它是收入与费用相抵以后的差额，如果收入大于成本，其结果为利润，反之为亏损。对利润及时进行核算，可以及时反映企业在一定会计期间的经营业绩和获利能力，反映企业的投入产出结果和经济利益，有助于企业投资者和债权人据此进行盈利预测，做出正确的决策。

利润按照配比原则，是指将一定时期内相对应的收入与费用进行配比，收入大于费用的部分为利润；反之为亏损。利润的确认，是以企业生产经营活动过程中所产生的收入和费用的确认为基础，包括通过投资活动而获得的投资收益，还包括与生产经营活动无关的营业外收入和营业外支出。

企业的利润可以通过以下公式来计算。

1. 营业利润的计算

营业利润=营业收入−营业成本−营业税金及附加−销售费用−管理费用−财务费用−资产减值损失+公允价值变动收益(−公允价值变动损失)+投资收益(−投资损失)

2. 利润总额的计算

利润总额=营业利润+营业外收入−营业外支出

3. 净利润(Net Profit)的计算

净利润=利润总额−所得税(Income Tax)费用

4. 利润分配的计算

企业实现的利润，按照国家固定的税率计算缴纳所得税后的净利润，首先是弥补以前年度尚未弥补的亏损，然后应按下列顺序进行分配。

(1) 提取法定盈余公积。企业按照规定的比例从净利润中提取法定盈余公积，根据我国《公司法》的规定，有限公司和股份有限公司应按照净利润的10%提取法定盈余公积，计提的法定盈余公积累计达到注册资本的50%时，可以不再提取。

(2) 提取任意盈余公积。它是指企业经股东大会或类似机构批准按照规定的比例从净利润中提取的盈余公积。它与法定盈余公积的区别在于其提取比例由企业自行决定，而法定盈余公积的提取比例由国家决定。企业提取的盈余公积可以用于弥补亏损、转增资本、发放现金股利或利润。

(3) 向投资者分配利润或股利。企业实现的净利润在扣除上述项目后，再加上期末分配利润，即为可供投资者分配的利润。

盈余公积和未分配利润合称为企业的留存收益。留存收益是指企业从历年实现的利润中提取形成的留存于企业的内部积累。留存收益来源于企业在生产经营活动中所实现的净利润。它与实收资本和资本公积的区别主要在于，实收资本和资本公积来源于资本投入，而留存收益来源于企业的资本增值。

6.8.2　利润的核算

1. 账户设置

(1)“营业外收入”账户。营业外收入是指企业发生的与其生产经营无直接关系的各项收益，包括固定资产盘盈、处置固定资产净收益、非货币性交易收益、罚款净收入等。为了反映和监督企业获得的营业外收入，应设置“营业外收入”账户。该账户贷方登记发生的各项营业外收入，借方登记期末转入“本年利润”账户的营业外收入，结转后该账户应无余额。该账户应按收入项目设置明细账，进行明细分类核算。

(2)“营业外支出”账户。营业外支出是指企业发生的与其生产经营无直接关系的各项支出，如固定资产盘亏、处置固定资产净损失、出售无形资产损失、罚款支出、捐赠支出、非常损失等。为了反映和监督企业发生的营业外支出，应设置“营业外支出”账户。该账户借方登记发生的各项营业外支出，贷方登记期末转入“本年利润”账户的营业外支出，结转后该账户应无余额。该账户应按支出项目设置明细账，进行明细核算。

(3)“所得税费用”账户。根据《企业会计准则》计算的利润总额与根据我国《企业所得税暂行条例》的规定计算的应纳税所得额的口径不同，所以在计算所得税前须对利润总额进行纳税调整。如国债的利息收入，《企业所得税暂行条例》规定免税，在利润总额的基础上应该调减；税收方面的罚款支出，在计算利润总额时已经扣除，但《企业所得税暂行条例》规定不能扣除，所以在利润总额的基础上应该调增。

$$应纳税所得额=利润总额 \pm 纳税调整项目$$

$$所得税额=应纳税所得额 \times 所得税税率$$

所得税的计算如果没有纳税调整项目，直接用当期利润总额乘以所得税税率计算应交的所得税，分别记入“所得税费用”账户和“应交税费”账户。如果有纳税调整项目，则须增设“递延所得税资产”和“递延所得税负债”账户进行核算。为了进行所得税的核算，应设置“所得税费用”账户，该账户借方核算所得税费用的增加金额，贷方反映年末结转入“本年利润”账户的数值，结转后该账户无余额。

(4)“本年利润”账户。“本年利润”账户核算企业实现的净利润。贷方登记由各项收入类账户转入的收入，包括主营业务收入、营业外收入、其他业务收入等，借方登记由各项费用类账户转入的费用，包括主营业务成本、销售费用、营业税金及附加、管理费用、财务费用、其他业务成本等。余额若在贷方，表示企业本年度内累计实现的利润总额；余额若在借方，表示企业本年度内累计发生的亏损。若企业有利润，根据利润及纳税调整项目计算应纳税所得额，然后乘以相应的所得税税率计算的所得税，记入该账户的借方，此时该账户贷方余额反映企业的税后净利润，年终决算时，将该账户余额结转入“利润分配——未分配利润”明细账户。结转后该账户无余额。

(5) “利润分配”账户。“利润分配”账户核算企业税后净利润的分配。该账户的借方登记已分配的利润，包括提取的盈余公积金、向投资者分配的利润等。贷方登记从“本年利润”账户转入的企业累计实现的税后净利润。余额在贷方，表示未分配的利润；余额在借方，表示未弥补的亏损。

该账户下应设置“利润分配——提取盈余公积”“利润分配——应付股利”“利润分配——未分配利润”等明细账户。年终将企业实现的税后净利润从“本年利润”账户转入“利润分配——未分配利润”明细账户的贷方，同时再将其他明细账户的余额转入“利润分配——未分配利润”明细账户的借方，结转的余额转入“利润分配——未分配利润”明细账户的借方，结转后，除“利润分配——未分配利润”外，其他明细账户应无余额。

(6) “盈余公积”账户。“盈余公积”账户，是用来反映和监督企业从税后利润中提取的盈余公积金的增减变动和结余情况的账户。贷方登记从税后利润(即净利润)中提取的盈余公积金；借方登记盈余公积金的支用，如转增其资本金，弥补亏损等。期末余额在贷方，表示期末盈余公积的余额。盈余公积分为法定盈余公积和任意盈余公积。

(7) “应付股利”账户。“应付股利”账户是用来反映和监督企业向投资者(包括国家、其他单位以及个人)应付现金股利或利润情况的账户。贷方登记企业计算出的应分配给投资者的现金股利或利润；借方登记实际支付给投资者的现金股利或利润。期末余额如果在贷方表示应付而尚未支付的现金股利或利润。

2. 核算举例

利润的核算方法有表结法和账结法两种。表结法是指每期根据利润表来结转期末损益类科目、计算利润或亏损的方法。该方法平时不使用“本年利润”账户，只在年末终了才使用此账户。账结法是指每期通过“本年利润”账户来计算企业的利润或亏损，账务处理比较完整。本书的例题均采用账结法。

【例6-32】沈阳立信公司出售一批商品，收取包装物押金6 000元。购买方按规定时间退回包装物的2/3，假设不考虑相关税费。

出售商品收取押金使企业银行存款增加了6 000元，同时暂收款增加了6 000元。记入资产类账户“银行存款”的借方和负债类账户“其他应付款”的贷方。会计分录为

借：银行存款　　　　　　　　　6 000

　　贷：其他应付款　　　　　　　　　6 000

退回2/3押金时使企业银行存款减少了4 000元，同时暂收款减少了4 000元。记入资产类账户“银行存款”的贷方和负债类账户“其他应付款”的借方。会计分录为

借：其他应付款　　　　　　　　4 000

　　贷：银行存款　　　　　　　　　　4 000

没收押金时使企业营业外收入增加了2 000元，同时暂收款减少了2 000元。记入负债类账户“其他应付款”的借方和损益收入类账户“营业外收入”的贷方。会计分录为

借：其他应付款　　2 000

　贷：营业外收入　　2 000

【例6-33】沈阳立信公司支付违反合同的罚款10 000元，以银行存款的形式支付。

该项经济业务使企业银行存款减少了10 000元，同时营业外支出增加了10 000元。记入资产类账户“银行存款”的贷方和损益支出类账户“营业外支出”的借方。会计分录为

借：营业外支出　　10 000

　贷：银行存款　　10 000

【例6-34】沈阳立信公司以银行存款支付本期广告费5 000元。

该项经济业务使企业银行存款减少了5 000元，同时销售费用增加了5 000元。记入资产类账户“银行存款”的贷方和损益支出类账户“销售费用”的借方。会计分录为

借：销售费用　　5 000

　贷：银行存款　　5 000

【例6-35】沈阳立信公司将所有损益类账户转入本年利润，假设营业税金及附加、财务费用各为5 000元和2 000元。

平时核算时，损益支出类账户“主营业务成本”“营业税金及附加”“管理费用”“销售费用”“财务费用”“营业外支出”等有借方发生额，期末终了根据其借方发生额累计数从上述账户的贷方转到“本年利润”账户的借方。由此，上述损益支出类账户结平，其发生额结转到“本年利润”账户。会计分录为

借：本年利润　　65 400

　贷：主营业务成本　　18 400

　　管理费用　　25 000

　　销售费用　　5 000

　　营业外支出　　10 000

　　营业税金及附加　　5 000

　　财务费用　　2 000

平时核算时，损益收入类账户“主营业务收入”“营业外收入”等有贷方发生额，期末终了根据其贷方发生额累计数从上述账户的借方转到“本年利润”账户的贷方。由此，上述损益支出类账户结平，其发生额结转到“本年利润”账户的贷方。会计分录为

借：主营业务收入　　199 000

　营业外收入　　2 000

　贷：本年利润　　201 000

【例6-36】假设没有纳税调整项目，沈阳立信公司月末按利润总额的33%计提所得税。

营业利润=营业收入−营业成本−营业税金及附加−管理费用−财务费用−销售费用

=199 000−18 400−5 000−25 000−2 000−5 000

=143 600(元)

利润总额=营业利润+营业外收入−营业外支出

=143 600+2 000−10 000

=135 600(元)

所得税 =135 600×33%=44 748(元)

计提所得税使企业所得税费用增加44 748元，同时应交税费增加了44 748元，记入损益支出类账户“所得税费用”的借方和负债类账户“应交税费”的贷方。会计分录为

借：所得税费用　　　　　　　　　　44 748

　　贷：应交税费——应交所得税　　　　44 748

借：本年利润　　　　　　　　　　　44 748

　　贷：所得税费用　　　　　　　　　　44 748

【例6-37】假设沈阳立信公司2009年度实现的净利润为1 000 000元，未超过所得税规定的弥补期限的未弥补亏损100 000元，则先用1 000 000元弥补亏损，再计算本期的所得税。

所得税额=(1 000 000−100 000) ×33%=297 000(元)

根据该项经济业务，会计分录为

借：所得税费用　　　　　　　　　　297 000

　　贷：应交税费　　　　　　　　　　　297 000

借：本年利润　　　　　　　　　　　297 000

　　贷：所得税费用　　　　　　　　　　297 000

年末，“利润分配——未分配利润” 的贷方余额为603 000(1 000 000−100 000−297 000) 元。

假设2000年超过所得税法规定的弥补年限，则先计算所得税，再进行年终决算。

所得税=1 000 000×33%=330 000(元)

根据该项经济业务，会计分录为

借：所得税费用　　　　　　　　　　330 000

　　贷：应交税费　　　　　　　　　　　330 000

借：本年利润　　　　　　　　　　　330 000

　　贷：所得税费用　　　　　　　　　　330 000

年末，“利润分配——未分配利润”的贷方余额为570 000(1 000 000−330 000−100 000)元。

【例6-38】沈阳立信公司按净利润的10%提取法定盈余公积金，按10%提取任意盈余公积金，向投资者分派现金股利20 000元，其余待分配。

根据沈阳立信公司的有关经济业务，首先进行净利润的计算，即

沈阳立信公司的净利润=135 600−44 748=90 852(元)

提取的任意盈余公积金=90 852 × 10%=9 085.2(元)

提取法定及任意盈余公积时，会计分录为

借：利润分配——提取法定盈余公积　　9 085.2
　　贷：盈余公积——法定盈余公积　　9 085.2

借：利润分配——提取任意盈余公积　　9 085.2
　　贷：盈余公积——任意盈余公积　　9 085.2

向投资者分派现金股利时，会计分录为

借：利润分配　　20 000
　　贷：应付股利　　20 000

【例6-39】沈阳立信公司进行年终决算。

将本年利润的余额转入“利润分配——未分配利润”账户，即

借：本年利润　　90 852
　　贷：利润分配——未分配利润　　90 852

借：利润分配——未分配利润　　38 170.4
　　贷：利润分配——提取法定盈余公积　　9 085.2
　　　　利润分配——提取任意盈余公积　　9 085.2
　　　　利润分配——应付股利　　20 000

总结

企业在经营过程中发生的主要经济业务包括：①资金筹集业务；②供应过程业务；③生产过程业务；④产品销售过程业务；⑤利润形成与分配业务。筹集资金是企业生产经营活动的首要条件，是资金运动全过程的起点。对于企业而言，其资金来源一般有两种途径：投资人投入和向债权人借入。供应过程是生产准备过程，主要是指劳动资料的准备，即购建固定资产和劳动对象的准备(例如购买原材料)等。制造企业在生产经营过程中会发生各种耗费，统称为费用。费用按经济用途可分为生产费用和期间费用两大类。企业在销售产品过程中，一方面出售产品，与购货单位进行款项结算；另一方面要依据国家税收法律等规定计算和缴纳税金，同时确定并结转已销售产品的生产成本，支付为销售产品而发生的销售费用，如运杂费、包装费、广告费等。企业在销售过程中，除了发生销售商品、自制半成品以及提供工业性劳务等业务即主营业务外，还可能发生一些其他业务如销售材料、出租包装物、出租固定资产等。利润是指企业在一定会计期间的经营成果。利润包括收入减去费用后的净额、直接计入当期利润的利得和损失等。利润是在会计期间经济利益的增加，表现为资产的流入、增值或负债减少而引起的权益的增加。根据对外报告的利润表的编制要求，利润分为三个层次，即营业利润、利润总额和净利润。

关键词

划分收益性支出	Revenue Expenditure
资本性支出	Capital Expenditure
实收资本	Paid-in Capital
资本公积	Capital Reserves
存货	Inventory
直接费用	Direct Cost
间接费用	Indirect Cost
财务费用	Finance Cost
管理费用	Management Cost
销售费用	Sales Cost

习题

一、单项选择题

1. 根据《企业会计制度》的规定，企业支付的罚款支出应当计入(　　)。

A. 财务费用　　B. 其他业务支出

C. 营业外支出　　D. 销售费用

2. 某企业年初未分配利润为100万元，本年实现的净利润为200万元，按10%和5%分别提取法定盈余公积和法定公益金。该企业可供投资者分配的利润为(　　)万元。

A. 200　　B. 225　　C. 270　　D. 300

3. 下列项目中不属于营业外支出的是(　　)。

A. 处置固定资产净损失　　B. 出售固定资产净损失

C. 无形资产摊销　　D. 捐赠支出

4. 下列各项中，不影响营业利润的有(　　)。

A. 管理费用　　B. 所得税费用

C. 主营业务收入　　D. 其他业务支出

5. 对于实行定额备用金制度的企业，(　　)。

A. 只能设置“其他应收款——备用金”进行核算

B. 只能设置“备用金”账户核算

C. 既可以设置“其他应收款——备用金”进行核算，又可以设置“备用金”账户核算

D. 可以在“库存现金”账户下设置备用金明细账进行核算

6. (　　)不属于单位的现金支出。

A. 向本单位职工发放工资　　B. 支付个人劳务报酬

C. 购买价值5 000元的机器　　D. 向单位内部有关部门支付备用金

7. 清查库存现金时，发现库存数大于账面余额，有待查明原因，则应(　　)。

A. 贷记“库存现金”

B. 借记“待处理财产损溢——待处理流动财产损溢”

C. 贷记“待处理财产损溢——待处理流动财产损溢”

D. 贷记“其他应付款”

8. “应付职工薪酬——福利费”的贷方登记(　　)。

A. 职工福利费的使用数　　B. 职工福利费的提取数

C. 职工福利费的结存数　　D. 职工福利费的超支数

9. 车间管理人员的工资，应先记入(　　)，然后再按一定的分配方法分配到产品成本中。

A. “制造费用”的借方　　B. “管理费用”的贷方

C. “销售费用”的借方　　D. “销售费用”的贷方

10. 车间直接参加产品生产的工人的工资，应(　　)。

A. 借记“生产成本”　　B. 贷记“生产成本”

C. 借记“管理费用”　　D. 贷记“管理费用”

11. 根据国家规定，可以按照工资总额的(　　)提取福利费计入成本费用。

A. 5%　　B. 10%　　C. 14%　　D. 20%

12. 按企业管理人员的工资计提的福利费，应记入(　　)。

A. “生产成本”的借方　　B. “管理费用”的借方

C. “生产成本”的贷方　　D. “管理费用”的贷方

13. 假定某种产品的工时定额为30分钟，假定某工人共加工该产品300件，工人的小时工资率为3元，则该工人的计件工资为(　　)。

A. 150元　　B. 270元　　C. 300元　　D. 450元

14. 企业从工资中结转代扣款项时，应(　　)。

A. 借记“应付职工薪酬——工资”　　B. 借记“管理费用”

C. 贷记“应付职工薪酬——工资”　　D. 借记“其他应付款”

15. 某固定资产的使用年限为5年，在使用年数总和法计提折旧的情况下，第一年的折旧率为(　　)。

A. 20%　　B. 33.33%　　C. 40%　　D. 50%

16. 某企业对办公用房进行修理，按月预提修理费时，应(　　)。

A. 借记“待摊费用——固定资产修理支出”

B. 贷记“待摊费用——固定资产修理支出”

C. 借记“预提费用”

D. 贷记“预提费用——修理费”

17. 按企业在建工程人员的工资计提的福利费，应记入(　　)。

A. “在建工程”的借方　　B. “在建工程”的贷方

C. “生产成本”的借方　　D. “生产成本”的贷方

18. 企业自销的应税矿产品应交资源税，应计入(　　)。

A. 制造费用　　B. 生产成本

C. 主营业务成本　　D. 营业税金及附加

19. 甲公司为一般纳税人企业，在建造新厂房时，领用一批外购的原材料，对于增值税部分，其正确的会计处理是(　　)。

A. 做进项税额不得抵扣处理

B. 做进项税额转出处理，并将进项税额转入在建工程成本

C. 作为销项税额处理

D. 将进项税额计入存货成本

20. 关于应付股利，下列说法中正确的是(　　)。

A. 它是指企业根据股东大会或类似机构审议批准的利润分配方案确定分配给投资者的现金股利或利润

B. 它是指企业董事会或类似机构通过的分配给投资者的现金股利或利润

C. 企业应根据董事会或类似机构审议批准的利润分配方案进行会计处理

D. 企业不应该根据董事会或类似机构审议批准的利润分配方案进行会计处理，也不在附注中披露

二、多项选择题

1. 外购固定资产的入账价值包括(　　)。

A. 买价　　B. 增值税　　C. 安装费　　D. 装卸费

2. 下列各项资本公积，可直接用于转增资本的有(　　)。

A. 资本溢价　　B. 拨款转入

C. 股本溢价　　D. 接受捐赠的非现金资产准备

3. 收入可能引起企业(　　)。

A. 资产增加　　B. 所有者权益增加

C. 负债增加　　D. 负债减少

4. 关于入库单的说法，正确的有(　　)。

A. 入库单一般一式两联

B. 入库单的一联作为仓库登记存货明细账的依据

C. 入库单的一联送交供应部门存查

D. 入库单的一联连同购货发票等结算单据交财会部门作为记账的依据

5. 企业以信用证存款购买材料时，应(　　)。

A. 借记“其他货币资金——信用证存款”

B. 贷记“银行存款”

C. 贷记“其他货币资金——信用证存款”

D. 借记“材料采购”

6. 工资费用分配时，对于车间管理人员的工资应先(　　)，然后再按一定的方法分配计入产品成本中。

A. 借记“生产成本”　　B. 贷记“应付职工薪酬——工资”

C. 借记“制造费用”　　D. 借记“销售费用”

7. 随同产品出售而不单独计价的包装物，在领用时应(　　)。

A. 借记“生产成本”　　B. 贷记“包装物——库存未用包装物”

C. 借记“销售费用”　　D. 贷记“生产成本”

8. 企业应在“自制半成品”总账户下设置(　　)二级账户。

A. “原材料”　　B. “低值易耗品”

C. “库存半成品”　　D. “委托外部加工自制半成品”

9. 下列关于外埠存款的说法中正确的有(　　)。

A. 外埠存款账户是以采购员的名义开立的

B. 采购资金存款不计利息

C. 采购资金账户只付不收

D. 采购资金存款，除采购员差旅费可以支取少量现金外，一律转账

10. 华夏公司往外地汇款开立采购物资专户，应(　　)。

A. 借记“银行存款”　　B. 贷记“银行存款”

C. 借记“其他货币资金——外埠存款”　　D. 贷记“其他货币资金——外埠存款”

11. 工业企业购入存货的成本包括(　　)。

A. 买价　　B. 运输费

C. 运输途中的合理损耗　　D. 增值税进项税额

12. 对于盘亏和损失的存货，如果是由于计量的误差或定额内的自然损耗，经批准后可记入(　　)账户。

A. “管理费用”　　B. “销售费用”　　C. “其他业务支出”　　D. “营业外支出”

13. 作为产品组成部分的包装物，在领用时应(　　)。

A. 借记“生产成本”　　B. 贷记“包装物——库存未用包装物”

C. 借记“销售费用”　　D. 贷记“生产成本”

14. 企业销售商品，结转成本时应(　　)。

A. 借记“主营业务成本”　　B. 贷记“库存商品”

C. 借记“库存商品”　　D. 贷记“主营业务成本”

15. 企业从外地购入一批原材料，双方协议用商业汇票结算，则应(　　)。

A. 借记“材料采购”

B. 借记“应交税费——应交增值税(进项税额)”

C. 贷记“应付票据”

D. 贷记“应付账款”

16. 企业采用计划成本法核算，结转入库材料成本的节约差异时，应(　　)。

A. 借记“材料采购”　　B. 贷记“材料成本差异”

C. 借记“材料成本差异” D. 贷记“材料采购”

17. 采用使用期限摊销法，在低值易耗品领用时，将其全部价值先记入(　　)账户。

A. “待摊费用” B. “长期待摊费用”

C. “管理费用” D. “制造费用”

18. 采用五五摊销法进行低值易耗品摊销的企业，应在“低值易耗品”科目下分设(　　)等二级科目。

A. “低值易耗品——在库低值易耗品” B. “低值易耗品——在用低值易耗品”

C. “低值易耗品——低值易耗品摊销” D. “低值易耗品——报废低值易耗品”

19. 属于固定资产正常报废的有(　　)。

A. 使用磨损报废 B. 因技术进步而发生的提前报废

C. 因自然灾害造成的报废 D. 因责任事故造成的报废

三、判断题

1. 未提足折旧的提前报废的固定资产，应补提折旧。(　　)

2. 在备抵法下，企业将不能收回的应收账款确认为坏账损失时，应计入管理费用，并冲销相应的应收账款。(　　)

3. 销售折让是指企业为了鼓励客户提前偿付货款而向客户提供的债务扣除。(　　)

4. 营业利润=主营业务利润+其他业务利润-投资收益。(　　)

5. 企业在建工程人员的工资，应记入“固定资产”的借方。(　　)

6. 职工生活困难补助属于职工福利费的列支范围。(　　)

7. 企业应按照工资总额的14%提取福利费。(　　)

8. 企业当月增加的固定资产，应计提折旧。(　　)

9. 在租赁谈判和签订租赁合同过程中承租人发生的，可以直接归属于租赁项目的初始直接费用如印花税等，应直接计入固定资产成本。(　　)

10. 按规定单独估价作为固定资产入账的土地应计提折旧。(　　)

11. 按工作量法计提折旧，可以弥补平均年限法只注重使用时间而不考虑使用强度的缺点。(　　)

12. 用年数总和法计提折旧，不考虑固定资产残值。(　　)

13. 固定资产按重置成本计价具有客观性和可验证性的优点。(　　)

14. 按固定资产的使用情况分类，可分为经营用固定资产和非经营用固定资产。(　　)

15. 企业生产工人的医疗保险费、养老保险费、失业保险费、工伤保险费和生育保险费等社会保险费应计入产品成本或劳务成本。(　　)

四、综合题

【资料】某工业公司20×1年12月成立，当月发生如下经济业务(公司只生产销售一种产品——甲产品，不考虑增值税)。

(1) 收到投资人投入的现金6 000元，银行存款500 000元，新设备800 000元。

(2) 从银行借款200 000元，期限3年，已存入银行。

(3) 购入一批材料，价值50 000元，材料已验收入库，贷款以银行存款支付。

(4) 赊购一批材料，价值20 000元，材料验收入库。

(5) 从银行存款中提取现金1 000元备用。

(6) 经理王平出差，预借差旅费5 000元，付现金。

(7) 本月材料仓库发出材料如下：生产甲产品领用材料40 000元，车间一般消耗领用材料5 000元，企业行政管理部门领用2 000元。

(8) 以银行存款20 000元偿付赊购材料款。

(9) 销售甲产品，尚未收到销货款100 000元。

(10) 用银行存款35 000元，购置一台新设备。

(11) 收到购货单位归还前欠甲产品贷款100 000元，存入银行。

(12) 计算并分配本月职工工资：生产甲产品人员工资2 000元，车间管理人员工资3 000元，企业行政管理人员工资8 000元。

(13) 依据规定，按职工工资总额的14%计提职工福利费。

(14) 公司计提固定资产折旧：生产车间使用的固定资产折旧费3 000元，企业行政管理部门使用的固定资产折旧费4 200元。

(15) 经理王平报销差旅费3 800元，余款1 200元退回现金。

(16) 预提企业本月应负担的银行借款利息800元。

(17) 月末，将本月制造费用11 420元计入生产甲产品的生产成本。

(18) 公司本月生产的甲产品全部完工，验收入库。结转已完工甲产品的全部生产成本74 220元。

(19) 公司销售甲产品价值30 000元，收到贷款10 000元并存入银行，其余20 000元尚未收到。

(20) 用银行存款20 000元支付产品广告费。

(21) 计算并结转应缴纳的4 500元销售税金。

(22) 结转已销售产品的实际生产成本65 000元。

(23) 以现金支付违约罚款500元。

(24) 将企业本期实现的销售收入结转入“本年利润”账户。

(25) 将企业本期发生的销售成本、销售费用、主营业务税金及附加、管理费用、财务费用和营业外支出等费用科目结转入“本年利润”账户。

(26) 按规定税率25%，计算企业应缴纳的所得税。

(27) 将所得税结转入“本年利润”账户。

(28) 按企业净利润的10%，提取盈余公积金。

(29) 企业将实现的净利润转入“利润分配——未分配利润”账户。

(30) 将“利润分配”账户下“提取盈余公积”明细账户的金额，转入“利润分配——未分配利润”明细账户。

【要求】根据上述资料编制会计分录。

第7章　财产清查

学习目的与要求

理解：

- 财产清查的概念
- 财产清查制度的内容

掌握：

- 财产清查制度的种类和方法
- 财产清查制度结果的会计处理方法

教学重点与难点

重点：

- 财产清查制度的内容
- 财产清查的程序

难点：

- 货币资金的清查和存货清查的方法
- 固定资产清查和债权债务清查的方法
- 财产清查结果的处理方法

导读材料

这是一个经典的有关财产清查丑闻的案例。事情发生在美国新泽西洲，一家名叫美国运通的联合植物油提炼公司，主要向欧洲出售大宗低于标准的起酥油和其他各种植物油产品。美国运通仓储凭证的豆油存货量与实际存货量差别很大。在检查人员盘点植物油存量时，该公司的人员已经提前将油槽装满水，只让水上浮一层植物油，检查人员从油槽上面查看时，以为油槽内装满了豆油；当检查人员吃午餐时，公司人员放开各油槽之间连接的管道，将已盘点过的油槽内的豆油转移到另一个空油槽，再由检查人员去盘点。由此，该公司利用不实的仓储凭证获得了高于实际存货价值几倍的贷款。当时，按仓储凭证登记的豆油储量已经远远超过美国农业部每月统计报告中的全美国豆油存货总量。后来，随着植物油丑闻被披露，相关公司和银行损失了1.5亿美元，其在美国证券交易所上市的股票价格下跌了50%。

7.1 财产清查概述

7.1.1 财产清查的概念

财产清查(Property Check)，是指通过对实物资产、现金的实地盘点和对银行存款、债权债务的查对，确定财产物资、货币资金和债权债务的实存数，查明账存数和实存数是否相符，并查明账实不符的原因的一种会计核算专门方法。

完整的企业内部会计监督制度以及规范、透明的财产清查制度可以保证其经营活动符合国家法律法规，提高经营管理效率，控制风险。我国《会计法》中，明确要求各单位建立健全以单位内部会计监督制度为主的内部控制制度，这对维护市场经济秩序，保证会计信息真实、完整具有重要的意义。有效的内部会计监督不仅能使企业的资源合理配置，提高劳动生产率，而且能防范和发现企业内部和外部的欺诈行为。

企业发生日常经济业务后，要相应地填制和审核会计凭证，所以，会计账簿的记录是否完整和正确，将会直接影响企业财务会计报告所反映的会计信息的真实性和客观性。为了保证企业所提供的会计信息的客观性和真实性，要进行账证核对、账账核对和账实核对，其中账实核对的具体做法就是财产清查。所谓财产清查，是指对企业的各项物资、货币资金及债权债务进行盘点和核对，以查明各项财产物资、货币资金及债权债务的实存数，并与账面数进行比对，从而确定账实是否相符的一种专门方法。

7.1.2 财产清查的意义和作用

在会计工作中，可以通过正确地填制凭证，登记账簿，并进行严格审查来保证账簿记录的正确性，但账簿记录的正确性并不能说明其客观真实性，因为现实中还有很多原因可能使各项财产的账面数与实际结存数产生差异，即账实不符。例如，由于自然的因素使财产物资在保管过程中发生损耗；由于管理不善，对应防潮、防晒、防高温、防严寒的物资管理不严；由于工作失误，如计量、检验不准确，保管员错收、错付物资造成账实不符；由于重记、漏记、错记保管账造成账实不符；由于贪污盗窃、营私舞弊等不法行为，造成财产物资的损失；由于未达账项引起的内外账不符等。

财产清查的主要目的就是确保账簿记录的真实性和正确性，为编制会计报表提供可靠的资料依据，同时它对加强财产物资的管理，维护国家财经纪律方面具有重要意义。财产清查的意义和作用主要包括以下几个方面。

1. 保证会计资料的真实可靠

财产清查通过查明各项财产的物资、货币资金和往来账项的实存数，以确定是否账实相符，针对不符的账项，进一步查明原因，落实责任，并及时调整账面数字，做到账实相符，从而保证会计资料的真实性。

2. 保护财产物资的安全完整

通过财产清查，可以查明财产物资有无短缺和毁损情况。一旦发现问题，须查明原因，认真处理。对于管理制度方面存在的问题，应及时采取措施，建立健全相关制度；对于因管理人员及其他工作人员失职而造成的损失应追究其经济责任，并给予必要的行政处分；对于贪污、盗窃行为，应给予必要的法律制裁，从而保证财产物资的安全完整。

3. 保证财经纪律和结算制度的贯彻执行

通过检查企业与财政、银行及其他单位的往来关系，可以查明企业对相关的财经纪律和结算制度的遵守情况。如应交国家的款项是否及时足额上交；银行借款是否按期归还；与其他单位间的往来款项是否及时进行了结算等，并查明原因，采取措施，促使企业严格遵守财经纪律和结算制度。

4. 挖掘财产物资的潜力

通过财产清查，可以查明各项财产物资的储备和利用情况，了解有无储备不足或积压、呆滞以及不配套的财产物资。对于储备不足的应及时补足，确保生产需要，对于积压、呆滞和不配套的，应及时处理，避免浪费，从而挖掘财产物资的潜力，加速资金周转，提高资金使用效率。

7.1.3 财产清查的分类

1. 按清查的对象和范围分类，可分为全面清查和局部清查

1) 全面清查

全面清查是指对一个单位的全部财产物资，包括实物资产、货币资产以及债权债务等进行全面彻底的盘点与核对。其特点是清查范围大、投入多、耗费时间长。一般只在下述情况下实施全面清查：

(1) 年终编制决策会计报表前；

(2) 企业撤换、合并或改变隶属关系时；

(3) 企业更换负责人时；

(4) 企业改制等需要进行资产评估时。

2) 局部清查

局部清查是指对一个单位的部分实物资产或债权债务进行盘点或核对。其特点是清查范围小、专业性强、人力与时间的耗费较少。其清查对象主要是流动性较强、易发生损耗以及比较贵重的财产。实际工作中，局部清查比较常见，如材料、商品、在产品、库存现金于每日营业终止进行的实地盘点，企业与银行之间进行的账项核对；企业与有关单位进

行的债券和债务核对或查询等。

2. 按清查的时间分类，可分为定期清查和不定期清查

1) 定期清查

定期清查是指根据事先计划安排的时间，对一个单位的全部或部分财产物资进行的清查，常在月末、季末、年末结账时进行。定期清查可以是全面清查，如年终决算前的清查，也可以是局部清查，如月末结账前对库存现金、银行存款以及一些贵重物资的清查。

2) 不定期清查

不定期清查是指事先未规定清查时间，而根据某种特殊需要进行的临时清查。如更换财产物资经管人员(出纳员、仓库保管员)时；财产物资遭受自然灾害或其他损失时；单位合并、迁移、改制和改变隶属关系时；财政、审计、税务等部门进行会计检查时；按规定开展临时性清产核资工作时等，都可以根据不同需要开展全面清查或局部清查。

3. 按清查的执行单位分类，可分为内部清查和外部清查

1) 内部清查

内部清查是指由本企业的有关人员组成清查工作组对本企业的财产所进行的清查。这种清查也称为自查，可以是全部清查，也可以是局部清查；可以是定期清查，也可以是不定期清查，应根据实际情况和具体要求加以确定。

2) 外部清查

外部清查是指由企业外部的有关部门或人员根据国家法律或制度的规定对企业所进行的财产清查。

企业的财产清查按不同标志所进行的分类，如图7-1所示。

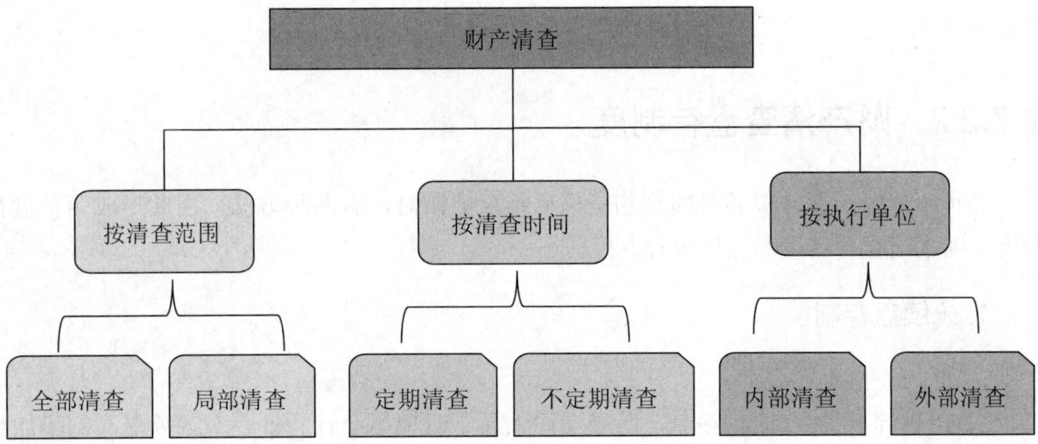

图7-1 对财产清查种类的分类

7.2 财产清查制度

7.2.1 财产清查前的准备和制度

财产清查特别是全面性的财产清查，是一项涉及面广、工作量大、复杂细致的工作，为保证清查的质量，充分发挥财产清查的作用，应建立相应的规章制度。

1. 组织准备和制度

为做好清查工作，应成立专门的财产清查小组，由会计部门、资产管理和使用部门的业务领导、专业人员以及有关职工代表组成三结合清查小组，负责组织领导和实施该项工作。清查小组应根据清查任务、对象和范围以及时间的要求，制订具体的清查计划，安排合理的工作进度，配备足够的清查人员。清查过程中，清查小组要做好清查质量的监督工作，清查完毕后，清查小组应将清查结果以及处理意见上报有关部门审批处理。

2. 业务准备和制度

财产清查前，资产管理部门、资产使用部门和财会部门应分别做好以下业务准备工作并建立相应的规章制度。

(1) 财会部门和资产管理部门应将清查目前所有的资产账簿登记齐全，并结算出账面余额，做到账账相符，以便确定账实之间的差异。

(2) 资产使用部门应将其使用和保管的各项资产，按其自然属性予以整理，有序排列，整齐堆放，并利用标签注明资产的品种、规格和结存的数量，以便盘点核对。

(3) 资产清查人员应准备好盘点清册和计量工具，校正度量衡器，以保证清查结果的准确可靠。

7.2.2 财产清查盘存制度

会计核算中，在计算各种财产物资期末结存数额时，有两种方法，由此形成两种盘存制度，即永续盘存制度和实地盘存制度。

1. 永续盘存制

1) 永续盘存制的概念

永续盘存制也称账面盘存制，是指会计人员平时根据会计凭证，对各项财产的增加数和减少数，在有关账簿记录中进行连续登记，并随时在账簿上结算出各种财产的账面结存数量和结存金额的一种方法。

2) 永续盘存制的账簿组织

采用这一存货盘存方法，要求对企业的存货分别按品种、规格等设置详细的明细账。

收入和发出某项存货时，应根据有关会计凭证及时将收入数和发出数(包括收入数量和金额；发出数量和金额)登记在相应的明细账簿的收入栏和发出栏，并将收入与发出所引起的该存货的结存数额及时结算出，登记在账簿的结存栏内，收入和发出存货后，该存货期末结存数额的计算公式为

期末结存数＝期初结存数＋本期收入数－本期发出数

各项存货的期末余额同样也可以在账面上直接计算出来。

3) 永续盘存制的优缺点

永续盘存制的优点。采用永续盘存制，在会计核算手续上较为严密，对于存货的变动情况要逐日逐笔进行登记，并要随时结算出其余额，因此对存货的增减变动反映是相当及时的，有利于掌握存货收、发、存状况，这对于加强财产管理，挖掘财产潜力，保证财产安全完整，都起到了重要的作用。各企业大部分的存货，都是按永续盘存制来处理的。

永续盘存制的缺点。采用永续盘存制，工作量比较大，要逐日逐笔登记账簿，另外，在账簿中记录存货的增减变动及结存情况，都是根据有关会计凭证登记，可能发生账实不符的情况，因此采用这一方法时，为了核对存货账面记录，加强存货管理，企业应视具体情况对其存货进行不定期的盘存，每年至少应盘存一次。

2. 实地盘存制

1) 实地盘存制的概念

实地盘存制也称定期盘存制，是指会计期末通过对全部存货进行实地盘点，以确定期末存货的数量，再乘以各项存货的单价，计算出期末存货的成本，并据以计算出本期耗用或已销售存货成本的一种存货盘存方法。

2) 期末库存量的确定

采用实地盘存制，平时只记录存货购进的数量和金额，不记录发出的数量，期末通过实地盘点确定存货的实际结存数量，作为账存数量，并据以计算期末存货成本。本期减少数公式为

本期减少数＝期初结存数＋本期增加数－期末结存数

上述公式中，期初结存数和本期增加数可从账簿记录中取得，再通过实地盘存，确定期末结存数，即可计算出本期耗用(或销售)成本。

3) 实地盘存制的优缺点

实地盘存制的优点。采用实地盘存制，平时不记录发出存货的数量和金额，对存货明细账的设置不要求非常详细，因此其最大优点是简单易行。

实地盘存制的缺点。实地盘存制的缺点是非常明显的：第一，不能随时反映存货收入及发出、结存的动态，管理不够严格；第二，由于采用“以存计耗”和“以存计销”倒挤成本，使非正常销售或耗用的存货损失等全部计入耗用或销售成本，容易掩盖存货管理中的问题；第三，由于只有在期末才能结算出结余存货的成本，这一方法的适用性较差。因此，这一方法主要适用于那些自然损耗大、数量不稳定的鲜活商品以及大宗材料等。

7.2.3 财产清查制度的执行方式

财产清查由于清查对象、清查范围和清查时间不同，所采用的具体清查方法以及对清查结果的处理方法也就不同，这些内容将在以下各节中介绍。但是，不论是何种清查，必须做好以下准备工作。

1. 建立清查领导小组

财产清查，特别是全面清查，应该在厂长(或总经理)和总会计师的领导下，成立由财会部门牵头，生产、技术、设备、仓库等其他相关部门参加的清查领导小组，制订财产清查计划，确定清查对象、范围和方法，安排清查的进度、人员，组织和监督清查工作的进行，解决清查过程中发现的问题。

2. 分类整理财产实物，校正度量衡器

财产物资的保管部门应将清查范围内的财产物资进行整理，挂上或贴上表明品种规格和结存数量的标签，以便清查人员核对，并且登记好各种财产物资明细账，结算出余额。银行存款债权债务清查前，应取得清查所需的银行对账单和函证等资料。为保证计量的准确性，还须检查和校正各种计量器具。

3. 检查和记清账目

会计部门应将被清查的财产物资账目进行完整、准确的登记，做到账证相符、账账相符。

4. 准备财产清查结果记录单

准备好适合各类财产物资的清查结果记录单，准确登记，做到账证相符、账账相符，以便清楚地记录清查结果、查找账实不符的原因和进行账务处理。

针对通过财产清查所发现的财产管理和核算方面存在的问题，应当认真分析研究，以有关的法令、制度为依据进行严肃处理。为此，应切实做好以下三个方面的工作。

(1) 查明差异，分析原因。通过财产清查所确定的清查资料和账簿记录之间的差异，比如财产的盘盈、盘亏和多余积压，以及逾期债权、债务等，都要认真查明其性质和原因，明确经济责任，提出处理意见，按照规定程序经有关部门批准后，予以认真严肃的处理。财产清查人员应以高度的责任心，深入调查研究，实事求是，问题定性要准确，处理方法要得当。

(2) 认真总结，加强管理。财产清查后，针对发现的问题和缺点，应当认真总结经验教训，表彰先进，巩固成绩，发扬优点，克服缺点，做好工作。同时，要建立和健全以岗位责任制为中心的财产管理制度，切实提出改进工作的措施，进一步加强财产管理，保护财产的安全和完整。

(3) 调整账目、账实相符。为了做到账实相符，财会部门对于财产清查中所发现的差

异以及对差异的处理，必须及时进行账簿记录的调整。具体应分为两步进行：第一步，应将已经查明的财产盘盈、盘亏和损失等，根据有关原始凭证(如财产物资盘存单等)编制记账凭证，据以记入有关账户，使各项财产的账存数同实存数完全一致；第二步，按照差异发生的原因和报告批准的结果，根据有关批文编制记账凭证，据以登记入账。

7.3　财产清查的方法

由于财产清查物资的种类很多，对其清查所采用的方法也因清查对象的不同而有所区别。下文分别介绍货币资金清查、实物资产清查和债权债务清查的方法。

7.3.1　货币资金的清查

货币资金包括库存现金和银行存款，清查货币资金时，要求收款、付款、结存都应符合制度规定。

1. 库存现金的清查

库存现金的清查主要采用实地盘点法，通过盘点确定库存现金的实存数，然后与现金日记账的账面余额进行核对，以查明账实是否相符及长款或短款情况，清查现金时出纳人员必须在场。

现金清查工作分为4步进行：

(1) 清点库存现金实有数，填于“库存现金盘点报告表”中，其格式如图7-2所示；

(2) 将现金日记账余额填于“库存现金盘点报告表”中，并在表中计算确定盘盈或盘亏；

(3) 检查开支是否符合财经纪律，有无白条抵库、超核定限额、未经批准坐支现金等现象，出现此类现象应及时纠正；

(4) 根据“库存现金盘点报告表”的盘点结果，调整账簿记录。

库存现金盘点报告表

年　月　日

实存金额	账存金额	对比结果		
		长款	短款	备注

盘点人(签章)：　　　　　　　　出纳员(签章)：

图7-2　库存现金盘点报告表

2. 银行存款的清查

与实物资产、库存现金清查所使用的方法不同，银行存款的清查主要是将开户银行转来的对账单与本单位的银行存款日记账进行核对，以查明账实是否相符。

在实际工作中，企业收到银行对账单后，应将银行存款日记账上的每笔业务与银行对账单逐笔核对，核对时常常会出现银行对账单余额与本单位银行存款日记账余额不一致的情况。当出现双方账面余额不相等时，有两种可能：一是一方或双方账簿记录有误，应及时查清更正；二是发生未达账项。

所谓未达账项，是指企业与银行之间，由于凭证传递时间的不一致，造成一方已经入账，而另一方尚未入账的款项。具体有以下4种情况。

(1) 企业已收款入账而银行尚未收款入账的款项，如企业送存银行的转账支票，银行尚未收妥入账。

(2) 企业已付款入账而银行尚未付款入账的款项，如企业开出支票，持票人尚未到银行兑取。

(3) 银行已收款入账而企业尚未收款入账的款项，如采用委托收款方式银行已收到货款，企业尚未收到有关凭证。

(4) 银行已付款入账而企业尚未付款入账的款项，如银行已从企业存款账户扣除借款利息，企业尚未接到付息通知。

在核对银行账目的过程中，如发现未达账项，企业应编制“银行存款余额调节表”。银行存款余额调节表的编制方法是：以银行存款日记账余额加上银行已收企业未收的款项，减去银行已付企业未付的款项；以银行对账单余额加上企业已收银行未收的款项，减去企业已付银行未付的款项。若双方调整后的余额相等，一般说明双方账面记录无误。如果调整后的双方余额不等，说明账面记录有差错，需要进一步核对账目，查找原因，加以更正。

例如，2015年12月31日沈阳立信公司银行存款日记账余额为18 000元，银行对账单余额为16 900元，经逐笔核对，发现未达账项如下：

(1) 12月30日公司销售产品，收到转账支票1 000元，送存银行，银行尚未收到款项；

(2) 12月30日公司开出转账支票支付水电费1 800元，持票人未到银行兑取；

(3) 12月31日银行收到公司委托代收的某公司购货款700元，公司未收到收款通知；

(4) 12月31日银行已扣掉公司应付的借款利息2 600元，公司尚未收到付息通知。

上述案例中有以下4笔未达账项。

第1笔：公司收到转账支票，增加了公司银行存款日记账金额，而银行尚未收到款项，未记入对账单金额，该笔款项属于公司已收、银行未收。

第2笔：公司开出转账支票，即已减少银行存款日记账金额，由于持票人尚未兑取，银行并未减少此笔款项，该笔款项属于公司已付、银行未付。

第3笔：银行收到公司委托收取的款项，即已增加银行对账单余额，而公司因尚未收到收账通知并未入账，该笔款项属于银行已收、公司未收。

第4笔：银行扣掉公司应付的借款利息，即已减少银行对账单余额，而公司尚未收到付息通知并未入账，该笔款项属于银行已付、公司未付。

根据上述资料编制的“银行存款余额调节表”，如表7-1所示。

表7-1 银行存款余额调节表

2015年12月31日 元

项目	金额	项目	金额
公司银行存款日记账余额	18 000	银行对账单余额	16 900
加：银行已收，公司未收	700	加：公司已收，银行未收	1 000
减：银行已付，公司未付	2 600	减：公司已付，银行未付	1 800
调节后的存款余额	20 900	调节后的存款余额	16 100

调节后的存款余额表明公司可动用的银行存款实有数。需要说明的是，编制“银行存款余额调节表”只是用于核对账目，不能作为调整账面记录的原始凭证。对于银行已入账，公司尚未入账的未达账项，应待有关凭证到达后，再进行账务处理。

3. 往来款项的清查

往来款项主要包括各种应收账款、应付账款、预收账款、预付账款、其他应收款和其他应付款。往来款项的清查采用同对方单位或个人核对账目的方法。

1) 清查要求

企业的往来款项情况往往比较复杂，为准确清查往来款项，应注意以下要求。

(1) 企业的往来款项必须逐笔登记清楚，以便提供可靠的账簿记录资料。

(2) 根据不同款项的特点，采用不同的清查方法。

(3) 清查往来款项时，不仅要查明应收应付的余额，还要查明发生额及发生的原因，以便加强管理。

(4) 要求认真地按制度规定处理在清查中发生的坏账损失，财会部门不可擅自销账。

2) 编制“往来款项清查结果报告表”

在清查往来款项时，首先检查本单位各种往来款项的记录是否完整、准确，确定无误后，再编制“往来款项对账单”，通过电函、信函或派人送交等方式，请对方予以核对。“往来款项对账单”一般一式两联，一份由对方保存，一份作为回单联，由对方核对并将对账结果注明后盖章退回，表示已核对；如果发现数额不符，则在回单联上注明不符情况，或另抄对账单退回，以便进一步核对。

针对清查结果应编制“往来款项清查结果报告表”，其格式如图7-3所示。

往来款项清查结果报告表

种类： 年 月 日 元

明细账户	清查结果		差异额及原因说明	
	本企业账面金额	对方账面金额	差异额	原因说明

制表：

图7-3 往来款项清查结果报告表

需要说明的是，企业会计人员编制的“往来款项清查结果报告表”不能作为调整账面记录的原始凭证，对于无法收回的应收账款，应报请批准后，才可予以转销。

7.3.2 实物资产的清查

实物资产是指具有实物形态的各种财产，包括原材料、自制半成品、在产品、产成品、周转材料和固定资产等。对于实物资产的清查，特别是存货的清查，首先应该确定实物资产的账面结存额，再确定实际结存额，然后对两者进行比较以确定差异并寻找产生差异的原因，进行账务处理。

1. 存货的清查

1) 存货清查的范围

在企业里，存货是重要的实物资产，它是企业在日常活动中持有以备出售的产成品或商品、处在生产过程中的在产品、在生产过程或提供劳务过程中耗用的材料和物料等。存货包括各类原材料、周转材料、库存商品、发出商品、在产品、半成品等。下面就存货清查范围进行说明。

原材料是指企业库存的各种材料，包括原料及主要材料、辅助材料、外购半成品(外购件)、修理备用件(备品备件)、包装材料、燃料等。

周转材料是指企业能够多次使用、逐渐转移其价值但仍保持原有形态不确认为固定资产的材料，如包装物、低值易耗品、钢模板、木模板、脚手架和其他周转材料等。

库存商品是指企业库存的各种商品，包括库存产成品、外购商品、存放在门市部准备出售的商品、发出展览的商品以及寄存在外的商品等。接受来料加工制造的代制品和为外单位加工修理的代修品，在制造和修理完成验收入库后，视同企业的产成品。

发出商品是指企业商品销售不满足收入确认条件但已发出的商品。企业委托其他单位代销的商品也可归于发出商品。

在产品是指企业仍处于生产过程中、尚未完工入库的生产物，包括正在处于各个生产工序尚未制造完成的在产品，以及虽已制造完成但尚未检验或虽已检验但尚未办理入库手续的产成品。

半成品是指企业经过一定的生产过程并经验收合格交付半成品库保管，但尚未完成全部生产过程、仍需进一步加工、可以对外销售的中间产品。半成品不包括从一个生产车间转给另一个生产车间继续加工的自制半成品以及不能单独计算成本的自制半成品。

在会计期末(或者定期)要对存货进行盘点，并将盘点结果与存货的账面记录进行核对，如果实际盘存数与账面结存数产生差异，要对账面记录进行调整，所以，从概念上来说存货的盘存应当属于账项调整的范畴。

2) 存货清查的意义

会计核算的任务之一，就是反映和监督财产和物资的保管和使用情况，保护企业财产物资的安全完整，提高各种物资的使用效率。就企业存货而言，根据财务管理的要求，各经济单位应通过账簿记录来反映和监督各项存货的增减变化及结存情况。为了保证账簿的记录正确，应加强会计凭证的日常审核，定期地核对账簿记录，做到账证相符、账账相符。但是，即便账簿记录正确，也不能说明账簿所做的记录真实可靠。因为有很多客观原因，会使各项财产的账面数额与实际结存额产生差异，造成账实不符。因此，存货清查，就是通过对存货的实地盘点，来确定存货的实存数，并查明账面结存数与实存数是否相符的一种专门方法。存货清查的意义主要包括以下几个方面。

(1) 存货的会计计量对确定企业资产的价值和收益具有重要的意义。存货会计核算的核心是计价，即正确地确定收入、发出及结存存货的价值，正确进行存货的计价，这取决于存货数量的确定是否准确及存货计价方法的选择是否得当。企业存货的数量要靠盘存来确定，因此，企业应当定期对存货进行盘存。

(2) 各单位所拥有的存货是其开展正常经营活动，发挥其职能作用的物质基础。保护单位财产的安全和完整，是会计工作的基本任务。通过财产清查，可以确定账簿记录存货的结存数量和实际财产结存情况是否一致，针对各种问题，及时采取措施，完善存货内控制度，从而保证单位财产的安全和完整。

(3) 单位存货是否得到有效的利用，以及资金周转的快慢影响单位经济效益的重要因素。通过财产清查，可以了解各项财产的分布及使用情况是否合理，并采取相应的措施，挖掘潜力，提高财产使用效益，使得各种资产充分发挥其作用，避免损失浪费，做到物尽其用，加快单位资金的周转。

3) 存货清查的方法

由于存货种类多样，所以对存货进行财产清查应当要明确存货的账面结存数额和实际结存数，再通过账存数额与实存数额的比较来确定账实是否相符。

对存货的实存数量进行盘存是企业日常工作的一部分，同时也是存货清查的重要环节，所以应当建立一定的盘存制度，使存货的盘存工作顺利进行。一般来说存货的盘存制度有两种：永续盘存制和实地盘存制。

(1) 永续盘存制。

永续盘存制又称账面盘存制，是指企业平时对各项存货的实收数和发出数，都要根据原始凭证在有关账簿中进行连续登记，并随时结算出各种存货的账面余额的一种方法。它可以及时反映库存实有数量，也可以方便地计算发出成本。在这种制度下的存货明细账的存货结存数额的计算公式为

账面期末余额=账面期初余额+本期增加额-本期减少额

上式中的“账面期初结存存货成本”和“本期存货增加数”是根据有关存货明细账的记录确定的。存货减少数则根据发出存货的数量和存货单位成本加以确定。其中发出存货的单位成本的确定方法包括先进先出法、加权平均法、个别计价法等，下面对这几种方法下的财产清查过程分别进行阐述。

① 先进先出法。先进先出法是假设先入库的存货先耗用或销售，期末存货就是最近入库的存货。根据对存货实物流动的这一假设，先耗用或销售的存货按先入库存货的单位成本计价，后耗用或销售的存货按后入库的单位成本确定。当然，要注意这里的“先”是

相对于发货当时来说的。

下面举例说明永续盘存制下采用先进先出法确定发出存货成本的计算过程。

【例7-1】沈阳立信公司2015年6月甲材料的购、销、存情况，如表7-2所示。

表7-2　存货明细账

存货类别：　　　　　　　　　　　　　　　　计量单位：件

存货编号：　　　　　　　　　　　　　　　　最高存量：

存货名称及规格：　　　　　　　　　　　　　甲材料最低存量：

2015年		凭证编号	摘要	收入			发出			结存		
月	日			数量	单价	金额	数量	单价	金额	数量	单价	金额
6	1		期初结存							200	60	12 000
	5		购进	500	66	33 000				700		
	7		发出				400			300		
	16		购进	600	70	42 000				900		
	18		发出				800			100		
	27		购进	500	68	34 000				600		
	29		发出				300			300		
6	30		期末结存	1 600		109 000	1 500			300		

沈阳立信公司采用先进先出法计算的甲材料本月发出和期末结存成本如下所述。

6月7日发出甲材料成本=200×60+200×66=25 200(元)

6月18日发出甲材料成本=300×66+500×70=54 800(元)

6月29日发出甲材料成本=100×70+200×68=20 600(元)

期末结存甲材料成本=300×68=20 400(元)

根据上述计算，本月甲材料的收入、发出和结存情况，如表7-3所示。

表7-3　存货明细账(先进先出法)

存货类别：　　　　　　　　　　　　　　　　计量单位：件

存货编号：　　　　　　　　　　　　　　　　最高存量：

存货名称及规格：　　　　　　　　　　　　　甲材料最低存量：

2015年		凭证编号	摘要	收入			发出			结存		
月	日			数量	单价	金额	数量	单价	金额	数量	单价	金额
	1		期初结存							200	60	12 000
	5		购进	500	66	33 000				700		45 000
	7		发出				400		25 200	300		19 800
	16		购进	600	70	42 000				900		61 800
	18		发出				800		54 800	100		7 000
	27		购进	500	68	34 000				600		41 000
	29		发出				300		20 600	300		20 400
6	30		期末结存	1 600		109 000	1 500		100 600	300	68	20 400

采用先进先出法进行存货计价，可以随时确定发出存货的成本，从而保证了存货成本计算的及时性，并且期末存货成本是按最近购货成本确定的，比较接近现行的市场价值。但采用该方法计价，有时对同一批发出存货要采用两个或两个以上的单位成本计价，计算烦琐，对存货进出频繁的企业更是如此。反之，会低估当期利润和存货价值。

② 加权平均法。加权平均法是指本月销售或耗用的存货，平时只登记数量，不登记单价和金额，月末按一次计算的加权平均单价，计算期末存货成本和本期销售或耗用成本的方法。加权平均单价的计算公式为

$$加权平均单价=\frac{期初库存存货成本+本期入库存货成本}{期初库存存货数量+本期入库存货数量}$$

沿用【例7-1】的资料，加权平均单位成本，则沈阳立信公司甲材料的计价过程如下所述。

$$加权平均单位成本=\frac{12\ 000+109\ 000}{200+1\ 600}=67.22(元)$$

$$期末结存甲材料成本=300\times 67.22=20\ 166(元)$$

$$本月发出甲材料成本=(12\ 000+109\ 000)-20\ 166=100\ 834(元)$$

根据上述计算，本月甲材料的收入、发出和结存情况，如表7-4所示。

表7-4　存货明细账(加权平均法)

存货类别：　　　　计量单位：件

存货编号：　　　　最高存量：

存货名称及规格：　　　　甲材料最低存量：

2015年		凭证编号	摘要	收入			发出			结存		
月	日			数量	单价	金额	数量	单价	金额	数量	单价	金额
	1		期初结存							200	60	12 000
	5		购进	500	66	33 000				700		
	7		发出				400			300		
	16		购进	600	70	42 000				900		
	18		发出				800			100		
	27		购进	500	68	34 000				600		
	29		发出				300			300		
6	30		期末结存	1 600		109 000	1 500		100 834	300	67.22	20 166

采用加权平均法，只在月末一次计算加权平均单位成本并结转发出存货成本即可，平时不对发出存货计价，因而日常核算工作量较小，简便易行，适用于存货收发比较频繁的企业。但也正因为存货计价集中在月末进行，所以平时无法提供发出存货和结存存货的单价及金额，不利于对存货的管理。

③ 个别计价法。个别计价法也称个别认定法或具体辨认法，是指本期发出存货和期末结存存货的成本，完全按照该存货所属购进批次或生产批次入账时的实际成本进行确定的一种方法。由于采用该方法要求各批发出存货必须可以逐一辨认所属的购进批次或

生产批次，因此，需要对每一存货的品种规格、入账时间、单位成本、存放地点等做详细记录。

仍然沿用【例7-1】的资料，沈阳立信公司甲材料的计价过程如下所述。

经具体辨认，6月7日发出的400件甲材料中，有100件属于期初结存的材料，有300件属于6月5日第一批购进的材料；6月18日发出的800件甲材料中，有100件属于期初结存的材料，有100件属于6月5日第一批购进的材料，其余600件属于6月16日第二批购进的材料；6月29日发出的300件甲材料均属于6月27日第三批购进的材料。

6月7日发出甲材料成本=100×60+300×66=25 800(元)

6月18日发出甲材料成本=100×60+100×66+600×70=54 600(元)

6月29日发出甲材料成本=300×68=20 400(元)

期末结存甲材料成本=100×66+200×68=20 200(元)

根据上述计算，本月甲材料的收入、发出和结存情况，如表7-5所示。

表7-5　存货明细账(个别计价法)

存货类别：　　　　　　　　　　　　　　　计量单位：件
存货编号：　　　　　　　　　　　　　　　最高存量：
存货名称及规格：　　　　　　　　　　　　甲材料最低存量：

2015年		凭证编号	摘要	收入			发出			结存		
月	日			数量	单价	金额	数量	单价	金额	数量	单价	金额
	1		期初结存							200	60	12 000
	5		购进	500	66	33 000				700		45 000
	7		发出				400		25 800	300		19 200
	16		购进	600	70	42 000				900		61 200
	18		发出				800		54 600	100		6 600
	27		购进	500	68	34 000				600		40 600
	29		发出				300		20 400	300		20 200
6	30		期末结存	1 600		109 000	1 500		100 800	300	67.33	20 200

个别计价法的特点是成本流转与实物流转完全一致，因而能准确地反映本期发出存货和期末结存存货的成本。但采用该方法必须具备详细的存货收、发、存记录，日常核算非常烦琐，存货实物流转的操作程序也相当复杂。

个别计价法适用于不能替代使用的存货或为特定项目专门购入或制造的存货的计价，以及品种数量不多、单位价值较高或体积较大、容易辨认的存货的计价，如房产、船舶、飞机、重型设备以及珠宝、名画等贵重物品。

采用永续盘存制，每年至少应对存货进行一次全面盘点，对于有些价值较高的物品或记录内容容易发生差错的，还需要对它们经常进行实物盘点。永续盘存制下的实物盘点，一般可以不定期进行，通常在生产经营的间歇盘点部分或全部存货，但为了确保期末财务报告的正确性，在会计期间终了，如同实地盘存制，进行一次全面的实物盘点。

出于各种原因，账面结存数与实存数之间仍有不符的可能性。所以，采用永续盘存制仍须定期或不定期地、全部或局部地对财产进行实地盘点，且至少每年实地盘点一次，以验证账实是否相符。

(2) 实地盘存制。

实地盘存制又称定期盘存制，是指企业平时只根据会计凭证在账簿中登记各种存货的增加数，不登记减少数，而在期末通过实地盘存来确定各种存货的数额，进而倒算出本期存货减少的一种盘存制度。在这种制度下的存货明细账的存货结存数额的计算公式为

期初结存存货+本期收入存货=本期耗用或销售存货+期末结存存货

期末结存存货成本=实际库存数量×存货单位成本

实际库存数量=实地盘点数量+已提未销数量-已销未提数量+在途数量

本期发出存货成本=期初结存存货成本+本期收入存货成本-期末结存存货成本

关于存货单位成本的确定，可以采用先进先出法、加权平均法和个别计价法等。在实地盘存制下，采用先进先出法，由于平时对发出的存货不做记录，所以，应按照后入库存货的单位成本确定结存存货的成本，确定了结存存货成本之后，再根据上述计算公式确定发出存货成本；采用加权平均法，其计算方法与永续盘存制下的加权平均法相同。

采用实地盘存制，关键问题是确定期末每种存货的实际库存数量。实际库存数量的确定，一般可以分为两个步骤进行：第一步，进行实地盘点，确定盘存数，盘存方法根据存货内容的不同而不同，盘存时间通常选在本期经营活动结束、下期经营活动开始之前进行；第二步，要对临近期末几天的购销凭证进行整理，调整盘存数量，具体地说，如果有已经销售而尚未提运出库的存货，或已经提运出库但尚未作为销售入账的存货，都要进行调整，以求得实际库存数量。

下面举例说明实地盘存制的先进先出法、加权平均法的计价过程。

【例7-2】沈阳立信公司对乙材料采用实地盘存制，本月采购乙材料的有关情况如表7-6所示。

表7-6 沈阳立信公司乙材料采购表(部分)

日期	项目	数量	单价	合计
6月1日	期初结存	320件	8元	2 560元
6月28日	购进	650件	7元	4 550元
6月20日	购进	200件	9元	1 880元
合计				8 910元

乙材料期末实地盘点结存280件。

采用先进先出法，乙材料期末结存成本和发出成本的计算为

期末结存成本=200×9＋80×7=2 360(元)

发出材料成本=2 560+(4 550+1 880) −2 360=(元)

采用加权平均法，乙材料期末结存成本和发出材料成本的计算为

$$加权平均单价=\frac{2\ 560+4\ 550+1\ 800}{320+650+200}=7.62(元/件)$$

期末结存成本=7.62×280=2 132(元)

发出材料成本=2 560+(4 550+1 880) −2 132=6 778(元)

期末结存成本=200×9+80×7=2 360(元)

发出材料成本=2 560+(4 550+1 800) −2 360=6 550(元)

采用加权平均法，乙材料期末结存成本和发出成本的计算为

加权平均单价 = 2 560 + 4 550 + 1 800/320+ 650 + 200=7.62(元/件)

期末结存成本 = 7.62×280=2 132(元)

发出材料成本 = 2 560+(4 550+1 800) −2 132=6 778(元)

采用实地盘存制，将期末存货实地盘存的结果作为计算本期发出存货数量的依据，平时不需要对发出的存货进行登记，核算手续比较简单。但是，采用这种方法，无法根据账面记录随时了解存货的发出和结存情况，由于是以存计销或以存计耗倒算发出存货成本，必然将非销售或非生产耗用的损耗、短缺或贪污盗窃造成的损失，全部混入销售或耗用成本之中，这显然是不合理的，也不利于对存货进行日常的管理和控制，同时在存货品种、规格较多的情况下，对存货进行实地盘点需要消耗大量的人力、物力，影响正常的生产经营活动，造成浪费。因此，这种方法一般适用于存货品种规格较多且价值较低的企业，尤其适用于自然损耗大、数量不易准确确定的存货。

显然，采用实地盘存制时，存货的结存数并不是通过账簿的记录随时取得的，只有到月末实地进行盘点后才能够确定。另外，存货的发出数不是通过账簿的记录进行反映的，而是在月末时，根据月初结存数、账户中登记的本月入库数(增加数)减掉经过实地盘点所得到的结存数倒挤出来的。这些是实地盘存制与永续盘存制的重要区别。

由此可以看出，不论是永续盘存制还是实地盘存制，都要每年至少一次对存货进行实物盘点，所以，在实际工作中一个企业往往不是单一地使用永续盘存制或实地盘存制，更实际的选择是在永续盘存制的基础上对存货进行定期盘存，把两种盘存制度结合使用，使之优势互补。

(3) 两种盘存制度的比较。

无论是永续盘存制还是实地盘存制都要确定存货的数量与金额。两者的区别主要在于存货数量的盘存，对于存货的金额与选择的计价方法有关。下面重点论述这两种盘存制度在确定存货数量方面的比较。

① 永续盘存制的优缺点。永续盘存制的优点：首先，在永续盘存制下要求针对存货的变动情况有严密的凭证，同时记录过程要连续清晰，这样有利于进行会计监督；其次，永续盘存制可以及时反映存货的变动和结存状况，便于随时掌握存货的占用情况及其动态变化，有利于加强存货的管理。

永续盘存制的不足之处：首先，根据存货变动凭证记账时可能会发生账实不符的情况；其次，永续盘存制对存货的明细分类核算的工作量较大，需要花费更多的人力、物力和财力。

② 实地盘存制的优缺点。实地盘存制的优点是工作较简单，工作量较小。但同时它

也存在一定的缺陷：首先，在实地盘存制下针对各项库存的变动情况没有严密的凭证，同时通过倒推得到的库存的变动数额中的成分比较复杂，除了正常耗用外，还可能存在很多的非正常因素，不便于实行会计监督；其次，由于一般是在期末进行盘存，所以不能及时反映存货的变动情况，这样就会导致缺乏制订存货计划的依据，降低存货管理的效果。

通过上述比较，我们可以看出实地盘存制的使用范围比较小，所以它比较适用于品种繁杂、数量多、单价低、交易频繁的商品，例如在零售业中使用比较多；而永续盘存制在控制和保护存货财产的安全和完整方面更有优势，所以一般的工业企业和现行的多数企业多采用永续盘存制。

虽然在上述两种盘存制度中也会发生一些存货的清查工作，但它们的主要目的是得到存货的账面结存数额，这一结果在必要的存货清查过程中需要与清查的结果进行比较，进而检查账实是否一致。具体的清查方法如下所述。

① 实地盘点法。

实地盘点法是指在存货堆放现场逐一清点数量或用计量仪器确定实存数的一种方法。例如，清点包装好的材料、产成品和库存商品，或用称计量原料的重量等。这种方法多用于范围广、要求严格的清查，其清查后得到的数字往往较为准确可靠，清查质量较高，但工作量很大。

② 技术推算法。

技术推算法是指利用技术方法对财产的实存数进行推算的方法。例如，量方计尺等推算存货的数额。这种方法的优点在于工作量较小，但不精确，比较适用于散装的、成堆的化肥、饲料之类的存货。

③ 抽样盘存法。

抽样盘存法是指对于数量较多、重量均匀的存货可以抽取其中的一部分进行清查，然后再根据一定的方法确定存货的实有数额。这种方法比较适用于类似的且较多的存货的清查。

④ 函证核对法。

函证核对法是指对于委托外单位加工或保管的存货，可以采用向对方单位发函调查来确定实存数额，然后再与本单位账项进行对比的方法。这种方法适用于存在于企业之外的存货，但是需要一定的时间，而且有可能存在虚假的回函。

针对不同的存货可以采用不同的方法进行清查。为了明确经济责任，在进行存货的盘点时，存货保管人员必须在场，并参加盘点工作。对于各项存货的盘点结果应逐一如实地登记在“实物盘存单”(见图7-4)上，并由盘点人员和保管人员同时签章才能生效。“实物盘存单”既是记录存货实存数额的书面证明，也是财产清查工作的原始凭证。

盘点完毕后，将“实物盘存单”中所记录的存货的实存数额与账面结存余额进行核对，如果发现存在账实不符的情况，应根据“实物盘存单”和相关账簿记录来填制“实存账存对比表”(见表7-7)，该表是财产清查的重要报告，根据该表显示的盘盈数或盘亏数，来分析查找原因，并调节账面记录，明确经济责任。

实物盘存单

单位名称：　　　　　　　　　　　　盘点时间：　　　　　　　　编号：
财产类别：　　　　　　　　　　　　存放地点：

序号	名称	规格型号	计量单位	实存数量	单价	金额	备注

盘点人签章：×××　　　　　　　　　　　　保管人签章：×××

图7-4　实物盘存单

表7-7　实存账存对比表

单位名称：　　　　　　　　　　年　月　日

类别及名称	计量单位	单价	实存		账存		差异				备注
							盘盈		盘亏		
			数量	金额	数量	金额	数量	金额	数量	金额	

2. 固定资产的清查

根据2006年颁布的新会计准则，固定资产是指为了生产商品、提供劳务、挂租或经营管理而持有的，并且使用寿命超过一个会计年度的有形资产。既然是有形资产，它的清查工作就包括核实固定资产的实物数量、分布情况、使用状况、完好程度和入账与否等。在清查固定资产的同时，除了对固定资产的数量进行清查，还包括对固定资产价值的确定。

在每年年度终了，企业应当对固定资产的使用寿命、预计净残值和折旧方法进行复核。当企业发生合并或者变卖固定资产等情况时，就是企业进行全面清查的时候，必须要进行固定资产的清查。

固定资产的清查是指检查固定资产的实存值是否与账面值相符。所以清查时必须要实地盘点固定资产的实存数量、固定资产的使用寿命、固定资产的折旧情况。

1) 固定资产的实存数量

对固定资产的数量进行盘存，类似于对存货的盘存，大多数情况下都是使用实地盘点方法，然后将盘点的结果与账上所登记的项目进行核对，看是否存在账实不符。如果存在问题，可能存在已经入账的固定资产，但实际并没有购置，或者已经购置的固定资产还未入账，或固定资产在使用过程中发生意外损失等多种情况。这些都是企业管理中需要注意的问题。

2) 固定资产的使用寿命和折旧情况

在购置固定资产时首先要估计出固定资产的使用寿命和剩余净残值，然后根据相关法规和企业相同或相近固定资产折旧的一贯方法对其进行折旧。由此可见，固定资产的折旧情况是在初始对使用寿命预算的基础上进行的；而在现实中，可能由于多种因素造成的有形损耗或者由于技术、汇率等造成的无形损耗，使得固定资产的使用寿命、折旧额、净残值发生非正常变化。所以，定期或者当有某种特殊需要时对固定资产的使用情况进行清查，有助于及时调整固定资产的折旧，做到账实相符，这种清查往往通过技术检测固定资产的性能，或者根据计算固定资产的公允价值来实现，然后根据清查后实际的变化来调整账上项目，同时调整折旧。

类似于存货的清查，在固定资产清查完毕后，同样需要填写“盘存单”和“实存账存对比表”，这两个表是调整账上项目的原始凭证，如果要在清查完毕后做到账实相符，就必须如实、认真、准确地填写上述两个表。

3. 其他实物资产清查的具体方法

实物资产清查的方法包括一般方法和具体方法。一般方法就是上文所述的永续盘存制和实地盘存制。其具体方法有实地盘点法和技术推算法两种。

(1) 实地盘点法，是指通过点数、过磅、量尺等方法，确定财产物资的实有数量。该方法的适用范围较广且易于操作，大部分实物资产均可采用。

(2) 技术推算法，是指通过技术推算(如量方、计尺等)测定财产物资实有数量的方法。该方法适用于大堆存放、物体笨重、价值低廉、不便逐一盘点的实物资产。从本质上讲，它是实地盘点法的一种补充方法。

对实物资产进行盘点时，实物保管人员必须在场，并与清查人员一起参与盘点，以明确经济责任。盘点时，有关人员要认真核实，及时记录，对清查中发现的异常情况如腐烂、破损、过期失效等，致使不能使用或销售的实物资产，应详细注明并提出处理意见。盘点结果应由有关人员如实填制“盘存单”，并由盘点人和实物保管人共同签字或盖章。盘存单是用来记录实物盘点结果、反映实物资产实存数额的原始凭证，如表7-8所示。

表7-8　盘存单

财产类别：　　　　存放地点：　　　　盘点日期：　　　　编号：

编号	名称及规格	计量单位	数量	单价	金额	备注

为了查明各类实物资产的实存数与账存数是否一致，应根据盘存单和会计账簿记录，编制“账存实存对比表”，以便确定各种账实不符资产的具体盈亏数额。“账存实存对比表”是用来反映实物资产账存数与实存数之间的差异，并作为调整账簿记录的原始凭证，如表7-9所示。

表7-9 账存实存对比表

编号	名称及规格	计量单位	实存		账存		对比结果				备注
							盘盈		盘亏		
			数量	金额	数量	金额	数量	金额	数量	金额	

账存实存对比表又称盘点盈亏报告单。清查人员应以该表为基础核准各种资产的盈亏情况，分析查明账实不符的性质和原因，划清经济责任，按规定程序报请有关部门领导予以审批处理，并针对清查中发现的资产管理方面存在的问题，提出改进措施，促使各项资产管理制度的健全和完善。

在清查实物资产时，对于委托外单位加工、保管的材料、商品以及在途的材料、商品等，可采用询证方法向有关单位核对查实。

7.3.3 债权债务的清查

债权债务的清查主要是指对应收、应付款的清查，通过实际债权债务和账上记录的核对，可以检测出是否存在坏账、死账，或者是否存在“白条入库”的情况，有利于对债权债务的管理。

债权债务的清查一般采用“函证核对法”，即通过电函、信函或面询等方式与业务往来企业核对账目的方法。清查时，清查单位应在其各种往来款项记录准确的基础上，依据每一项业务往来编制“往来款项对账单”(一式两份，其中一份作为回联单，见图7-5)，寄发或派人送交业务往来公司进行核对。经对方核对相符后，在回联单上加盖公章寄回表示已经核对；如果对方核对不符，应在回联单上注明情况，或另外抄一份对账单退回本企业，当发生不符的情况时，企业应进一步查明原因，再进行核对，直到相符为止。

____________________清查单位：

贵单位于2015年6月23日在我单位购入A产品2 000件，已付货款23 000元，尚有17 000元货款未付，请核对后将回联单寄回。

清查单位：(盖章)

2015年12月31日

沿虚线剪开，将以下回联单寄回！

____________________清查单位：

贵单位寄来的“往来款项对账单”已经收到，经核对相符无误。

××单位(盖章)

年 月 日

图7-5 往来款项对账单

7.4　财产清查结果的处理

7.4.1　财产清查结果的处理要求

对财产清查的结果，应按照我国有关的法规、制度，严肃认真地进行处理。

(1) 认真分析、查明账实不符的原因和性质，按规定采用相应的处理方法。通过清查发现的账实不符，须查明原因，明确经济责任，提出处理意见。按照审批权限和程序报请批准后予以处理。一般情况下，因个人工作失误造成的损失，应由个人负责赔偿；因经营管理不善造成的损失，计入管理费用；因自然灾害造成的损失，可列入营业外支出。

(2) 积极处理多余积压物资和清理长期拖欠的债权债务。对清查过程中发现的超储积压物资，除本单位内部设法利用、改制、代用外，应积极组织推销，做到物尽其用，以提高资金的周转率和财产物资的使用效率。对长期拖欠不清的债权债务，应指定专人负责查明原因，积极主动与对方单位协商解决。

(3) 总结经验教训、建立健全财产管理制度和财产清查以后，针对发现的问题，应认真进行总结与分析，查明原因，确定经济责任，制定改进工作的具体措施，进一步健全相应的财产物资管理制度，特别是岗位责任制和内部控制制度，以提高经营管理水平，保护企业财产物资的安全与完整。

(4) 根据清查结果，及时调整账簿记录，做到账实相符。对于财产清查中发现的盘盈与盘亏，应首先调整账面记录，做到账实相符，再上报主管领导，按照批准的意见进行转销。

7.4.2　财产清查结果的处理内容

财产清查的结果包括三种情况：第一，账存数与实存数相符；第二，账存数大于实存数，财产物资发生盘亏；第三，账存数小于实存数，财产物资发生盘盈。对于在财产清查中发现的账实不符，要认真分析，查明盘盈、盘亏的具体原因，核实盘盈、盘亏的准确金额，并以国家有关的政策、法令和制度为依据，予以处理；对于在财产清查中发现的管理制度中存在的问题，应认真总结经验教训，制定改进财产物资管理的措施，建立健全财产物资管理制度，加强财产物资管理的岗位责任制，做好财产物资管理工作；对于清查中发现的长期积压的财产物资和不需用的财产以及长期不清的债权、债务等，应积极处理积压财产，清理往来款项；为了通过财产清查保证账实相符，对于查明的各种盘盈，盘亏，应及时调整有关财产物资的账簿记录，做到账实相符。

处理原则主要包括以下内容。

(1) 发生盘盈的财产物资，经查明是出于收发计量或核算上的误差等原因造成的存货盘盈，应及时办理存货入账的手续，调整存货的账面数，按盘盈财产物资的成本记入“待处理财产损溢”账户。经有关部门批准后，再冲减“管理费用”等账户，记入“管理费用”等账户的贷方。企业如有盘盈固定资产的，应作为前期差错记入“以前年度损益调整”账户。

(2) 发生盘亏或毁损等的财产物资，在报经批准以前，应按其成本借记或贷记“待处理财产损溢”账户。报经批准以后，再根据造成盘亏或毁损的原因分别按以下情况进行处理：

① 属于自然损耗产生的定额内损耗，经批准后记入“管理费用”账户的借方；

② 属于计量收发差错和管理不善等原因造成的短缺或毁损，应先扣除残料价值、可以收回的保险赔偿和过失人的赔偿，然后将净损失记入“管理费用”账户；

③ 属于自然灾害或意外事故造成的毁损，应先扣除残料价值和可以收回的保险赔偿，然后将净损失转入“营业外支出”账户的借方进行核算。

7.4.3 财产清查结果的会计处理

为了核算企业在财产清查过程中查明的各种财产物资的盘盈、盘亏或毁损及其报经批准后的转销数额，应设置“待处理财产损溢”账户，并按盘盈、盘亏或毁损的资产种类和项目进行明细分类核算。该账户的借方登记盘亏、毁损财产物资的实际成本和批准后转销的盘盈财产物资的实际成本；贷方登记盘盈财产物资的实际成本和批准后转销的盘亏、毁损财产物资的实际成本。针对企业的财产损益，应查明原因，在期末结账前处理完毕，处理后本账户期末无余额。

下面分别对库存现金、存货、固定资产等财产清查结果的会计处理予以介绍。

1. 库存现金清查结果的会计处理

库存现金在清查过程中，如果清查结果属于账款不符，那么发现的有待查明原因的现金短缺或溢余，应先通过“待处理财产损溢”账户核算。按照管理权限报经批准后，分别按以下情况处理。

(1) 对于现金短缺，属于应由责任人赔偿或保险公司赔偿的部分计入其他应收款；属于无法查明或由其他原因造成的，计入管理费用。

(2) 对于现金溢余，属于应支付给有关人员或单位的，计入其他应付款；属于无法查明原因的，计入营业外收入。

【例7-3】沈阳立信公司对库存现金进行清查时发现长款850元，会计处理如下所述。

(1) 批准前：

借：库存现金　　　　　　　　　　850

　　贷：待处理财产损溢　　　　　　　850

(2) 经反复核查，原因不明，报经批准转作营业外收入：

借：待处理财产损溢　　　　　　　850

　　贷：营业外收入　　　　　　　　　850

【例7-4】沈阳立信公司对库存现金进行清查时发现短款800元，会计处理如下所述。

(1) 批准前：

借：待处理财产损溢　　　　　　800

　　贷：库存现金　　　　　　　　800

(2) 经反复核查，该短款有500元属于出纳员王兰的责任，应由他赔偿，其余原因不明，报经批准后：

借：其他应收款——王兰　　　　500

　　管理费用　　　　　　　　　300

　　贷：待处理财产损溢　　　　　800

2. 存货清查结果的会计处理

1) 存货盘盈

当企业发生存货盘盈时，应借记“原材料”“库存商品”等账户，贷记“待处理财产损溢”账户；在按管理权限报经批准后，借记“待处理财产损溢”账户，贷记“管理费用”等账户。

【例7-5】沈阳立信公司在财产清查中盘盈甲材料100公斤，单位重置成本为25元，经查属于材料收发计量方面的错误。会计处理如下所述。

(1) 批准前：

借：原材料　　　　　　　　　2 500

　　贷：待处理财产损溢　　　　2 500

(2) 批准处理后：

借：待处理财产损溢　　　　　2 500

　　贷：管理费用　　　　　　　2 500

2) 存货盘亏或毁损

企业发生存货盘亏或毁损时，应借记“待处理财产损溢”账户，贷记“原材料”“库存商品”等账户。在按管理权限报经批准后做如下处理：对于入库的残料价值，记入“原材料”等账户；对于应由保险公司和过失人支付的赔款，记入“其他应收款”账户；扣除残料价值和应由保险公司和过失人赔款后的净损失，属于一般经营损失的部分，记入“管理费用”账户，属于非常损失的部分，记入“营业外支出”账户。

【例7-6】沈阳立信公司在财产清查中发现盘亏甲材料200公斤，实际单位成本100元。经查属于一般经营损失。会计处理如下所述。

(1) 批准前：

借：待处理财产损溢　　　　　20 000

　　贷：原材料　　　　　　　　20 000

(2) 批准处理后：

借：管理费用　　　　　　　　　　　　　20 000

　　贷：待处理财产损溢　　　　　　　　　　20 000

3) 存货残损变质

存货残损变质是指在保管过程中，出于保管不当、包装不善等原因，造成残次损坏或腐烂变质。企业在中期、期末或年度终了，应对存货进行全面的清查，除核实数量盈亏外，还应核查质量是否完好，有无残损变质。如果发现存货残损变质，即由于存货遭受毁损、全部或部分陈旧过时或销售价格低于成本，使存货成本不可收回的部分，企业必须在当期确认存货跌价损失，并进行有关的账务处理。

【例7-7】 31日，年终清查时，发现库存B产品一批，已霉烂变质，无转让价值，报经批准，决定直接转销全部做报废处理，该产品成本价为10 000元。

根据上述情况，会计人员应编制如下会计分录。

借：资产减值损失　　　　　　　　　　　10 000

　　贷：库存商品——B产品　　　　　　　　　10 000

【例7-8】 31日，年终清查时，发现库存C产品一批，因成样陈旧，决定削价处理，原成本价为20 000元，现决定削价为15 000元。

根据上述情况，会计人员应编制如下会计分录。

借：资产减值损失　　　　　　　　　　　5 000

　　贷：库存商品——C产品　　　　　　　　　5 000

3. 固定资产清查结果的会计处理

企业在财产清查中盘亏的固定资产，按盘亏固定资产的净值借记“待处理财产损溢”账户，按已计提的累计折旧，借记“累计折旧”账户，按固定资产的原价，贷记“固定资产”账户。按管理权限报经批准后处理时，按可收回的保险赔偿或过失人赔偿，借记“其他应收款”账户，按应计入营业外支出的金额，借记“营业外支出”账户，贷记“待处理财产损溢”账户。

假设沈阳立信公司2015年12月末在财产清查中发生如下经济情况。

1) 固定资产盘盈

【例7-9】 30日，财产清查中，发现账外设备一台，重置价值24 000元，估算已提折旧25 %，确认该设备为企业所拥有。

根据上述情况，会计人员应编制如下会计分录。

借：固定资产　　　　　　　　　　　　　18 000

　　贷：待处理财产损溢　　　　　　　　　　18 000

【例7-10】31日，上述账外设备，报经批准后作为前期会计差错处理。

根据上述情况，会计人员应编制如下会计分录。

借：待处理财产损溢——待处理固定资产损溢　　　　18 000

　　贷：以前年度损益调整　　　　　　　　　　　　　18 000

2) 固定资产盘亏

【例7-11】31日，财产清查中，盘亏小型运输车一辆，账面原价52 000元，已提折旧36 000元。

根据上述情况，会计人员应编制如下会计分录。

借：待处理财产损溢——待处理固定资产损溢　　　　16 000

　　累计折旧　　　　　　　　　　　　　　　　　　36 000

　　贷：固定资产　　　　　　　　　　　　　　　　　52 000

【例7-12】上述盘亏小型运输车辆，由于管理不善丢失，但责任不清，报经批准后处理。根据上述情况，会计人员应编制如下会计分录。

借：营业外支出　　　　　　　　　　　　　　　　　16 000

　　贷：待处理财产损溢——待处理固定资产损溢　　　　16 000

4. 其他实物资产清查结果的会计处理

其他实物资产财产清查的结果，无论是盘盈还是盘亏或毁损，都必须认真核准数字，查明原因，按规定的程序报批后再进行账务处理。

1) 一般处理程序

(1) 核对数字，查明原因。根据清查情况，编制有关“账存实存对比表”(或“财产盘亏报告表”)，核对企业货币资金、财产物资及债权债务的盘亏数额，客观地分析账实不符的性质及原因，明确经济责任，并按规定程序如实将盘盈、盘亏、毁损情况及处理意见，报请有关部门审批处理。

(2) 调整账簿，做到账实相符。在核准数字、查明原因的基础上，根据“账存实存对比表”等原始凭证中列明的财产物资盘盈、盘亏情况等编制记账凭证，并据以登记有关账簿，调整账面结存数，使各项财产物资做到账实相符。

(3) 报经批准，进行会计处理。根据各项财产物资产生差异的原因和批复意见，编制记账凭证并据以登记入账，转销盘盈或盘亏数额。

2) 财产清查核算的账户设置

为了核算企业在财产清查中查明的各项财产的盘盈、盘亏或毁损情况，在会计核算上应设置“待处理财产损溢”账户。“待处理财产损溢”账户是一种双重性质的账户，用来核算企业在清查财产过程中查明的各项财产盘盈、盘亏和毁损的价值。该账户的借方登记发生的待处理财产盘亏、毁损数额和结转已批准处理的盘盈数额；贷方登记发生的待处理财产盘盈数额和转销已批准处理的盘亏及毁损数额。本账户在处理前如果出现借方余额，表示企业尚未处理的各种财产的净损失；处理前如果出现贷方余额，表示企业尚未处理的各种财产的净溢余。期末处理后本账户应无余额。在该账户下应设置“待处理固定资产损溢”和“待处理流动资产损溢”两个明细账户，前者适用于货币资金和存货等财产的清查结果处理，后者适用于固定资产清查结果的处理。“待处理财产损溢”账户结构如图7-6所示。

待处理财产损溢

借方	贷方
发生的盘亏、毁损数 转销已批准的盘盈数	(1) 发生的盘盈数 (2) 转销已批准的盘亏、毁损数
余额：尚待处理的净损失	余额：尚待处理的净溢余

图7-6 待处理财产损溢

根据会计制度规定，企业清查的各种财产的损益，应在期末结账前查明原因，并根据企业的管理权限，经股东大会或董事会或厂长(经理)会议或类似机构批准后，在期末结账前处理完毕。

对财产清查过程中发现的无法收回的应收账款和确定无法支付的应付账款，可不通过“待处理财产损溢”账户核算。当批准的核销企业无法收回应收账款时，应作为坏账损失，直接冲减坏账准备金，核销企业确定无法偿还应付账款时，直接转入营业外收入。

5. 债权债务清查结果的会计处理

在财产清查中，确认已经无法收回的应收款项和无法支付的应付款项，按制度规定，应在上报有关部门批准后予以核销。

假设沈阳立信公司2015年12月末在财产清查中发生如下情况。

【例7-13】31日，沈阳立信公司所欠本公司的货款3 500元，经确认已无法收回，按规定作为坏账损失处理。

有关坏账损失的处理，有两种方法：一是“直接冲销法”，即确认应收款项无法收回时直接计入管理费用；二是“坏账备抵法”，即平时按规定比率计提坏账准备金，计入管理费用，计提坏账准备(借：资产减值损失，贷：坏账准备)，待坏账发生时，冲减坏账准备。按照我国现行会计制度的规定，企业发生坏账损失应采用坏账备抵法进行处理。

(1) 如果采用直接冲销法，会计人员应编制下列会计分录。

借：管理费用　　　　3 500

　　贷：应收账款　　　　3 500

(2) 如果采用坏账备抵法，会计人员应编制下列会计分录。

借：坏账准备　　　　3 500

　　贷：应收账款　　　　3 500

【例7-14】沈阳立信公司欠某运输公司的运费800元，因对方单位撤销而无法清偿，按规定作为营业外收入处理。

根据上述情况，会计人员应编制如下会计分录。

借：其他应付款　　800

　　贷：营业外收入　　800

7.5　资产减值

7.5.1　资产减值的含义

年度财产清查，除了要对财产物资盘盈、盘亏和毁损进行处理外，还要进行资产减值测试和处理。

资产减值是指企业资产的可收回金额低于其账面价值。因资产减值给企业造成的损失称为资产减值损失。按照我国会计准则的规定，企业应当以实际发生的交易和事项为依据进行会计确认、计量和报告，保证会计信息的真实可靠。同时，进行会计确认、计量和报告时，应保持应有的职业谨慎，不应高估资产或收益，也不得低估负债或费用。所以，当资产为企业带来经济利益的能力受到损害时，即已出现资产减值的基本特征时，应当于资产负债表日对发生减值的资产计提资产减值准备。

资产减值主要包括应收款项的坏账、金融资产减值、存货跌价、固定资产减值、无形资产减值、在建工程减值、长期投资减值和投资性房地产减值等。本节主要介绍应收款项的坏账准备、存货跌价及固定资产减值的确认和计量。

7.5.2　资产减值的确认与计量

1. 应收款项坏账的确认与计量

坏账是指企业无法收回的应收款项。发生坏账时对坏账应予以确认，报请股东大会或董事会或企业类似机构批准后，作为坏账予以转销。我国会计准则规定，资产负债表日，企业对应收款项的减值采用备抵法，对估计的坏账损失进行计提，计入当期损益，形成坏账准备金。以前多提的予以冲回，不足的予以补提。当某一应收款项全部或部分被确认为坏账时，应根据其金额冲减坏账准备金，同时转销其应收款项。

根据我国会计准则的规定，企业应收款项符合下列条件之一的，应确认为坏账：①债务人破产，依照破产清算程序进行清偿后确实无法收回的部分；②债务人死亡，其遗产清偿后仍然无法收回的应收款项；③债务人较长时间内未履行其偿债义务，并有足够的证据表明无法收回或收回的可能性极小的应收款项。

2. 存货跌价的确认与计量

我国会计准则规定，资产负债表日，存货资产应当按照成本与可变现净值孰低计量，存货成本高于其可变现净值的，应当计提存货跌价准备，计入当期损益。

可变现净值是指在日常活动中，存货的估计售价减去至完工时估计将要发生的成本、估计的销售费用以及相关税费后的金额。企业确定存货的可变现净值，应当以取得的确凿证据为基础，并且考虑持有存货的目的、资产负债表日后事项的影响等因素。

用于生产而持有的材料等，其生产的产成品的可变现净值高于其成本的，则该材料仍然应当按成本计量；材料价格的下降表明产成品的可变现净值低于其成本，该材料应当按照可变现净值计量。资产负债表日，企业应当确定存货的可变现净值。不过，以前减记存货价值的影响因素已经消失的，减记的金额应当予以恢复，并在原已计提的存货跌价准备的金额内转回，转回的金额计入当期损益。

存货跌价判断，具体分为两种情况：第一，当存在以下一项或若干项情况时，应将存货账面价值全部转入当期损益：①已霉烂变质的存货；②已过期且无转让价值的存货；③生产中已不再需要，并且已无使用价值和转让价值的存货；④其他足以证明已无使用价值和转让价值的存货。第二，当存在下列情况之一时，应当计提存货跌价准备：①资产的市价当期大幅度下跌，其跌幅明显高于因时间的推移或者正常使用而预计的下跌；②企业经营所处的经济、技术或者法律等环境以及资产所处的市场在当期或者将在近期发生重大变化，从而对企业产生不利影响；③市场利率或者其他市场投资报酬率在当期已经提高，从而影响企业计算资产时预计未来现金流量现值的折现率，导致资产可收回金额大幅度降低；④有证据表明资产已经陈旧过时或者其实体已经损坏；⑤资产已经或者将被闲置、终止使用或者计划提前处置；⑥企业内部报告的证据表明资产的经济绩效已经低于或者将低于预期，如资产所创造的净现金流量或者实现的营业利润(或者亏损)远远低于(或者高于)预计金额等；⑦其他表明资产可能已经发生减值的迹象。

3. 固定资产减值的确认与计量

我国会计准则规定，企业应当在资产负债表日判断固定资产是否存在可能发生减值的迹象。期末可收回金额的计量结果表明资产可收回金额低于其账面价值的，应当将资产的账面价值减记至可收回金额，减记的金额确认为资产减值损失，计入当期损益，同时计提相应的资产减值准备。资产存在减值迹象的，应当估计可收回金额。长期资产如固定资产、无形资产可收回金额应当根据资产的公允价值减去处置费用后的净额与资产预计未来现金流量的现值两者孰高确定。

它的处置费用包括与资产处置有关的法律、相关税费、搬运费以及为使资产达到可销售状态所发生的直接费用等。不过，固定资产减值一经确认，在以后的会计期间不得转回。

固定资产存在下列迹象的，表明资产可能会发生减值：①资产的市价当期大幅度下跌，其跌幅明显高于因时间的推移或者正常使用而预计的下跌；②企业经营所处的经济、技术或法律等环境以及资产所处的市场在当期或将在近期发生重大变化，从而对企业产生不利影响；③市场利率或者其他市场投资回报率在当期已经提高，从而影响企业计算资产预计未来现金流量现值的折现率，导致资产可收回金额大幅度降低；④有证据表明资产已经陈旧过时或其实体已经损坏；⑤资产已经或者将被闲置、终止使用或者计划提前处置；⑥企业内部报告的证据表明资产的经济绩效已经低于或者将低于预期，如资产所创造的净现金流量或者实现的营业利润(或者损失)远远低于预计金额等其他表明资产可能已经发生减值的迹象。

7.5.3 资产减值账户设置

1. “资产减值损失”账户

账户性质：损益类账户。

账户用途：用来核算企业固定资产的减值准备。

账户结构：借方登记企业于资产负债表日应计取的应收款项、存货、长期股权投资、持有到期投资、固定资产、无形资产、贷款等资产发生的减值数；贷方登记资产负债表日结转“本年利润”账户数额和企业计提坏账准备、存货跌价准备、持有到期投资减值准备、贷款损失准备等相关资产又得以恢复在其原计提减值准备金额范围的恢复数。期末余额在贷方，表示到资产负债表日已计提但尚未转销的存货跌价准备，该账户期末结转后一般无余额。

明细账设置：该账户应按资产减值损失的项目设置明细账，进行明细核算。

2. “坏账准备”账户

账户性质：资产类账户，是应收款项资产账户的备抵账户。

账户用途：用来核算企业应收款项的坏账准备。

账户结构：贷方登记企业于资产负债表日提取的应收款项坏账准备和已确认并已转销后又收回的应收款项实际金额；借方登记按管理权限报经批准后作为坏账的应收款项转销数和资产负债表日经计算应收款项多计提的坏账准备转回数。期末余额在贷方，表示到资产负债表日的坏账准备。

明细账设置：该账户应按应收账款的类别设置明细账，进行明细核算。

3. “存货跌价准备”账户

账户性质：资产类账户，是存货资产账户的备抵账户。

账户用途：用来核算企业存货的跌价准备。

账户结构：贷方登记企业于资产负债表日计取的存货可变现净值低于成本的跌价数；借方登记日常发出存货跌价准备的结转数和资产负债表日已计提跌价的存货价值后又得以在其原计提跌价金额范围的恢复数。期末余额在贷方，表示到资产负债表日已计提但尚未转销的存货跌价准备。

明细账设置：该账户应按存货项目或类别设置明细账，进行明细核算。

4. “固定资产减值准备”账户

账户性质：资产类账户，是固定资产账户的备抵账户。

账户用途：用来核算企业固定资产的减值准备。

账户结构：贷方登记企业于资产负债表日计取的固定资产可收回金额低于其账面价值的减值数；借方登记处置日常固定资产的减值准备结转数。期末余额在贷方，表示到资产负债表日已计提但尚未转销的固定资产减值准备。

明细账设置：该账户应按固定资产的项目或类别设置明细账，进行明细核算。

7.5.4 资产减值业务

按照企业会计准则的规定，企业对发生的坏账按照程序予以转销，冲减坏账准备金，同时转销其应收款项。在资产负债表日，对应收款项的减值采用备抵法计提坏账准备金，以前多提的予以冲回，不足的予以补提。对存货应当按照成本与可变现净值孰低计量，存货成本高于其可变现净值的，应当计提存货跌价准备，计入当期损益。以前减记存货价值的影响因素已经消失的，减记的金额应当予以恢复，并在原已计提的存货跌价准备的金额内转回，转回的金额计入当期损益。对固定资产、无形资产等可收回金额低于其账面价值的，应当将资产的账面价值减记至可收回金额，减记的金额确认为资产减值准备，计入当期损益。可收回金额应当根据资产的公允价值减去处置费用后的净额与资产预计未来现金流量的现值孰高确定。

假设沈阳立信公司2015年12月发生如下部分经济业务。

【例7-15】31日，企业采用账龄分析法对应收账款、应收票据年末余额进行分析，经估计，须计提坏账准备9 000元。

会计人员应编制如下会计分录。

借：资产减值损失　　　　　　　　9 000

　　贷：坏账准备　　　　　　　　　　9 000

【例7-16】31日，对企业现有存货到年末的可变现净值进行判断估计。A产品的可变现净值为100元/件，其成本价180元/件，库存量20件；B产品可变现净值为150元/件，其成本价120元/件，库存量50件，A、B两产品均未提取过跌价损失。乙材料可变现净值为20元/千克，其成本价32元/千克，库存量1 000千克；丙材料可变现净值80元/千克，其成本价60元/千克，库存量500千克，已计提跌价损失6 000元。其他存货账面价和市价一致。

会计人员应编制如下会计分录。

借：资产减值损失　　　　　　　　7 600

　　存货跌价准备——丙材料　　　6 000

　　贷：存货跌价准备——A产品　　　　1 600

　　　　　　　　　　——乙材料　　　12 000

【例7-17】31日，经评估，沈阳立信公司现有机电设备可收回金额30 000元。该设备原值200 000元，已提累计折旧100 000元，已提减值准备60 000元。会计人员应编制如下会计分录。

借：资产减值损失　　10 000
　　贷：固定资产减值准备　　10 000

【例7-18】31日，沈阳立信公司将一台现不需用设备对外变价处理，收回出售价款120 000元存入银行(假设不考虑税费)。该设备原值180 000元，已提累计折旧80 000元，已提减值准备20 000元。

会计人员应编制如下会计分录。

借：银行存款　　120 000
　　累计折旧　　80 000
　　固定资产减值准备　　20 000
　　贷：固定资产　　180 000
　　　　营业外收入——固定资产处置利得　　40 000

【例7-19】31日，沈阳立信公司对其固定资产的可收回金额进行重新评估，发现某项固定资产原值140 000元，已提折旧60 000元，若出售销售净价为56 000元；若出租租金收入的现值为68 000元。其他固定资产和无形资产的账面价值与可收回金额相符。

会计人员应编制如下会计分录。

借：资产减值损失　　12 000
　　贷：固定资产减值准备　　12 000

总结

财产清查是一种重要的会计核算方法。为了保护财产完整、维护财经纪律、提高经济效益、确保会计报表的质量，必须进行必要的财产清查。由于财产特点各异，需要对财产物资、货币资金、债权债务采取不同的方法进行清查。在对货币资金进行清查时，其中对现金的清查主要是通过实地盘点法，对银行存款的清查主要是通过核对账单来实现的。在对存货的清查中，主要是确定存货账面数额的两种盘存制，再根据具体的4种清查方法，将清查结果与账面数额进行比较来确定是否账实相符。在对债权债务进行清查时，即对应付应收款项的清查，一般通过“函证核对法”来实现。根据清查结果，企业应做出相应的处理。当财产盘盈的时候，清查人员应设置“待处理财产损溢”账户，并贷记盘盈数额，同时在相应财产账户上登记，然后上报，待批准后根据要求调整账项；当财产盘亏的时候，清查人员同样要设置“待处理财产损溢”账户，并借记盘亏数额，同时在相应财产账户上登记，然后上报，待批准后根据要求调整账项。当对债权债务进行清查时，发现存在长期无法收回的应收款项或长期无法支付的应付款项，首先应将清查结果上报，待上级批准后，进行转销或者冲抵相应的不良债务或者债权，而不需要设置“待处理财产损溢”账户。企业年度财产清查时要进行资产减值测试和处理。资产减值主要包括应收账款的坏账准备、存货跌价及固定资产减值的确认和计量。

通过企业定期或者不定期的财产清查，为会计信息系统的有效运行提供了一定的保证，同时也为企业内部管理控制的执行创造了有利的条件。

关键词

财产清查	Property Check
永续盘存制	Perpetual Inventory
实地盘存制	Periodic Inventory
全面清查	Complete Check
局部清查	Partial Check
定期清查	Periodic Check
不定期清查	Non-periodic Check
未达账项	Account in Transit
先进先出法	First-in，First out Method
后进先出法	Last-in，First out Method
银行存款余额调节表	Bank Reconciliation
对账单	Bank Statement

习题

一、单项选择题

1. 无法查明原因的现金盘盈应该记入(　　)科目。

A. “管理费用”　　B. “营业外收入”

C. “销售费用”　　D. “其他业务收入”

2. 某企业仓库本期期末盘亏原材料，已经查明原因，属于自然损耗，经批准后，会计人员应编制的会计分录为(　　)。

A. 借：待处理财产损溢
　　贷：原材料

B. 借：待处理财产损溢
　　贷：管理费用

C. 借：管理费用
　　贷：待处理财产损溢

D. 借：营业外支出
　　贷：待处理财产损溢

3. 企业的存货由于计量、收发错误导致的盘亏，由企业承担的部分应作为(　　)处理。

A. 营业外支出　　B. 其他业务支出

C. 坏账损失　　D. 管理费用

4. 盘亏的固定资产应该通过(　　)科目核算。

A. “固定资产清理”　　B. “待处理财产损溢”

C. “以前年度损益调整”　　D. “材料成本差异”

5. 下列记录可以作为调整账面数字的原始凭证的是(　　)。

A. 盘存单　　B. 实存账存对比表

C. 银行存款余额调节表　　D. 往来款项对账单

6. 企业进行盘点，发现账实不符。下列会计处理中，正确的是(　　)。

A. 直接做损益处理　　B. 先调整账面结存数

C. 不做任何调整，继续查明原因　　D. 按账面数进行调整

7. 固定资产盘盈可通过(　　)科目核算。

A. “投资收益”　　B. “以前年度损益调整”

C. “营业外收入”　　D. “固定资产清理”

8. 对于财产清查结果处理的要求不包括(　　)。

A. 分析产生差异的原因和性质，提出处理建议

B. 向税务部门报告清查结果

C. 总结经验教训，建立健全各项规章制度

D. 及时调整账簿记录，保证账实相符

9. 对往来款项进行清查，应该采用的方法是(　　)。

A. 技术推算法　　B. 与银行核对账目法

C. 实地盘存法　　D. 发函询证法

10. 下列资产中，(　　)不应采用实地盘点法或技术推算法进行清查。

A. 库存现金　　B. 原材料

C. 银行存款　　D. 固定资产

11. 技术推算法一般适用于(　　)的清查。

A. 货币资金　　B. 往来款项

C. 机器设备　　D. 露天堆放的沙石

12. 下列关于库存现金在盘点后应编制的原始凭证中，正确的是(　　)。

A. 实存账存对比表　　B. 库存现金盘点报告表

C. 银行存款余额调节表　　D. 银行对账单

13. 企业开出一张支票，银行尚未入账，属于(　　)情况的未达账项。

A. 银行已收，企业未收　　B. 银行已付，企业未付

C. 企业已收，银行未付　　D. 企业已付，银行未付

14. 对财产清查结果进行正确账务处理的主要目的是保证(　　)。

A. 账表相符　　B. 账账相符　　C. 账实相符　　D. 账证相符

15. 下列记录可以作为调整账面数字的原始凭证的是(　　)。

A. 盘存单　　B. 实存账存对比表

C. 银行存款余额调节表　　D. 往来款项对账单

二、多项选择题

1. 银行存款的清查步骤有(　　)。
   A. 将本单位银行存款日记账与银行对账单逐日逐笔核对，凡双方都有记录的，用铅笔在金额旁打上记号“√”
   B. 找出未标记“√”的未达账项
   C. 将日记账和对账单的月末余额及未达账项填入“银行存款余额调节表”，计算调整后的余额
   D. 调整平衡的“银行存款余额调节表”，经主管会计签章后，呈报开户银行
2. 企业的库存现金发生盘盈时，报经批准后的账务处理中可以计入的贷方科目有(　　)。
   A. 管理费用　　B. 营业外收入　　C. 待处理财产损溢　　D. 营业外支出
3. 库存现金盘亏的账务处理中可能涉及的科目有(　　)。
   A. 库存现金　　B. 管理费用　　C. 其他应收款　　D. 营业外支出
4. 对于盘亏、毁损的存货，经批准后进行账务处理时，可能涉及的借方账户是(　　)。
   A. 其他应收款　　B. 营业外支出　　C. 营业外收入　　D. 原材料
5. 下列各项应在“待处理财产损溢”科目贷方登记的是(　　)。
   A. 财产物资盘亏、毁损的金额　　B. 财产物资盘盈的金额
   C. 财产物资盘盈的转销额　　D. 财产物资盘亏的转销额
6. 下列各项中，(　　)适合采用实地盘点法进行财产清查。
   A. 原材料　　B. 固定资产　　C. 库存现金　　D. 露天堆放的煤
7. 下列各项中，(　　)应当采用实地盘点法进行财产清查。
   A. 库存现金的清查　　B. 银行存款的清查
   C. 实物资产的清查　　D. 往来款项的清查
8. 下列各项中，(　　)可作为原始凭证，据以调整账簿记录。
   A. 现金盘点报告表　　B. 银行存款余额调节表
   C. 盘存单　　D. 实存账存对比表
9. 下列各项中，(　　)可能是银行存款日记账与银行对账单不符的原因。
   A. 企业账务记录有误　　B. 银行账务记录有误
   C. 企业已记账，银行未记账　　D. 银行已记账，企业未记账
10. 未达账项的情况有(　　)。
    A. 企业已收款入账，而银行尚未收款入账
    B. 企业已付款入账，而银行尚未付款入账
    C. 银行已收款入账，而企业尚未收款入账
    D. 银行已付款入账，而企业尚未付款入账
11. 现金清查的内容主要包括(　　)。
    A. 是否有未达账项　　B. 是否有白条顶库
    C. 有无挪用公款　　D. 往来款项是否相符

12. 下列各项中，按照清查的时间对财产清查进行分类，正确的有(　　)。

A. 全面清查　　B. 局部清查

C. 定期清查　　D. 不定期清查

13. 下列各项中，(　　)属于企业财产清查内容。

A. 货币资金　　B. 实物资产

C. 应收、应付款项　　D. 对外投资

14. 下列各项中，可以采用实地盘点法进行清查的有(　　)。

A. 库存现金　　B. 银行存款

C. 库存商品　　D. 固定资产

三、判断题

1. 凡有几个银行户头以及开设有外币存款户头的单位，应分别按存款户头开设“银行存款日记账”。每月月底，应分别将各户头的“银行存款日记账”汇总后与汇总的“银行对账单”核对，编制“银行存款余额调节表”。(　　)

2. 永续盘存制的计算公式为：期初结存数+本期收入数−期末实存数=本期发出数。(　　)

3. 存货发生盘盈，经批准后，借记“待处理财产损溢”科目，贷记“管理费用”科目。(　　)

4. 存货盘盈一般是由于收发计量或核算上的差错造成的，冲减管理费用。(　　)

5. “待处理财产损溢”账户期末处理结转后应无余额。(　　)

6. 固定资产盘盈可计入营业外收入。(　　)

7. 在处理建议得到批准之前，财务部门不得进行任何账务处理。(　　)

8. 往来款项的清查一般采用发函询证的方法进行核对。(　　)

9. 在进行财产物资盘点时，实物保管员必须在场。(　　)

10. 对已委托外单位加工、保管的材料、商品、物资以及在途材料、商品、物资等，可以采取询证的方法与有关单位进行核对，来查明账实是否相符。(　　)

11. 现金应该每月清查一次。(　　)

12. 银行存款余额调节表的编制方法一般是在企业与银行双方账面余额的基础上，各自加上对方已收而本单位未收的款项，减去对方已付而本单位未付的款项。经过调节后，双方的余额应一致。(　　)

13. 库存现金的清查包括出纳人员每日的清点核对和清查小组定期和不定期的清查。(　　)

14. 未达账项是指存款单位和银行之间对于同一项业务，由于取得凭证的时间不同，导致记账时间不一致，而发生的一方已取得结算凭证而登记入账，但另一方由于尚未取得结算凭证而未入账的款项。(　　)

15. 按清查的执行系统分类，分为定期清查和不定期清查。(　　)

第8章　账务处理程序

学习目标与要求

理解：

- 账务处理程序的概念与意义
- 每种账务处理程序的优缺点

掌握：

- 账务处理程序的种类
- 账务处理程序的内容

教学重点与难点

重点：

- 账务处理程序的一般程序
- 各种账务处理程序之间的区别

难点：

- 各种账务处理程序之间的联系
- 每种账务处理程序的适用范围

导读材料

会计核算形式又称为账务处理组织程序或记账程序，是账簿组织、记账程序和记账方法相互结合的方式。账簿组织是指账簿的种类、格式和各种账簿之间的相互关系；记账程序和记账方法是指凭证的整理、传递，账簿的登记，会计报表的编制程序和方法。

由于各个单位的经济业务性质和特点不尽相同，经济业务规模大小也不一样，因此设置的账簿，凭证的种类、格式和各种账簿之间的相互关系以及与之相适应的记账程序和方法也不一样。不同的账簿组织、记账程序和记账方法相互结合，就形成各种不同的会计核算形式。每个单位应结合自己的实际状况和具体条件，采用或设计适合自身经济业务性质和特点的会计核算形式。

因此，尽管每一个会计单位的业务各有其特色，但都应该对会计核算形式做出明确的规定。一项合理有效的会计核算形式，一般应该符合下列要求。

(1) 与本单位生产及经营管理的特点、规模大小和业务的繁简程度相适应。

(2) 能正确、全面和及时地提供有关经济业务和财务收支的情况，满足本单位经营管理和国家宏观管理工作的需要。

(3) 要在保证核算指标正确、真实和系统完整的前提下，尽可能简化不必要的核算手续，提高会计工作的效率，节约核算工作的人力、物力和财力。

8.1　账务处理程序概述

8.1.1　账务处理程序的概念与意义

1. 概念

账务处理程序，又称会计核算组织程序或会计核算形式，是指会计凭证、会计账簿、财务报表相结合的方式，包括账簿组织和记账程序。

账簿组织是指会计凭证和会计账簿的种类、格式，会计凭证与账簿之间的联系方法。

记账程序是指由填制、审核原始凭证到填制、审核记账凭证，登记日记账、明细分类账和总分类账，编制财务报表的工作程序和方法等。

2. 意义

科学、合理地选择账务处理程序的意义主要包括以下几个方面。

(1) 有利于会计工作程序的规范化，确定合理的凭证、账簿与报表之间的联系方式，保证会计信息加工过程的严密性，提高会计信息的质量。

(2) 有利于保证会计记录的完整性、准确性，通过凭证、账簿与报表之间的牵制作用，增强会计信息的可靠性。

(3) 有利于减少不必要的会计核算环节，通过井然有序的账务处理程序，提高会计工作效率，保证会计信息的及时性。

8.1.2　账务处理程序的种类

常用的账务处理程序主要有记账凭证账务处理程序、汇总记账凭证账务处理程序和科目汇总表账务处理程序。

上述三种账务处理程序的不同之处在于登记总分类账的依据和程序不同。

最基本的账务处理程序——记账凭证账务处理程序，是其他账务处理程序的基础。

8.2 不同种类账务处理程序的内容

8.2.1 记账凭证账务处理程序

1. 基本内容

记账凭证账务处理程序的特点是直接根据记账凭证逐笔登记总分类账，它是最基本的账务处理程序。它的一般程序，如图8-1所示。

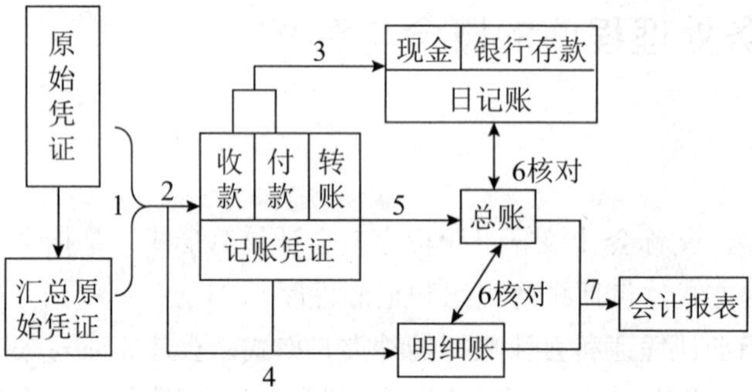

图8-1 记账凭证账务处理程序

(1) 根据原始凭证编制汇总原始凭证。

(2) 根据原始凭证或汇总原始凭证，编制记账凭证。

(3) 根据收款凭证和付款凭证，逐笔登记现金日记账和银行存款日记账。

(4) 根据原始凭证、汇总原始凭证和记账凭证，登记各种明细分类账。

(5) 根据记账凭证逐笔登记总分类账。

(6) 期末，现金日记账、银行存款日记账的余额与有关总分类账的余额核对相符。

(7) 期末，根据总分类账和明细分类账的记录，编制会计报表。

2. 优缺点及适用范围

1) 优点

(1) 记账凭证账务处理程序简单明了，易于理解；

(2) 总分类账较详细地记录和反映经济业务的发生情况。

2) 缺点

登记总分类账的工作量较大。

3) 适用范围

适用于规模较小、经济业务量较少的单位。

8.2.2　汇总记账凭证账务处理程序

1. 基本内容

汇总记账凭证账务处理程序的特点是定期根据记账凭证分类编制汇总收款凭证、汇总付款凭证和汇总转账凭证，再根据汇总记账凭证登记总分类账。它的一般程序，如图8-2所示。

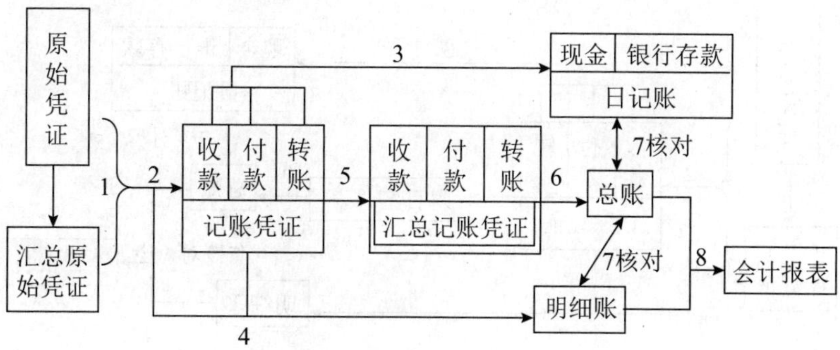

图8-2　汇总记账凭证账务处理程序

(1) 根据原始凭证编制汇总原始凭证。

(2) 根据原始凭证或汇总原始凭证，编制记账凭证。

(3) 根据收款凭证和付款凭证，逐笔登记现金日记账和银行存款日记账。

(4) 根据原始凭证、汇总原始凭证和记账凭证，登记各种明细分类账。

(5) 根据各种记账凭证编制有关汇总记账凭证。

(6) 根据各种汇总记账凭证登记总分类账。

(7) 期末，现金日记账、银行存款日记账的余额与有关总分类账的余额核对相符。

(8) 期末，根据总分类账和明细分类账的记录，编制会计报表。

2. 优缺点及适用范围

1) 优点

(1) 汇总记账凭证账务处理程序减少了登记总分类账的工作量；

(2) 便于了解各种账户之间的对应关系；

2) 缺点

按每一贷方科目编制汇总转账凭证，不利于会计核算的日常分工，当转账凭证较多时，编制汇总转账凭证的工作量较大。

3) 适用范围

适用于经营规模大、经济业务较多的单位。

8.2.3 科目汇总表账务处理程序

1. 基本内容

科目汇总表账务处理程序(又称记账凭证汇总表账务处理程序)的特点是编制科目汇总表并据以登记总分类账。它的一般程序，如图8-3所示。

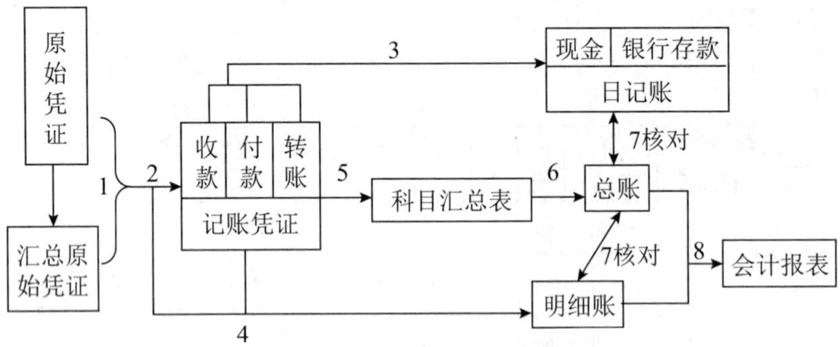

图8-3 科目汇总表账务处理程序

(1) 根据原始凭证编制汇总原始凭证。

(2) 根据原始凭证或汇总原始凭证，编制记账凭证。

(3) 根据收款凭证和付款凭证，逐笔登记现金日记账和银行存款日记账。

(4) 根据原始凭证、汇总原始凭证和记账凭证，登记各种明细分类账。

(5) 根据各种记账凭证编制科目汇总表。

(6) 根据科目汇总表登记总分类账。

(7) 期末，现金日记账、银行存款日记账的余额与有关总分类账的余额核对相符。

(8) 期末，根据总分类账和明细分类账的记录，编制会计报表。

2. 优缺点和适用范围

1) 优点

(1) 减少了登记总分类账的工作量，易于理解，方便学习。

(2) 可做到试算平衡，从而保证总账工作的准确性。

2) 缺点

科目汇总表不能反映各种账户之间的对应关系，不利于对账目进行检查。

3) 适用范围

适用于经济业务较多的单位。

总结

账务处理程序也称会计核算组织程序，是指对会计数据的记录、归类、汇总、陈报的步骤和方法，即从原始凭证的整理、汇总，记账凭证的填制、汇总，日记账、明细分类账的登记，到会计报表的编制步骤和方法。账务处理程序的基本模式可以概括为：原始凭证——记账凭证——会计账簿——会计报表。会计账务处理程序有多种形式，各单位应采用何种账务处理程序，由各单位自主选用或设计。现代社会生活中，我国各经济单位通常采用的主要账务处理程序有三种：记账凭证账务处理程序、汇总记账凭证账务处理程序、科目汇总表账务处理程序。各种会计账务处理程序的主要区别在于登记总分类账的依据和方法不同，但是，出纳业务处理的步骤基本一致，其基本程序是：

(1) 根据原始凭证或汇总原始凭证填制收款凭证、付款凭证；对于转账投资有价证券业务，还要根据原始凭证或汇总原始凭证直接登记有价证券明细分类账(债券投资明细分类账、股票投资明细分类账等)。

(2) 根据收款凭证、付款凭证逐笔登记现金日记账、银行存款日记账、有价证券明细分类账。

(3) 每天核对现金日记账的余额与库存现金，并与现金总分类账定期进行核对；银行存款日记账与开户银行出具的银行对账单逐进行核对，至少每月一次，银行存款日记账的余额与银行存款总分类账定期进行核对；有价证券明细分类账与库存有价证券定期进行核对。

(4) 根据现金日记账、银行存款日记账、有价证券明细分类账、开户银行出具的银行对账单等，定期或不定期编制出纳报告，提供出纳核算信息。

关键词

账务处理程序	Accounts Processing
科目汇总表	Categorized Accounts Summary
总分类账	General Ledger
明细账	Subsidiary
现金日记账	Cash Journal
银行存款日记账	Deposit Journal

习题

一、单项选择题

1. (　　)不能反映各科目的对应关系，不便于分析和检查经济业务的来龙去脉，不便于查对账目。

A. 记账凭证账务处理程序　　B. 汇总记账凭证账务处理程序

C. 日记账账务处理程序　　D. 科目汇总表账务处理程序

2. 科目汇总表的汇总范围是(　　)。

A. 全部科目的借方、贷方发生额和余额

B. 全部科目的借方、贷方余额

C. 全部科目的借方、贷方发生额

D. 汇总收款凭证、汇总付款凭证、汇总转账凭证的合计数

3. 下列项目中，属于科目汇总表账务处理程序的缺点的是(　　)。

A. 不便于理解　　B. 增加了登记总分类账的工作量

C. 不便于检查核对账目　　D. 不便于进行试算平衡

4. 记账凭证账务处理程序下，不能作为登记明细分类账依据的是(　　)。

A. 原始凭证　　B. 汇总原始凭证

C. 记账凭证　　D. 记账凭证汇总表

5. 记账凭证账务处理程序是指对发生的经济业务事项，先根据原始凭证或汇总原始凭证填制记账凭证，再直接根据(　　)逐笔登记总分类账的一种账务处理程序。

A. 原始凭证　　B. 原始凭证汇总表

C. 记账凭证　　D. 会计凭证

6. 规模较小、业务量较少的单位适用(　　)。

A. 记账凭证账务处理程序　　B. 汇总记账凭证账务处理程序

C. 多栏式日记账账务处理程序　　D. 科目汇总表账务处理程序

7. 汇总记账凭证账务处理程序和科目汇总表账务处理程序的主要不同点是(　　)。

A. 登记日记账的依据不同　　B. 编制记账凭证的依据不同

C. 登记总分类账的依据不同　　D. 编制汇总记账凭证的依据不同

8. 下列各项中，(　　)不属于汇总记账凭证账务处理程序的步骤。

A. 根据原始凭证编制汇总原始凭证

B. 根据各种记账凭证编制有关汇总记账凭证

C. 根据各种汇总记账凭证登记总分类账

D. 根据各种记账凭证编制科目汇总表

9. 汇总收款凭证是按科目的(　　)进行设置的。

A. 借方　　B. 贷方　　C. 借方或贷方　　D. 借方和贷方

10. 规模较大、经济业务量较多的单位适用的账务处理程序是(　　)。

A. 记账凭证账务处理程序　　B. 汇总记账凭证账务处理程序

C. 多栏式日记账账务处理程序　　D. 日记账账务处理程序

11. 在各种账务处理程序中，不能作为登记总账依据的是(　　)。

A. 记账凭证　　B. 汇总记账凭证

C. 汇总原始凭证　　D. 科目汇总表

12. (　　)是指会计凭证和会计账簿的种类、格式，会计凭证与账簿之间的联系方法。

A. 凭证组织　　B. 账簿组织

C. 记账程序　　D. 报表组织

13. 下列各项中，(　　)不属于科目汇总表账务处理程序的步骤。

A. 根据原始凭证、汇总原始凭证和记账凭证，登记各种明细分类账

B. 根据各种记账凭证编制汇总记账凭证

C. 根据科目汇总表登记总分类账

D. 期末根据总分类账和明细分类账的记录，编制会计报表

14. 根据科目汇总表登记总分类账，在能够进行发生额试算平衡的同时起到(　　)的作用。

A. 简化报表的编制　　B. 简化明细分类账工作

C. 清晰地反映各种科目之间的对应关系　　D. 简化登记总分类账工作

15. 科目汇总表是依据(　　)编制的。

A. 记账凭证　　B. 原始凭证

C. 原始凭证汇总表　　D. 各种总账

16. 在汇总记账凭证账务处理中，登记总账的直接依据是(　　)。

A. 付款凭证　　B. 汇总记账凭证　　C. 记账凭证　　D. 收款凭证

二、多项选择题

1. 下列关于科目汇总表账务处理程序与汇总记账凭证账务处理程序的共同之处的表述中，正确的有(　　)。

A. 都适用于规模较大、业务量较多的企业

B. 可以减少登记总分类账的工作量

C. 可以保持会计科目之间的对应关系

D. 可以进行发生额试算平衡

2. 下列关于科目汇总表账务处理程序的优缺点与适用范围的表述中，正确的有(　　)。

A. 将记账凭证通过科目汇总表汇总后登记总分类账，大大减少了登记总账的工作量

B. 通过编制科目汇总表，可以对发生额进行试算平衡，从而及时发现错误，保证记账工作质量

C. 科目汇总表能反映各种账户之间的对应关系，有利于根据账簿记录检查和分析交易或事项的来龙去脉，便于查对账目

D. 适用于业务量多的大、中型企业

3. 根据总账的登记依据对账务处理程序进行分类，下列各项中正确的有(　　)。

A. 记账凭证账务处理程序　　B. 汇总记账凭证账务处理程序

C. 科目汇总表账务处理程序　　D. 一般账务处理程序

4. 下列各项中，属于企业填制记账凭证依据的有(　　)。

A. 汇总记账凭证　　B. 科目汇总表　　C. 原始凭证　　D. 汇总原始凭证

5. 下列属于记账凭证账务处理程序的优点的有(　　)。

A. 简单明了、易于理解

B. 总分类账可较详细地记录经济业务的发生情况

C. 便于进行会计科目的试算平衡

D. 减少了登记总分类账的工作量

6. 下列说法中正确的有(　　)。

A. 汇总记账凭证分为汇总收款凭证、汇总付款凭证和汇总转账凭证

B. 汇总记账凭证是按每个科目设置，并按设置科目一方的对应科目进行汇总

C. 汇总记账凭证账务处理程序是根据汇总记账凭证登记总分类账

D. 汇总记账凭证账务处理程序适用于规模较大、经济业务较多的单位

7. 以记账凭证为依据，按有关账户的贷方设置，按借方账户归类的有(　　)。

A. 汇总收款凭证　　B. 汇总转账凭证

C. 汇总付款凭证　　D. 科目汇总表

8. 账簿组织包括(　　)。

A. 会计凭证、会计账簿的种类及格式

B. 会计凭证与账簿之间的联系方法

C. 会计机构及会计岗位的设置

D. 会计工作人员的职责

9. 在科目汇总表账务处理程序下，月末应将(　　)与总分类账进行核对。

A. 现金日记账　　B. 明细分类账

C. 银行存款日记账　　D. 备查账

10. 下列各项中，(　　)属于记账凭证。

A. 转账凭证　　B. 收款凭证

C. 科目汇总表　　D. 汇总记账凭证

11. 汇总记账凭证一般分为(　　)。

A. 汇总收款凭证　　B. 汇总付款凭证

C. 原始凭证汇总表　　D. 汇总转账凭证

12. 下列有关科目汇总表账务处理程序的表述中，正确的有(　　)。

A. 减少了登记总分类账的工作量

B. 可做到试算平衡

C. 不能反映各种账户之间的对应关系，不便于查核账目

D. 是最简单的账务处理程序

13. 科目汇总表账务处理程序下不需要编制(　　)。

A. 科目汇总表　　B. 汇总收款凭证

C. 汇总付款凭证　　D. 记账凭证

14. 下列各项中，(　　)不属于汇总记账凭证账务处理程序的缺点。

A. 总分类账中无法清晰地反映各种科目之间的对应关系

B. 登记总分类账的工作量较大

C. 编制汇总记账凭证的程序比较烦琐

D. 当转账凭证较多时，编制汇总转账凭证的工作量较大

15. 对于汇总记账凭证账务处理程序下，下列说法错误的有(　　)。

A. 登记总分类账的工作量大

B. 不能体现各种账户之间的对应关系

C. 明细账与总分类账无法核对

D. 当转账凭证较多时，编制汇总转账凭证的工作量较大

三、判断题

1. 科目汇总表账务处理程序是会计核算中最基本的账务处理程序，其他账务处理程序都是在这种账务处理程序的基础上发展、演变而成的。(　　)

2. 科目汇总表账务处理程序的优点之一是编制汇总记账凭证的程序比较简单。(　　)

3. 科目汇总表账务处理程序的缺点之一是科目汇总表不反映各科目的对应关系。(　　)

4. 科目汇总表只反映各个会计科目的本期借方发生额和本期贷方发生额，不反映各个会计科目的对应关系。(　　)

5. 记账凭证账务处理程序是最基本的账务处理程序，其他账务处理程序都是在此基础上发展形成的，其优点就是登记账簿的工作量小。(　　)

6. 记账凭证账务处理程序的特点是直接根据记账凭证逐笔登记总分类账，是基本的账务处理程序。(　　)

7. 科学、合理地选择适合本单位的账务处理程序有利于保证会计记录的完整性和正确性，增强会计信息的可靠性。(　　)

8. 汇总记账凭证账务处理程序是指直接根据记账凭证逐笔登记总分类账的一种账务处理程序。(　　)

9. 汇总记账凭证账务处理程序的缺点之一是按每一贷方科目编制汇总转账凭证，不利于会计核算的日常分工。(　　)

10. 在汇总记账凭证账务处理程序中，登记总分类账时，应根据汇总付款凭证的合计数，记入“库存现金”或者“银行存款”总分类账户的借方，根据汇总付款凭证各贷方科目的合计数分别计入有关总分类账户的贷方。(　　)

11. 在不同的账务处理程序下，财务报表的编制依据不同。(　　)

12. 汇总收款凭证是按贷方科目设置，按借方科目归类，定期汇总编制的。(　　)

13. 科目汇总表账务处理程序的优点之一是具有试算平衡的作用，有利于保证总账登记的正确性。(　　)

14. 记账凭证账务处理程序、汇总记账凭证账务处理程序和科目汇总表账务处理程序的一般步骤中都包括根据记账凭证编制科目汇总表。(　　)

15. 汇总记账凭证账务处理程序的优点之一是按每一贷方科目编制汇总转账凭证，有利于会计核算的日常分工。(　　)

第9章　财务报告

学习目的与要求

理解：

- 财务报告的组成
- 财务报表的意义和种类
- 财务报表附注的主要内容

掌握：

- 财务报表的结构和内容
- 资产负债表和利润表的编制方法
- 现金流量表和股东权益变动表的编制项目及内容
- 比率分析的各项公式和含义

教学重点与难点

重点：

- 财务报表的编制要求
- 财务报表的种类

难点：

- 资产负债表的编制方法
- 利润表的编制方法
- 现金流量表的编制方法

导读材料

财务报告，又称财务会计报告，是反映企业某一特定日期的财务状况和某一会计期间的经营成果、现金流量等会计信息的文件。财务报告包括财务报表(资产负债表、利润表、现金流量表、所有者权益变动表、相关附表及会计报表附注)和财务情况说明书。其中，财务报表是财务报告的核心。编制财务报告的主要目的是通过向外部会计信息使用者提供有用的信息，以反映企业财务信息，帮助使用者做出相关决策。

财务报告分析是报表使用者在结合行业环境与经济背景的基础上，为了做出决策与提供建议而根据公司的业绩表现进行的分析过程。比如，公司债券的投资者关注公司偿还利息与本金的能力，公司股票的投资者是公司剩余利益的索取者，所以他们关注的是公司支付股利的能力和股票价格未来上涨的可能性。

9.1 财务报告概述

9.1.1 财务报告的概念和构成

财务报告是指企业向财务报告使用者提供与企业财务状况、经营成果和现金流量等有关的会计信息，反映企业管理层受托责任的履行情况的书面报告。财务报告分为年度和中期。中期是指短于一个完整的会计年度的报告期间，包括半年度、季度和月度。年度、半年度财务报告的内容至少包括资产负债表、利润表、现金流量表、所有者权益变动表及附注、财务报表附注和其他应当在财务报告中披露的相关信息和资料。季度、月度的财务报告通常仅指财务报表。小企业编制的财务报表可以不包括现金流量表和所有者权益变动表。财务报表附注是指对在财务报表中列示主要项目所做的进一步说明，以及对未能在这些报表中列示项目的说明等，是财务报表的重要组成部分。

财务报表是财务报告的核心内容，但除了财务报表之外，财务报告还应当包括其他相关信息，具体可以根据有关法律、法规的规定和外部使用者的信息需求而定。例如，企业可以在财务报告中披露其承担的社会责任、对社区的贡献、可持续发展能力等信息，这些信息对于使用者的决策是相关的，尽管属于非财务信息，无法包括在财务报表中，但如果有规定或者使用者有需求，企业应当在财务报告中予以披露。

财务报表不同于会计报表，会计报表既包括会计主体对外提供的财务报表，如资产负债表、利润表、现金流量表、所有者权益变动表等；又包括为内部管理服务、不对外提供的报表，如成本报表。财务报表主要是指对外提供的会计报表。一套完整的财务报表至少应包括“四表一注”，即资产负债表、利润表、现金流量表、所有者权益变动表以及附注。

9.1.2 财务报告的作用及意义

1. 财务报告的作用

1) 对企业来说

财务报告所提供的资料，可以反映企业管理层受托责任的履行情况，帮助企业领导和管理人员分析、检查企业的经营活动是否符合制度规定；考核企业资金、成本、利润等计划指标的完成程度；分析、评价经营管理中的成绩和不足，采取措施，提高经济利益；运用财务报告的资料和其他资料进行分析，为编制下期计划提供依据。同时，将财务报告在本企业职工代表大会上公布，可以进一步发挥职工主人翁的作用，从各方面提出改进建议，促进企业增产节约措施的落实。

2) 对主管部门来说

利用财务报告，考核所属单位的经营业绩以及各项经济政策的贯彻执行情况，并通过对所属单位同类指标的对比分析，总结成绩，推广先进经验；发现问题，分析原因，采取措施，克服薄弱环节。同时，通过财务报告汇总所提供的资料，可以在一定范围内反映国民经济计划的执行情况，为国家宏观管理提供依据。

3) 对财政、税收、银行和审计部门来说

利用财务报告所提供的资料：①财税部门可以了解企业资金筹集和运用是否合理，检查企业税收、利润计划的完成与解交情况，以及有无违反税法和财经纪律的现象，以更好地发挥财政、税收的监督职能；②银行部门可以考查企业流动资金的使用情况，分析企业银行借款的物质保证程度，研究企业资金的正常需求量，了解银行借款的归还以及信贷纪律的执行情况，充分发挥银行经济监督和经济杠杆作用；③审计部门可以了解企业财务状况和经营情况及财经政策、法令和纪律的执行情况，从而为进行财务审计和经济效益审计提供必要的资料。

4) 对投资人、债权人和其他利害相关人来说

财务报告可以提供企业财务状况和偿债能力等相关信息，作为投资、贷款和贸易的决策依据。

2. 财务报告的意义

财务报告是会计要素确认、计量的结果和综合性描述。会计准则中对会计要素确认、计量过程中所采用的各项会计政策被企业实际应用后将有助于促进企业的可持续发展，反映企业管理层受托责任的履行情况。企业在生产经营过程中通过应用会计准则实现发展战略，需要形成一套完整的结构化的报表体系，科学地进行列报。投资者、债权人等报表使用者通过全面阅读和综合分析财务报表，可以了解和掌握企业过去和当前的状况，预测企业的未来发展趋势，从而做出相关决策。

9.2 财务报表的分类及编制要求

9.2.1 财务报表的分类

财务报表是企业“财务会计报告”中的主要组成部分。根据《企业会计准则第30号——财务报表列报》的规定，财务报表的内容应包括资产负债表、利润表、现金流量表、所有者权益变动表及附注等。财务报表可以根据不同标准进行分类，以区别其性质和内容。

1. 财务报表按反映的经济内容分类

财务报表按反映的经济内容可分为三种类型：

(1) 反映一定日期企业资产、负债及所有者权益等财务状况的报表，如资产负债表；

(2) 反映一定时期内企业经营成果的财务报表，如利润表；

(3) 反映一定时期内企业财务状况变动情况的财务报表，如现金流量表、所有者权益变动表。

上述三类报表可以划分为静态报表和动态报表，前者为资产负债表，后者为利润表、现金流量表和所有者权益变动表。

2. 财务报表按提供的对象分类

财务报表按提供的对象可分为向外提供的财务报表和内部财务报表。向外提供的财务报表主要是资产负债表、利润表、现金流量表、所有者权益变动表及附注，其格式和内容由财政部规定；内部财务报表是为了满足企业内部管理的需要，其内容由企业自行规定。但两者都必须遵守会计核算的基本原则，保证会计信息的真实、可靠。

3. 财务报表按编报的时期分类

财务报表按编报的时期可分为年度财务报表和中期财务报表。资产负债表和利润表一般均报送中期报表和年度报表；现金流量表、所有者权益变动表、附注及各种有关附表均为年度报表。

4. 财务报表按编报的单位分类

财务报表按编报的单位可分为个别报表、汇总报表和合并报表。个别报表是指独立核算的基层企业的财务报表；汇总报表是指上级企业或上级单位对所属企业汇总编制的财务报表；合并报表是指反映母公司及其全部子公司形成的企业集团整体财务状况、经营成果和现金流量的财务报表。我国《合并财务报表分析准则》规定，应以控制为基础确定合并报表的合并范围，具体包括以下两种情况：①母公司拥有半数以上权益性资本的被投资企业；②被母公司控制的其他被投资企业。在编制合并报表时，应当按照比例合并方法进行合并。

9.2.2 财务报表列报的要求

1. 基本要求

1) 列报基础

财务报表提供的信息和前提基础之一是“持续经营假设”。企业在编制财务报表时，需要按照“持续经营假设”为基础编制，如果企业经营状况恶化，已经决定清算或停止经营，则不能以“持续经营假设”为基础编制。此时财务报表附注中应该披露未能以“持续经营假设”为基础编制的原因，并进一步披露财务报表编制的基础。

2) 重要性判断

(1) 判断项目性质的重要性应考虑项目的性质是否属于企业日常活动等因素。

(2) 判断金额大小的重要性，应通过单项金额占资产总额、负债总额、所有者权益总额、营业收入总额、营业成本总额、净利润总额等直接相关项目金额的比重加以确定。

3) 正常营业周期

判断流动资产、流动负债所指的一个正常营业周期，通常是指企业从购买用于加工的资产起至实现现金或现金等价物的期间。

正常营业周期通常短于一年，也有长于一年的。如正常营业周期不能确定的，应当以一年(12个月)作为正常营业周期。

2. 质量要求

为了充分发挥财务报表在经营管理中的重要作用，必须保证财务报表的质量。在编制财务报表时，应做到以下4个方面。

1) 数字真实

企业应当根据真实、正确、完整的会计资料，按照国家统一的会计制度规定编制财务报表，以保证财务报表的真实性。不能用估计数代替实际数，更不能弄虚作假，篡改数字，隐瞒谎报。

账簿记录是编制财务报表的主要依据，在编制财务报表时，必须做到：

(1) 按期结账。在结账之前，所有已经发生的收入、支出、债权、债务，应该摊销或预提费用以及其他已经完成的经营活动和财务收支事项，都应全部登记入账。

(2) 认真对账并进行财产清查。对于各种账簿记录，在编表之前，必须认真地审查和核对，对有关财产物资进行盘点和清查，对应收、应付款项和银行存(借)款进行查询核对，以达到账证相符、账账相符、账实相符、账款相符。在清查中应对财务报表中各项会计要素进行合理的确认和计量，不得随意更改。

(3) 在结账、对账和财产清查的基础上，通过编制总分类账户本期发生额试算平衡表以验算账目有无错漏，为正确编制会计报表提供可靠的数据。在编报以后，必须认真复核，做到账表相符，报表与报表之间有关数字衔接一致。

2) 内容完整

每个单位都必须按照国家统一规定的报表种类、格式和内容编制财务报表，以保证其完整性。针对不同的会计期间(月、季、半年、年)应当编报的各种财务报表，必须编报齐全；应当填列的报表指标，无论是表内项目，还是补充资料，必须全部填列；应汇总编制的所属各单位的会计报表，必须全部汇总，不得漏编、漏报。

3) 说明清楚

财务报表中需要加以说明的项目，在财务报表附注中用简要的文字和数字加以说明，对财务报表中主要指标的构成和计算方法，本报告期发生的特殊情况，如经营范围变化、经营结构变更以及本报告期经济效益影响较大的各种因素都必须加以说明。

4) 报送及时

财务报表必须遵照国家或上级主管部门规定的期限和程序，及时编制，及时报送，以保证报表的及时性。要保证财务报表编报及时，必须加强日常的核算工作，认真做好记账、算账、对账和财产清查，调整账面工作，同时加强会计人员的配合协作，但不能为了赶编财务报表而提前结账，更不能为了提前报送而影响报表质量。

此外，财务报表应当由单位负责人和主管会计工作的负责人、会计机构负责人签名并盖章；设有总会计师的单位还须由总会计师签名并盖章，各自对财务报表的真实性、合法性负责。单位负责人是本单位会计行为的第一责任人，对本单位的财务报表的真实性、合法性负责；有关会计负责人员也应承担相应的责任。

3. 编制格式要求

对外报送财务报表的格式，应当符合国家有关规定；单位内部使用的财务报表，其格式要求由各单位自行规定。企业会计准则或会计制度对于对外报送的财务报表及其附表格式都有统一的规定，各单位在编制财务报表时应当严格执行统一的规定，不能随意增列或减并表内项目，更不能任意变更表内各项目的经济内容，以免引起使用方面的混乱。对于内部使用的财务报表格式，各单位在自行规定时，格式要科学合理、体系完整、结构严谨、简明实用。

对于财务报表封面上的单位名称应当填写全称；单位公章应当使用单位行政公章，不能用财务专用章代替；同时还要盖齐单位负责人、总会计师、会计机构负责人、制表人等人员的印章。

4. 财务报表的编制程序

为了确保会计信息资料的可靠性，提高报表数据的相关性，使其真正成为有助于使用者做出正确决策的有用信息，必须在编制财务报表前做好下列工作。

(1) 认真对账并进行财产清查。在编制会计报表前，特别是在编制年度会计报表前，对单位的财产物资要进行盘点清查，检查账实是否相符。如发现账实不符，应查明原因，并按规定及时调整账目，做到账实相符。

(2) 按期结账。在编制会计报表前，应检查当期的经济业务是否全部入账，各种有关的记录是否予以结转，只有在当期全部经济业务登记入账后，才能结账，据以编制会计报表。

(3) 认真复核。在对账、结账和财产清查的基础上，通过编制总分类账户本期发生额与余额试算平衡表验算账户记录有无差错，为正确编制会计报表提供可靠的数据。在编报以后，须认真复核，做到账表相符。

(4) 结账。对期末各账户进行结账，计算并登记各账户的本期借方发生额、本期贷方发生额和期末余额。

(5) 试算平衡。期末通过编制试算平衡表，对日常会计核算进行试算平衡，以验证会计核算是否正确。

(6) 编表。财务报表的组成内容包括资产负债表、利润表、现金流量表和所有者权益变动表。

9.3 财务报表的编制

9.3.1 资产负债表的编制

1. 资产负债表的含义与作用

资产负债表是反映企业在某一特定日期财务状况的报表。所谓财务状况，是指企业的资产、负债、所有者权益的金额与结构。因此，资产负债表反映了企业某一特定日期(如月末、季末、年末)有关资产、负债、所有者权益及其结构或相互关系的信息。资产负债表可提供的信息主要有以下几个方面。

(1) 资产要素的信息。资产负债表中的资产要素是按流动性来列示的，包括流动资产和非流动资产。其中，流动资产实有情况的信息，包括货币资金、应收及预付款项、交易性金融资产和存货等信息。非流动资产实有情况的信息，包括可供出售金融资产、持有至到期金融资产、长期股权投资、固定资产、无形资产等信息。

(2) 负债要素的信息。资产负债表中的负债要素也是按流动性来列示的，包括流动负债和非流动负债。其中，流动负债的信息，包括短期借款、交易性金融负债、应付及预收款项等信息。非流动负债的信息，包括长期借款、应付债券、长期应付款等信息。

(3) 所有者权益的信息。所有者权益的信息主要包括实收资本、资本公积、盈余公积和未分配利润等信息。

资产负债表依据“资产=负债+所有者权益”的会计等式编制，从两个方面反映企业财务状况的时点指标。一方面，它反映企业某一日期所拥有的总资产，即企业所拥有或控制的、能为企业带来未来经济利益的经济来源，是分析企业生产经营能力的重要资料；另一方面，它反映企业这一日期的资产来源，即负债和所有者权益，表明企业未来需用多少资产或劳务清偿债务，投资者在企业资产中占有多大份额，了解权益结构的情况。根据资产负债表所反映的两个方面，利用该表不仅可以了解企业的资产分布及其来源渠道，还能进行财务分析，如计算流动比率、速动比率、资产负债率等指标。

2. 资产负债表的内容和格式

1) 资产负债表的内容及其排列

(1) 资产负债表的内容。根据资产负债表的性质，应列示资产、负债、所有者权益(合称资产负债表要素)的重要项目。世界各国和地区对这些项目的编报要求不完全一样。我国会计准则规定，资产负债表中的资产类信息项目至少应当单独反映：货币资金、应收及预付款项、交易性金融资产、存货、持有至到期投资、长期股权投资、投资性房地产、固定资产、无形资产、递延所得税资产等；资产负债表中的负债类信息项目至少应当单独反映：短期借款、应付及预收款项、应交税费、应付职工薪酬、预计负债、长期借款、长期应付款、应付债券、递延所得税负债等；资产负债表中的所有者权益类信息项目至少应当单独反映：实收资本(或股本)、资本公积、盈余公积、未分配利润。

(2) 资产负债表内容的分类与排列。资产负债表的各个项目，一般按要素及其流动性的强弱、偿还的先后顺序进行分类排列。即各资产项目为一类，并按变现能力的强弱排列，其顺序如上所示；各负债项目为一类，并按需偿还的先后顺序排列，其顺序亦如上所示；所有者权益项目为一类，因其在企业清算之前无须偿还，故列于报表最后的部分。这种分类排列，可直接将流动资产部分与流动负债部分进行比较，便于反映企业的短期偿债能力。除上述按流动性顺序排列外，在一些国家、地区或某些行业中，也有按报表项目的重要性排列，即在资产类项目中先列示固定资产，在负债类项目中先列示长期债务，或将所有者权益置列于负债之前。

为了表现物价变化下的企业财务状况，亦可另从其他角度对报表项目进行分类。比如，将各项目分为货币性项目和非货币性项目两大类：货币性项目基本上直接以货币额表现其价值，不存在计量问题，在物价变动情况下，其金额固定不变，但实际购买力发生变化；非货币性项目存在基于各种假设、估计、判断之上的计量问题，在物价变化的情况下，其金额随物价水平变动，但不发生实际购买力的变化。

货币性项目分为：①货币性资产(金融资产)，包括货币性流动资产(如库存现金、银行存款、应收账款、应收票据、应收利息等)、货币性非流动资产(如持有至到期投资等)；②货币性负债，包括货币性流动负债(如应付账款、应付票据、短期借款等)、货币性非流动负债(如应付债券、长期借款等)；③货币性所有者权益，如收取固定股利的优先股、企业清理时对剩余资产只拥有固定要求权的优先股等。

非货币性项目分为：①非货币性资产，包括非货币性流动资产(如存货、由对方将来以货品偿还的短期预付账款等)、非货币性非流动资产(如固定资产、由对方将来以货品偿还的长期预付账款、长期股权投资、无形资产等)；②非货币性负债，包括非货币性流动负债(如产品质量短期担保债务、以货品偿还的短期预收账款等)、非货币性非流动负债(如产品质量长期担保债务、以货品偿还的长期预收账款等)；③非货币性所有者权益，如普通股、完全参加优先股、可转换优先股等。

报表项目的这种分类，一是编制“按一般物价水平调整的财务会计报表”所必需的，二是有利于进一步了解短期偿债能力，三是有利于认识不同项目的计量问题。

2) 资产负债表的格式

资产负债表的格式多种多样，主要有账户式、报告式两种。目前我国企业采用账户式资产负债表。账户式资产负债表分为左右两侧，资产放在表的左侧，负债和所有者权益放在表的右侧，如“T”形账户的左右分列。根据“资产=负债+所有者权益”的会计等式，报表的左右两侧明显地表现了资产与权益之间的平衡关系，如表9-1所示。

表9-1　资产负债表

会企01表

编制单位：　　　　　　　　　　　　　　年　月　日　　　　　　　　　　　　　　单位：元

资产	行次	期末余额	期初余额	负债和所有者权益	行次	期末余额	期初余额
流动资产：				流动负债：			
货币资产				短期借款			
交易性金融资产				交易性金融负债			
应收票据				应付票据			
应收账款				应付账款			
预付账款				预收账款			
应收股利				应付职工薪酬			
应收利息				应交税费			
其他应收款				应付利息			
存货				应付股利			
其中：消耗性生物资产				其他应付款			
一年内到期的非流动资产				预计负债			
其他流动资产				一年内到期的非流动负债			
流动资产合计				其他流动负债			
非流动资产：				流动负债合计			
可供出售金融资产				非流动负债：			
持有至到期投资				长期借款			
投资性房地产				应付债券			
长期股权投资				长期应付款			
长期应收款				专项应付款			
固定资产				递延所得税负债			
在建工程				其他非流动负债			
工程物资				非流动负债合计			
固定资产清理				负债合计			
生产性生物资产				所有者权益(或股东权益)			
油气资产				实收资本(股本)			
无形资产				资本公积			
开发支出				减：库存股			
商誉				盈余公积			
长期待摊费用				未分配利润			
递延所得税资产				加：少数股东权益			
其他非流动资产				所有者权益(或股东权益)合计			
非流动资产合计							
资产总计				负债和所有者权益(或股东权益)总计			

3. 资产负债表的编制方法

资产负债表是根据有关账户的余额编制的，具体的编制方法分为以下几种。

1) 根据总账账户余额直接填列

资产负债表中大部分项目是根据相关总账账户期末余额直接填列的。如“应收票据”项目反映企业收到的未到期也未向银行贴现的应收票据，包括商业承兑汇票和银行承兑汇票，要根据“应收票据”总账账户的期末余额直接填列；“应交税费”项目，反映企业按照税法规定计算应缴纳的各种税费，应根据“应交税费”账户的期末贷方余额填列，等等。

2) 根据总账账户余额计算填列

资产负债表中有些项目根据若干总账账户的期末余额计算填列。如“货币资金”项目反映企业期末持有的库存现金、银行存款和其他货币资金等总额，应当根据“库存现金”“银行存款”“其他货币资金”账户的期末余额的合计数填列。

3) 根据明细账户余额计算填列

资产负债表中还有一些项目根据有关账户所属的有关明细账户的期末余额计算填列。如“应付账款”项目反映企业因购买材料、商品和接受劳务供应等经营活动应支付的款项，应根据“应付账款”和“预付账款”账户所属明细账户的期末贷方余额的合计数填列；“预付款项”项目则应根据“应付账款”和“预付账款”账户所属明细账户的期末借方余额合计数填列；“应收账款”项目和“预收款项”项目比照“应付账款”和“预付款项”项目亦应根据相关明细账户的期末余额分析计算填列。

4) 根据总账账户和明细账户余额分析计算填列

如“长期借款”项目反映企业向银行或其他金融机构借入的期限在一年以上(不含一年)的各项借款，须根据“长期借款”总账账户余额扣除“长期借款”账户所属明细账户中将于一年内到期的长期借款部分分析计算填列；“应付债券”项目反映企业向银行或其他金融机构借入的期限在一年以上(不含一年)的各项借款，应根据“应付债券”总账账户余额扣除“应付债券”账户所属明细账户中将于一年内到期的部分填列。

5) 根据账户余额减去其备抵项目后的净额填列

如“固定资产”项目反映的是固定资产的实际可使用价值，故应按照“固定资产”账户的期末余额减去“累计折旧”“固定资产减值准备”账户期末余额后的净额填列；“存货”项目反映企业期末持有的各项存货的实际价值，则应根据“原材料”“库存商品”“发出商品”“周转材料”等账户的期末余额，减去“存货跌价准备”账户期末余额后的金额填列。

至于资产负债表中的“年初余额”栏内所列的各项数字，则应根据上年年末资产负债表中的“期末余额”栏内所列数字填列。如果上年度资产负债表规定的各个项目的名称和内容与本年度不一致，须对上年年末资产负债表各项目的名称和数字按照本年度的规定进行调整，然后再填入本表“年初余额”栏内。

6) 将于一年内到期的长期项目单独反映

持有至到期投资中将于一年内到期的长期债权投资应在流动资产类下“一年内到期的非流动资产”项目单独反映；长期负债各项目中将于一年内(含一年)到期的长期负债，应在“一年内到期的非流动负债”项目内单独反映。

9.3.2 利润表的编制

1. 利润表的含义与作用

利润表是反映企业在一定时期经营成果的报表。企业的经营成果通常表现为某时期收入与费用配比而得的利润或亏损。为了正确地反映企业的利润和亏损，必须按照收入确认原则确定的当期收入和按照配比原则确定的与之相应的费用编制利润表。

利润表反映了企业的经营成果，自然能够用以表明企业经营效果的好坏，衡量企业经营管理的成功程度和经营者的绩效。利润表还能够用于分析和预测企业的获利能力。运用利润表提供的构成利润或亏损的各项明细资料，可以分析企业损益的形成原因，这有助于管理人员做出合理的经营决策。通过分析若干期利润表数据的变化，可测定企业利润的发展变化趋势，预测企业未来的获利能力，这既有助于投资者做投资决策，也有助于债权人评估企业的长期偿债能力，做出信贷决策。

2. 利润表的内容和格式

利润表的内容应能充分反映企业的利润或亏损及其构成因素。国际财务报告准则提出，利润表至少应当揭示收入、融资成本、采用权益法核算的对联营主体和合营投资人所享有的损益份额、所得税费用、终止经营的税后损益、属于少数股东的损益、属于母公司权益持有者的损益等信息。各国企业的利润表大都含有以上内容，但具体项目的多少不一，对各项目的分类归属亦有差异。我国会计准则要求企业利润表至少应当披露的内容有：营业收入、营业成本、营业税金及附加、管理费用、销售费用、财务费用、投资收益、公允价值变动损益、资产减值损失、非流动资产处置损益、所得税费用、净利润。

利润表的格式主要有两种：多步式和单步式。单步式利润表又称为一步式利润表，是将企业所有的收入和收益加在一起，再把所有的成本、费用加在一起，然后用收入与收益的合计数减去成本与费用的合计数，得到企业净利润(或亏损)。多步式利润表是将利润表的内容按照重要性、配比原则进行多次分类，把利润的计算分成若干步骤，并揭示多个步骤之间的关系，从而提供有关形成最终净利润的中间性信息。目前，我国企业会计制度规定的利润表格式要求采用多步式。制作多步式利润表的步骤如下：

第一步，以营业收入为基础，减去营业成本、营业税金及附加、销售费用、管理费用、财务费用、资产减值损失，加上公允价值变动收益(减去公允价值变动损失)和投资收益(减去投资损失)，计算出营业利润；

第二步，以营业利润为基础，加上营业外收入，减去营业外支出，计算出利润总额；

第三步，以利润总额为基础，减去所得税费用，计算净利润(或亏损)。

普通股或潜在普通股已公开交易的企业，以及正处于公开发行普通股或潜在普通股过程中的企业，还应当在利润表中列示每股收益信息。

多步式利润表的基本格式，如表9-2所示。

表9-2　利润表

编制单位：　　　　　　　　　　　　　　　　年　月　日　　　　　　　　　　　　　　　　元

项目	行次	本期数	本年累计数
一、营业收入	1		
减：营业成本	2		
营业税金及附加	3		
销售费用	4		
管理费用	5		
财务费用	6		
资产减值损失	7		
加：公允价值变动收益(损失以“－”号填列)	8		
投资收益(亏损以“－”号填列)	9		
其中：对联营企业和合营企业的投资收益	10		
二、营业利润(亏损以“－”号填列)	11		
加：营业外收入	12		
减：营业外支出	13		
其中：非流动资产处置损失	14		
三、利润总额(亏损以“－”号填列)	15		
减：所得税费用	16		
四、净利润(亏损以“－”号填列)	17		
加：年初未分配利润	18		
五、可供分配的利润	19		
减：提取法定盈余公积	20		
六、可供股东分配的利润	21		
减：应付利润	22		
七、年末未分配利润	23		

单位负责人：　　　　　　　　　　　　　　审核：　　　　　　　　　　　　　　制表：

3. 利润表的编制方法

利润表“本年金额”栏内各项数字，一般应当根据各有关账户的发生额分析填列。如“营业收入”项目反映企业经营主要业务和其他业务所确认的收入总额，应根据“主营业务收入”“其他业务收入”账户发生额填列；“营业成本”项目反映企业经营主要业务和其他业务发生的实际成本总额，应根据“主营业务成本”“其他业务成本”账户发生额填列；“营业税金及附加”项目反映企业经营业务应负担的营业税、消费税、城市维护建设税、资源税、土地增值税和教育费附加等，应根据“营业税金及附加”账户发生额分析填列等。

利润表各项目的“上期金额”栏内各项数字，则应根据上期利润表“本期金额”栏内各项目的数字填列。如果下期利润表规定的各个项目的名称和内容与本期不一致，应对上期利润表各项目的名称和数字按照本期的规定进行调整。

9.3.3 现金流量表的编制

1. 现金流量表的作用

现金流量表是反映企业一定时期内现金流入与流出情况的报表。企业为了维持正常经营和发展，必须具有一定的获利能力和良好的财务状况，这也是各方人士所关注的，与此有关的情况可通过利润表和资产负债表予以反映。除此之外，人们还非常重视企业现金流动的情况。这是因为，无论企业的债务偿付能力、现金股利分配能力、支付能力还是今后的发展，均取决于能否及时获取足够的现金和合理使用现金。在激烈的市场竞争中，现金取得与使用的重要性有时甚至超过获利能力，成为企业生死攸关的大事。现金流量表的作用，主要体现在以下几个方面。

1) 评价企业产生现金的能力

现金流量表从若干方面对现金的流入与流出进行反映，说明企业是如何取得现金，如何使用现金的，借此可以对企业产生现金的现实能力做出评价。同时，由于过去的现金流量与未来的现金流量相关，是未来现金流量的预示，所以通过现金流量表还可以预测企业创造未来现金流量的能力，并可借此检查过去对现金流量预测的准确性。

2) 有助于提高会计信息的可比性

不同企业对同样的事项有着不同的会计处理方法，这会干扰企业间经营业绩的可比性。现金流量表以现金流量表现企业的经营状况，可在一定程度上避免不同会计方法所造成的影响，提高不同企业经营业绩的可比性。

3) 说明利润与现金流量的关系

由于企业是分会计期间、按照权责发生制核算基础报告其经营成果的，所以不可避免地会使某一期间的利润与现金净流量(按实际收到或付出反映)不一致。比如，有利润时可能没有相应的现金结存；发生了亏损却不缺少周转现金。现金流量表通过将会计的权责发生制基础转化为收付实现制基础，能够表现企业利润与现金结余之间的差异及其原因，能够说明企业获利能力与现金净流量之间的关系。

2. 现金流量表中“现金”的含义

编制现金流量表，首先应明确该表中“现金”的含义，即明确现金流量表的编制基础。现金流量表的“现金”是指现金和现金等价物。这里的现金包括企业库存现金和活期存款；现金等价物是指期限短、流动性强、易于转换成已知金额的现金且价值变动风险很小的投资。一般来说，权益性投资被排除在现金等价物之外(取得期限短且到期日特定的优先股尚可属于现金等价物)。所谓期限短，是指常限定某项投资自取得日起3个月或者更短的时间内到期。

现金流量表所表现的现金流量，也就是现金和现金等价物的流入和流出。但是，现金或者现金等价物之间的交易事项，如将库存现金转作活期存款，将活期存款转换为现金等价物等，不构成现金流量交易事项。

3. 现金流量的分类

企业的现金事项很多，现金流量表将各种各样的现金事项分为经营活动形成的现金流量、投资活动形成的现金流量和筹资活动形成的现金流量三类分别表现。按活动分类来提供现金流量信息，有助于报表使用者评价这些活动对企业财务状况及现金的影响程度以及估量现金和现金等价物的金额；也有助于评价这些活动之间的相互关系。

1) 经营活动形成的现金流量

经营活动是指企业投资活动和筹资活动以外的所有交易和事项。来自经营活动的现金流量，主要由决定企业净损益的交易和其他有关事项所形成。按照我国现行会计准则的规定，经营活动所产生的现金流入主要包括：销售商品、提供劳务收到的现金，收到的税费返还，等等；经营活动所产生的现金流出主要包括：购买商品、接受劳务支付的现金，支付给职工以及为职工支付的现金，支付的各项税费，等等。

2) 投资活动形成的现金流量

投资活动是指企业长期资产的购建和不包括在现金等价物范围内的投资及其处置活动。投资活动的现金流量反映企业为了获得未来的收益和现金流量而转出资源的程度，以及以前资源转出带来的现金流入的信息。我国现行会计准则规定的投资活动所产生的现金流入主要包括：收回投资所收到的现金，取得投资收益所收到的现金，处置固定资产、无形资产和其他长期资产所收到的现金净额，处置子公司及其他营业单位所收到的现金净额，等等；投资活动所产生的现金流出主要包括：购建固定资产、无形资产和其他长期资产所支付的现金，投资所支付的现金，取得子公司及其他营业单位所支付的现金净额，等等。

3) 筹资活动形成的现金流量

筹资活动是指导致企业资本及债务规模和构成发生变动的活动。揭示筹资活动的现金流量，有助于预测企业资本的提供者对企业现金流量的要求权，以及企业为获得资本而付出的代价。我国现行会计准则规定的筹资活动所产生的现金流入主要包括：吸收投资所收到的现金，取得借款所收到的现金，等等；筹资活动所产生的现金流出主要包括：偿还债务所支付的现金，分配股利、利润或偿付利息所支付的现金，等等。特别需要指出的是，关于现金流量的分类，不同国家、地区有着各不相同的认识和规定，不存在统一的做法。比如，美国、澳大利亚以及国际会计准则的现金流量表尽管也将现金流量分为经营活动、投资活动、筹资活动三类，但每类内的项目各异；英国的现金流量表将现金流量分为经营活动、投资报酬和融资成本、税项、资本性支出和金融投资等8类。

4. 现金流量额的表达

现金流量表中的现金流量一般用总额表示，既表现现金的流入，又表现现金的流出，而不表现流入与流出的差额。这样可以全面揭示企业现金流量的方向、规模和结构。但对那些反映客户而非本企业的活动(如代客户收取或支付的现金等)，以及对周转快、金额大、期限短的项目的现金收入和现金支出(如与信用卡客户相关的本金、3个月或不足3个月的短期借款等)，可以按净额列示。这是因为这些现金流量项目在企业停留的时间短，企业加以利用的余地小，净额更能说明其对企业支付能力、偿债能力等的影响；如果对这些项目用总额表示，反而会对企业支付能力和偿债能力的评价、企业未来现金流量的评价等产生误导。

5. 现金流量表的附注

现金流量表的附注是对现金流量表内容的进一步说明，它所披露的信息与现金流量表本身所提供的信息同样重要。我国现行会计准则规定，现金流量表附注中需要包括以下内容。

1) 将净利润调节为经营活动现金流量的信息

经营活动的现金流量除了按前述方法分项目表现其流入、流出外，还可以通过对净利润的调节来表现。对经营活动现金流量的这种表现方法，揭示了净利润与经营活动现金流量之间的差异及其形成原因，可用于说明净利润与经营活动现金流量的关系；同时也是对现金流量表中经营活动现金流量额的验证。附表中将净利润调节为经营活动的现金流量额(表现在附注的“补充资料”部分)应当与现金流量表中的经营活动的现金流量额相等，两者之间存在钩稽关系；利用这一钩稽关系，可验证经营活动现金流量额的正确性。

将净利润调节为经营活动现金流量的方法，也就是经营活动现金流量表达方式的间接法，具体见本节中关于间接法的介绍。

2) 以总额披露的当期取得或处置子公司以及其他经营单位的信息

上文曾提到，对取得和处置子公司及其他营业单位所产生的现金流量，在现金流量表中应以净额表示。由于这类活动对企业的影响重大，有必要使报告使用者详细地了解这方面的情况，因此应当在附注中以总额披露取得或处置子公司及其他营业单位的有关信息，包括：取得或处置子公司以及其他经营单位的价格；取得或处置子公司以及其他经营单位的价格中以现金支付的部分；取得或处置子公司以及其他经营单位收到的现金；取得或处置子公司以及其他经营单位按照主要类别分类的非现金资产和负债等。

3) 不涉及当期现金收支，但影响企业财务状况或在未来可能影响企业现金流量的重大投资和筹资活动

有些投资和筹资活动虽然不涉及当期的现金收支，但会影响企业的财务状况，或可能在未来影响企业的现金流量，如债务转为资本、一年内到期的可转换公司债券、融资租入固定资产，等等。这类投资和筹资活动会明显影响企业的财务状况，同样须在附注中予以说明。

4) 现金和现金等价物的其他有关信息

这些信息包括：现金和现金等价物的构成及其在资产负债表中的相应金额；企业持有但不能由母公司或集团内其他子公司使用的大额现金和现金等价物金额等。

6. 现金流量表的内容与格式

根据对经营活动所形成的现金流量的不同表达方式，现金流量表的编制方法分为直接法和间接法两种。直接法是指通过现金收入和现金支出的主要类别，反映来自企业经营活

动的现金流量。现金流量表补充资料中的“将净利润调节为经营活动的现金流量”实际是以间接法编制的经营活动的现金流量。间接法是以净利润为起算点，调整不涉及现金的收入、费用、营业外收支以及应收应付等项目的增减变动，据以计算并列示经营活动的现金流量。按间接法计算的经营活动的现金流量，有助于分析影响现金流量的原因以及从现金流量的角度分析企业净利润的质量。因此，我国《企业会计准则——现金流量表》要求企业按间接法编制现金流量表的同时，还要求企业在补充资料中按间接法将净利润调节为经营活动的现金流量。用直接法编制的现金流量表和用间接法编制的现金流量表，它们的主要区别在于：前者的经营活动流量每项收入、支出数据，都是通过从权责发生制调整为收付实现制而形成的；后者则是从净利润调整为经营活动的现金净流量。我国现金流量表的格式，如表9-3所示。

表9-3 现金流量表

会企03表

编制单位： 2014年度 单位：元

项目	行次	金额	补充资料	行次	金额
经营活动产生的现金流量：			1. 将净利润调节为经营活动现金流量：		
出售商品、提供劳务收到的现金	1		净利润	57	
收到的税费返还	3		加：计提的资产减值准备	58	
收到的其他与经营活动有关的现金	8		固定资产折旧	59	
现金流入小计	9		无形资产摊销	60	
购买商品、接受劳务支付的现金	10		长期待摊费用摊销	61	
支付给职工以及为职工支付的现金	12		待摊费用减少(减：增加)	64	
支付的各项税费	13		预提费用增加 (减：减少)	65	
支付的其他与经营活动有关的现金	18		处置固定资产、无形资产和其他长期资产的损失(减：收益)	66	
现金流出小计	20		固定资产报废损失	67	
经营活动产生的现金流量净额	21		财务费用	68	
投资活动产生的现金流量：			投资损失(减：收益)	69	
收回投资所收到的现金	22		递延税款贷项(减：借项)	70	
取得投资收益所收到的现金	23		存货的减少(减：增加)	71	
处置固定资产、无形资产和其他长期资产所收回的现金净额	25		经营性应收项目的减少(减：增加)	72	
收到的其他与投资活动有关的现金	28		经营性应付项目的增加(减：减少)	73	
现金流入小计	29		其他	74	
购建固定资产、无形资产和其他长期资产所支付的现金	30		经营活动产生的现金流量净额	75	
投资所支付的现金	31				
支付的其他与投资活动有关的现金	35				
现金流出小计	36				

(续表)

项目	行次	金额	补充资料	行次	金额
投资活动产生的现金流量净额	37		2. 不涉及现金收支的投资和筹资活动：		
筹资活动产生的现金流量：			债务转为资本	76	
吸收投资所收到的现金	38		一年内到期的可转换公司债券	77	
借款所收到的现金	40		融资租入固定资产	78	
收到的其他与筹资活动有关的现金	43				
现金流入小计	44				
归还债务所支付的现金	45				
分配股利、利润或偿付利息所支付的现金	46		3. 现金及现金等价物净增加情况：		
支付的其他与筹资活动有关的现金	52		现金的期末余额	79	
现金流出小计	53		减：现金的期初余额	80	
筹资活动产生的现金流量净额	54		加：现金等价物的期末余额	81	
汇率变动对现金的影响	55		减：现金等价物的期初余额	82	
现金及现金等价物净增加额	56		现金及现金等价物净增加额	83	

企业负责人：　　　　　　会计：　　　　　　制表：

9.3.4 所有者权益变动表的编制

1. 所有者权益变动表的意义

所有者权益变动表是指反映构成所有者权益各组成部分当期增减变动情况的报表。所有者权益变动表应当全面反映一定时期所有者权益变动的情况，不仅包括所有者权益的增减变动，还包括所有者权益增减变动的重要结构性信息，特别是要反映直接计入所有者权益的利得和损失，以便报表使用者准确理解所有者权益增减变动的根源。所有者权益变动表还能够在一定程度上体现企业的综合收益。所谓综合收益，是指企业在某一时期与所有者权益之外的其他方面进行交易或发生其他事项所引起的净资产和所有者权益数额表现的变动，综合收益的构成包括两部分：净利润和直接计入所有者权益的利得和损失。其中，净利润是企业已实现并已确认的收益；直接计入所有者权益的利得和损失则是企业未实现，但根据会计准则的规定已确认的收益，如可供出售金融资产的公允价值的变动等。综合收益的公式表示为

$$综合收益 = 净利润 + 计入所有者权益的利得和损失$$

其中

$$净利润 = 收入 - 费用 + 计入当期损益的利得和损失$$

在所有者权益变动表中，分别反映净利润和计入所有者权益的利得和损失，也就体现了综合收益的构成。

2. 所有者权益变动表的内容与格式

我国的会计准则规定，所有者权益变动表中至少应当单独列示如下信息：净利润；直接计入所有者权益的利得和损失；会计政策变更和差错更正的累计影响金额；所有者投入资本和向所有者分配利润；按照规定提取的盈余公积；实收资本(或股本)、资本公积、盈余公积、未分配利润的期初和期末余额及其调节情况。

所有者权益变动表的格式，如表9-4所示。

表9-4 所有者权益变动表

(适用执行企业会计准则的一般企业)

纳税人识别号：××××××××××

会企04表

编制单位：××××××××××× 年度 单位：元

项 目	本年金额						上年金额					
	实收资本(或股本)	资本公积	减：库存股	盈余公积	未分配利润	所有者权益合计	实收资本(或股本)	资本公积	减：库存股	盈余公积	未分配利润	所有者权益合计
一、上年年末余额												
加：会计政策变更												
前期差错更正												
二、本年年初余额												
三、本年增减变动金额(减少以“-”号填列)												
(一) 净利润												
(二) 直接计入所有者权益的利得和损失												
1. 可供出售金融资产公允价值变动净额												
2. 权益法下被投资单位其他所有者权益变动的影响												
3. 与计入所有者权益项目相关的所得税影响												
4. 其他												
上述(一)和(二)小计												
(三) 所有者投入和减少资本												
1. 所有者投入资本												
2. 股份支付计入所有者权益的金额												

(续表)

项目	本年金额						上年金额					
	实收资本(或股本)	资本公积	减：库存股	盈余公积	未分配利润	所有者权益合计	实收资本(或股本)	资本公积	减：库存股	盈余公积	未分配利润	所有者权益合计
3. 其他												
(四) 利润分配												
1. 提取盈余公积												
2. 对所有者(或股东)的分配												
3. 其他												
(五) 所有者权益内部结转												
1. 资本公积转增资本(或股本)												
2. 盈余公积转增资本(或股本)												
3. 盈余公积弥补亏损												
4. 其他												
四、本年年末余额												

单位负责人：　　　　财务负责人：　　　　制表人：

3. 所有者权益变动表的编制

所有者权益变动表“本年全额”栏内各项数字一般应根据“实收资本(或股本)”“资本公积”“盈余公积”“利润分配”“库存股”“以前年度损益调整”账户的发生额分析填列。

9.3.5 财务报表附注的编制

1. 财务报表附注的含义与作用

财务报表附注是为了便于财务报表使用者理解财务报表的内容而对财务报表的编制基础、编制依据、编制原则和方法以及报表主要项目等所做的解释。

企业之所以在编制财务报表后还要做财务报表附注的说明，是因为报表附注具有报表本身不可替代的作用。很多情况下只有通过报表附注的文字阐述和其他补充资料，才能对报表做出全面、准确的理解；一些在报表中以表格形式难以表达的内容，也需要靠报表附注加以披露；企业还有一些必须向报告阅读者提供的重要财务陈述，如企业经营的基本情况，对企业财务状况、财务成果、现金流量具有重大影响的事项的特殊说明等，都需要在报表附注中表达。财务报告发展变化的特点之一，是附注的作用日益重要，更加受到人们的重视。这些作用表现在以下几方面。

首先，财务报表附注能够说明企业所采用的会计政策和会计估计。所谓会计政策，是指企业在会计确认、计量和报告中所采用的原则、基础和财务报表附注会计处理方法。会计估计是指企业对结果不确定的交易或事项以最近可利用的信息为基础所做的判断。企业采用某种会计政策和会计估计，就会形成与之相应的会计核算结果。

财务报表使用者看到的不同时期、不同企业的财务报表存在差异，除了外界环境和企业经营管理的原因之外，很大程度上是因为企业采用了不同的会计政策和会计估计。对此，企业必须给予充分的说明，以使报表使用者能正确地理解会计报表，否则必然误导他们的判断与决策。对会计政策和会计估计的说明，通常是以财务报表附注的形式完成的。

其次，财务报表附注能够说明影响企业财务状况和经营成果的特殊事项。企业在经营中总会遇到某些有别于正常交易的事项，例如与具有特殊关系的单位或个人之间的交易(关联方关系及其交易)、对未来可能产生较大影响的不确定事项(或有事项)、企业的改组(企业合并与分立)，等等。这些事项所带来的财务结果是正常交易情况下不可能产生的，因而需要通过财务报表附注给予特别说明，否则，会对报表使用者产生不利影响。

再次，财务报表附注能够突出企业重大事项的信息。财务报表是对企业财务状况、经营成果的综合反映，涉及面广、数据多，有的报表使用者可能抓不住重点，有的报表使用者不太关注企业与前期相比没有多大变化的一般性情况，而希望了解重大变化事项及其细节，如企业发生的重要资产转让、企业的合并与分立等。通过财务报表附注的说明，便可以帮助报表使用者了解哪些是应当引起注意的重要信息，满足他们在这方面的要求。

最后，财务报表附注能够补充说明财务报表本身无法表达的情况。财务报表采用的是表格形式，而一些情况无法通过表格表达，或以表格形式表达起来过于复杂，如某些报表项目的详细说明以及上文提到的各种情况以附注的形式做单独说明，在正式的财务报表之外以附注的形式可以补充财务报表本身表达方式的不足。

2. 财务报表附注的内容

总体来看，世界各国报表附注的内容相似，但不同国家的要求不尽相同，所以各国的报表附注各有特定要求，不同时期的报表使用者表现出每个国家、每段时期财务报表附注的差异性。按照目前我国会计准则的要求，企业财务报表附注主要应当披露以下内容。

1) 企业的基本情况

(1) 企业注册地、组织形式和总部地址。

(2) 企业的业务性质和主要经营活动。

(3) 母公司以及集团最终母公司的名称。

(4) 财务报告的批准报出者和财务报告批准报出日。

2) 财务报表的编制基础

3) 遵循企业会计准则的声明

企业应当明确地说明编制的财务报表符合企业会计准则体系的要求，真实、公允地反映了企业的财务状况、经营成果和现金流量。

4) 重要会计政策和会计估计

企业应当披露采用的重要会计政策和会计估计，可以不披露不重要的会计政策和会计估。

(1) 重要会计政策的说明

企业在发生某项交易或事项时选择不同的会计处理方法中，应当根据准则的规定从允许的会计处理方法中选择适合本企业特点的会计政策。比如，存货的计价可以有先进先出法、加权平均法、个别计价法等。

(2) 重要会计估计的说明

财务报表列报准则强调了对会计估计不确定因素的披露要求：企业应当披露会计估计中所采用的关键假设和不确定因素的确定依据，这些关键假设和不确定因素在下一会计期间内很可能导致对资产、负债账面价值进行重大调整。在确定报表中确认的资产和负债的账面金额的过程中，企业有时需要对不确定的未来事项在资产负债表日对这些资产和负债的影响加以估计。例如，固定资产可收回金额的计算需要根据其公允价值减去处置费用后的净额与预计未来现金流量的现值两者之间的较高者确定，在计算资产预计未来现金流量的现值时需要对未来现金流量进行预测，并选择适当的折现率，应当在附注中披露未来现金流量预测所采用的假设及其依据、所选择的折现率为什么是合理的等。又如，为正在进行中的诉讼确认预计负债时最佳估计数的确定依据等。这些假设的变动对这些资产和负债项目金额的确定影响很大，有可能会在下一个会计年度内做出重大调整。因此，强调这一披露要求，有助于提高财务报表的可理解性。

5) 会计政策和会计估计变更以及差错更正的说明

企业应当按照《企业会计准则第28号——会计政策、会计估计变更和差错更正》及其应用指南的规定，披露会计政策和会计估计变更以及差错更正的有关情况。

6) 报表重要项目的说明

企业对报表重要项目的说明，应当按照资产负债表、利润表、现金流量表、所有者权益变动表及其项目列示的顺序，采用文字和数字描述相结合的方式进行披露。报表重要项目的明细金额合计，应当与报表项目金额相衔接。

7) 所有权受到限制的资产

应当披露资产所有权受到限制的原因及所有权受到限制的各种资产的期初、期末账面余额和本期增减变动额。

8) 或有事项

(1) 预计负债。预计负债的种类、形成原因及其经济利益流出不确定性的说明；各类预计负债的期初、期末余额和本期变动情况；与预计负债有关的预期补偿金额和本期已确认的预期补偿金额。

(2) 或有负债(不包括极小可能导致经济利益流出企业的或有负债)。或有负债的种类及其形成原因，包括对外提供担保等形成的或有负债；经济利益流出不确定性的说明；或有负债预计产生的财务影响及其获得补偿的可能性；无法预计的，应当说明原因。

(3) 或有资产形成的原因、预计产生的财务影响。企业通常不披露或有资产，但或有资产很可能给企业带来经济利益的，应当披露其形成的原因、预计产生的财务影响等。

(4) 未决诉讼、未决仲裁的性质及其没有披露这些信息的事实和原因。在涉及未决诉讼、未决仲裁的情况下，按相关规定披露全部或部分信息预期将对企业产生重大不利影响的，企业无须披露这些信息，但应当披露未决诉讼、未决仲裁的性质及其没有披露这些信息的事实和原因。

9) 债务重组

债权人应当披露的信息有：债务重组的方式；确认的债务重组损失总额；债权转为股份所导致的投资增加额及该投资占债务人股份的比例；或有应收金额；债务重组中受让的非现金资产的公允价值、由债权转成股份的公允价值和修改其他债务条件后债权的公允价值的确定方法及依据。

债务人应当披露下列信息：债务重组的方式；确认的债务重组利得总额；将债务转为资本所导致的股本(或实收资本)的增加额；或有应付金额；债务重组中转让的非现金资产的公允价值、由债务转成股份的公允价值和修改其他债务条件后债务公允价值的确定方法及依据。

10) 企业合并

企业合并发生当期的期末，合并方和购买方都应披露相关的信息。合并方应当披露与同一控制下企业合并有关的下列信息：参与合并企业的基本情况；属于同一控制下企业合并的判断依据；合并日的确定依据；合同约定将承担被合并方或有负债的情况等。

企业合并发生当期的期末，购买方应当披露同一控制下与企业合并有关的下列信息：参与合并企业的基本情况；购买日的确定依据；合并成本的构成及其账面价值、公允价值及其确定方法；被购买方各项可辨认资产、负债在上一会计期间资产负债表日及购买日的账面价值和公允价值；商誉的金额及其确定方法；合并后已处置或准备处置被购买方资产、负债的账面价值和处置价值等。

11) 资产负债表日后事项

这方面应披露的信息有：每项重要的资产负债表日后非调整事项的性质、内容及其对财务状况和经营成果的影响，无法做出估计的，一定说明原因；资产负债表日后，企业利润分配方案中拟分配的以及经审议批准宣告发放的股利或利润。

12) 分部报告

《企业会计准则》所指的分部包括业务分部和地区分部。企业提供分部报告是为了帮助会计信息使用者更好地理解企业的经营业绩，评估其风险和报酬，以及从整体上对企业的经营情况做出更准确的判断。相关术语的定义主要有以下几个。

(1) 业务分部。业务分部是指企业内可区分的组成部分，该组成部分提供单项产品或劳务，或一组相关的产品或劳务，并且承担着不同于其他业务分部所承担的风险和报酬。在确定产品或劳务是否相关时，应综合考虑如下因素：①产品或劳务的性质是否类似；②产品生产或劳务提供的过程是否相关；③产品或劳务的客户类型是否类似；④销售产品或提供劳务所使用的方法是否相关；⑤相关的法规环境是否类似。

(2) 地区分部。地区分部是指企业内可区分的组成部分，该组成部分在一个特定的经济环境内提供产品或劳务，并且承担着不同于在其他经济环境中经营的组成部分所承担的风险和报酬。在确定地区分部时，应综合考虑如下因素：①经济和政治环境是否相似；②不同地区经营活动之间的关系是否密切；③经营地点是否接近；④是否存在与某地区相关的特定风险；⑤外汇控制规定是否相似；⑥潜在货币风险是否相似。

(3) 报告分部。报告分部是指符合业务分部或地区分部定义，按准则要求应予报告的分部。一个或多个业务分部或地区分部要达到准则所规定的各项标准，才能作为报告分部披露相关信息。

13) 关联方披露

《企业会计准则》要求企业财务报表中应当披露所有关联方关系及其交易的相关信息。对外提供合并财务报表的，对于已经包括在合并范围内各企业之间的交易不予披露，但应当披露与合并范围外各关联方的关系及其交易。

关联方关系的存在是以控制、共同控制或重大影响为前提条件的，即一方控制、共同控制另一方或对另一方施加重大影响，以及两方或两方以上同受一方控制、共同控制或重大影响的，构成关联方。控制，是指有权决定一个企业的财务和经营政策，并能据以从该企业的经营活动中获取利益。共同控制，是指按照合同约定对某项经济活动所共有的控制，仅在与该项经济活动相关的重要财务和经营决策需要分享控制权的投资方一致同意时存在。重大影响，是指对一个企业的财务和经营政策有参与决策的权利，但并不能控制或者与其他方一起共同控制这些政策的制定。关联方交易，是指关联方之间转移资源、劳务或义务的行为，而不论是否收取价款。在判断是否存在关联方关系时，应当遵循实质重于形式的会计信息质量要求。企业无论是否发生关联方交易，均应当在附注中披露与母公司和子公司有关的下列信息。

(1) 母公司和子公司的名称。母公司不是该企业最终控制方的，还应当披露最终控制方名称。母公司和最终控制方均不对外提供财务报表的，还应当披露母公司之上与其最相近的对外提供财务报表的母公司名称。

(2) 母公司和子公司的业务性质、注册地、注册资本(或实收资本、股本)及其变化。

(3) 母公司对该企业或者该企业对子公司的持股比例和表决权比例。企业与关联方发生关联方交易的，应当在附注中披露该关联方关系的性质、交易类型及交易要素。

关联方交易应当分别对关联方及其交易类型予以披露。类型相似的关联方交易，在不影响财务报表阅读者正确理解关联方交易对财务报表影响的情况下，可以合并披露。企业只有在提供确凿证据的情况下，才能披露关联方交易是公平交易。

总结

本章描述了财务报告的编制内容和用于财务报表分析的各种方法。财务报告包括资产负债表、利润表、现金流量表、股东权益变动表、附注以及相关说明文件的编制。对于编制的财务报表的分析是对公司经营情况的解读和评估，以便财务报表的使用者更好地做出决策。财务报表的比率分析方法，可以让使用者从流动性、偿债能力、盈利能力和财务杠杆等方面了解企业。

关键词

财务报告	Financial Reporting
财务报表	Financial Statement
资产	Asset
负债	Liability
所有者权益	Owner's Equity
收入	Revenue
费用	Expense
利润	Profit
资产负债表	Balance Sheet
利润表	Profit and Loss Statement
现金流量表	Cash Flow Statement
所有者权益变动表	Statement of Change in Owner's Equity
附注	Notes

习题

一、单项选择题

1. 下列各项中，不属于现金流量表中“筹资活动产生的现金流量”项目的有(　　)。
   A. 分配股利支付的现金
   B. 清偿应付账款支付的现金
   C. 偿还债券利息支付的现金
   D. 清偿长期借款支付的现金
2. 下列各项中，不影响营业利润的项目是(　　)。
   A. 已销商品收入
   B. 原材料销售收入
   C. 出售无形资产净收益
   D. 股票投资所得收益
3. 下列各项中，属于现金流量表中“经营活动产生的现金流量”项目的是(　　)。
   A. 变卖固定资产所产生的现金流量
   B. 取得债券利息收入所产生的现金流量
   C. 支付经营租赁费用所产生的现金流量
   D. 偿还银行借款所产生的现金流量
4. 下列资产负债表项目中，应根据明细科目余额计算填列的是(　　)。
   A. 短期借款　　B. 在建工程
   C. 预收款项　　D. 货币资金

5. 下列各项中，不应在利润表中“营业成本”项目列示的是(　　)。

A. 对外出租无形资产摊销额　　B. 对外捐赠支出

C. 对外出售商品成本　　D. 投资性房地产处置成本

6. “预收账款”科目明细账中若有借方余额，应将其计入资产负债表中的(　　)项目。

A. 应收账款　　B. 预收款项

C. 预付款项　　D. 其他应收款

7. 关于“所有者权益变动表”的编制，下列说法不正确的是(　　)。

A. “净利润”项目，反映企业当年实现的净利润(或净亏损)金额

B. “所有者投入资本”项目，反映企业所有者投入的资本，包括实收资本和资本溢价

C. “股份支付计入所有者权益的金额”项目，反映企业处于等待期中的现金结算的股份支付当年计入资本公积的金额

D. “所有者权益内部结转”项目，反映不影响当年所有者权益总额的所有者权益各组成部分之间当年的增减变动

8. 下列经济事项中，能使企业投资活动的现金流量发生变化的是(　　)。

A. 发行债券　　B. 购买工程物资

C. 赊销商品　　D. 归还借款利息

9. 下列各项中，不属于筹资活动产生的现金流量的是(　　)。

A. 吸收权益性投资所收到的现金　　B. 收回债券投资所收到的现金

C. 分配现金股利　　D. 借入资金所收到的现金

10. 企业偿还的长期借款利息，在编制现金流量表时，应作为(　　)项目填列。

A. 偿还债务支付的现金

B. 分配股利、利润和偿付利息支付的现金

C. 支付的其他与筹资活动有关的现金

D. 支付的利息费用

11. 在下列事项中，影响企业现金流量的是(　　)。

A. 取得短期借款　　B. 分配股票股利

C. 无形资产摊销　　D. 购买三个月内到期的国债

12. 甲企业5月10日购买A股票作为交易性金融资产，支付的全部价款为50万元，其中包括已宣告尚未领取的现金股利1万元，5月20日收到现金股利，6月2日将A股票售出，收到价款52万元。如果该企业没有其他有关投资的业务，应计入现金流量表中“收回投资收到的现金”项目的金额为(　　)万元。

A. 49　　B. 50　　C. 51　　D. 52

13. 下列各项中，不属于筹资活动产生的现金流量的是(　　)。

A. 收回债券投资所收到的现金

B. 吸收权益性投资所收到的现金

C. 融资租赁各期支付的现金

D. 借入资金所收到的现金

14. 下列经济业务所产生的现金流量中，属于“投资活动产生的现金流量”的是(　　)。

A. 收到银行存款利息　　B. 收到的现金股利

C. 支付股票发行费用　　D. 支付现金股利

15. “将净利润调节为经营活动现金流量”中应调整减少现金流量的是(　　)。

A. 固定资产报废损失　　B. 投资损失

C. 投资收益　　D. 经营性应付项目的增加

二、多项选择

1. 下列各项中，应在企业利润表中“营业收入”项目列示的有(　　)。

A. 无形资产出租收入　　B. 对外投资取得的收入

C. 应收票据利息收入　　D. 对外销售商品收入

2. 下列各项中，应包括在资产负债表中“存货”项目的有(　　)。

A. 委托代销商品成本　　B. 委托加工物资成本

C. 正在加工中的在产品成本　　D. 发出商品

3. 资产负债表中“货币资金”项目中不包含的项目有(　　)。

A. 银行本票存款　　B. 银行承兑汇票

C. 商业承兑汇票　　D. 应收股利

4. 资产负债表项目的“期末余额”栏，主要的填列方法有(　　)。

A. 根据几个总账科目的期末余额的合计数填列

B. 根据有关科目的余额减去其备抵科目余额后的净额填列

C. 根据明细科目的余额计算填列

D. 直接根据各自的总账科目的期末余额填列

5. 下列各项中，属于现金流量表中“经营活动产生的现金流量”项目的有(　　)。

A. 收到债券发行方支付的利息产生的现金流入

B. 支付退休人员工资产生的现金流出

C. 用银行存款偿还应付账款产生的现金流出

D. 缴纳所得税所产生的现金流出

6. 下列会计科目中，期末余额反映在“无形资产”项目中的有(　　)。

A. 无形资产　　B. 无形资产减值准备

C. 累计摊销　　D. 研发支出

7. 下列交易或事项中，会引起现金流量表中“投资活动产生的现金流量净额”发生变化的有(　　)。

A. 购买股票支付的现金　　B. 向投资者派发的现金股利

C. 购建固定资产支付的现金　　D. 收到被投资单位分配的现金股利

8. 下列各项现金流出，属于企业现金流量表中投资活动产生的现金流量的有(　　)。

A. 购买交易性金融资产　　B. 购买原材料

C. 分配股利或利润支付的现金　　D. 购买无形资产

9. 下列各项中，反映企业长期偿债能力的指标有(　　)。

A. 资产负债率　　B. 产权比率

C. 流动比率　　D. 应收账款周转率

10. 如果流动比率过高，意味着企业可能(　　)。

A. 存在闲置资金　　B. 有存货积压

C. 应收账款周转缓慢　　D. 偿债能力很差

11. 下列各项中，属于附注的内容的有(　　)。

A. 财务报表的编制基础

B. 重要会计政策和会计估计

C. 会计政策和会计估计变更以及差错更正的说明

D. 报表重要项目的说明

12. 下列说法正确的有(　　)。

A. 成本利润率越高，表明企业的经济效益越好

B. 产值成本率越高，表明企业的经济效益越好

C. 对比分析法不适用于同质指标的数量对比

D. 对比分析法只适用于同质指标的数量对比

13. 以下属于相关指标比率分析法的有(　　)。

A. 产值成本率　　B. 营业收入成本率

C. 成本利润率　　D. 制造费用比率

14. 资产负债表中“应付账款”项目的金额应包括(　　)。

A. “预付账款”科目所属明细账的期末借方余额

B. “预付账款”科目所属明细账的期末贷方余额

C. “应付账款”科目所属明细账的期末借方余额

D. “应付账款”科目所属明细账的期末贷方余额

15. 在下列事项中，影响经营活动现金流量的项目有(　　)。

A. 发行长期债券收到现金　　B. 偿还应付购货款

C. 支付生产工人工资　　D. 缴纳所得税

三、判断题

1. 一般情况下，净资产收益率越高，企业资本获取收益的能力越强，运营效益越好，对企业投资人、债权人利益的保证程度越高。(　　)

2. 资产平均余额的确定，通常为该资产的年初数与年末数之和除以2。(　　)

3. 用银行存款偿还应付账款、应付票据等商业应付款属于经营活动，不属于筹资活动。(　　)

4. 所有者权益变动表中的“上年金额”栏应该根据上年度所有者权益变动表中“本年金额”栏内所列数字进行填列，上年项目的名称和内容与本年不一致的，应按照上年的名

称和数字对本年进行调整。(　　)

5. 企业在编制现金流量表时，对企业为职工支付的住房公积金、为职工缴纳的商业保险金、社会保障基金等，应按照职工的工作性质和服务对象在经营活动所产生的现金流量有关项目中反映。(　　)

6. 一般情况下，产权比率越低，企业的长期偿债能力越弱，表明企业不能充分地发挥负债的财务杠杆效应。(　　)

7. 平时，资产负债表中的未分配利润的金额是由“本年利润”及“利润分配”科目的余额合计填入；年末，由于“本年利润”已转入“利润分配”，所以资产负债表的未分配利润的金额只有“利润分配”科目的余额。(　　)

8. “生产成本”科目余额不应该反映在资产负债表中，应该列示在利润表中。(　　)

9. 如果不存在纳税调整事项，利润表中的“所得税费用”项目金额可以直接根据“利润总额”的项目金额乘以所得税税率计算得到。(　　)

10. 企业必须对外提供资产负债表、利润表和现金流量表，但附注不属于企业必须对外提供的资料。(　　)

11. 某公司今年与上年相比，营业收入增长15%，净利润增长13%，平均资产总额增加17%，平均负债总额增加14%。由此可以判断，该公司净资产收益率比上年下降了。(　　)

12. 企业采用计划成本法核算原材料时，如果当期的材料成本差异率为负数，那么反映在资产负债表中的原材料的实际成本大于计划成本。(　　)

13. 利润表是反映企业在一定期间的经营成果的报表。(　　)

14. 资产负债表中，资产的排列顺序是根据重要性原则确定的。(　　)

15. 作为利润表编制基础的平衡公式为“收入-费用=利润”。(　　)

第10章　会计职业道德

学习目的与要求

理解：

- 会计职业道德的含义

掌握：

- 会计职业道德与法律的关系
- 会计职业道德的基本内容

教学重点与难点

重点：

- 会计职业道德问题的多元性和两难性

难点：

- 职业道德困境与解决

导读材料

下面是一个关于职业道德困境的案例。

胡佛电子公司的会计埃米莉·格梅发现，她的上司梅内·帕克在上年有几处账务处理错误。总体来看，这些错误高估净利润20%。格梅不清楚这些错误是故意的还是偶然的，正在考虑应该怎样做。她知道帕克正在评定她的工作表现，并且最近她的工作处于得失的关键时期。格梅应该怎样做呢？

这是一个很棘手的问题，因为在这种情况下很难确定哪种做法最好。一些人将此视为职业道德困境。做出困难的职业道德判断要求有一个决策框架。解决埃米莉·格梅所面临的问题时应考虑采用以下6个步骤。

(1) 弄清实际情况。上面的情况描述已说得很清楚。

(2) 确定职业道德问题。职业道德源自“道德”一词。道德在《韦伯斯特字典》上被定义为“决定何为善、何为恶以及道义责任和义务的戒律”。格梅的职业道德困境在于如何正确地处理她所发现的错误。

(3) 提出可能的解决方法。三种合理的解决方法包括：把错误报告给帕克；把错误报告给企业所有者；悄悄地更正错误。格梅也可以不采取任何行动，但这不符合一名称职的职业会计师的做法。

(4) 确定所涉及的人。受这件事影响的个人包括格梅、帕克、企业所有者、格梅的同事和使用胡佛电子公司财务报表的局外人。

(5) 评价可能的后果。如果格梅把错误报告给帕克，帕克可能会惩罚她，也可能会因为她的细致工作而奖励她。她所报告的错误会证明她的正直并可能改正错误。但是胡佛电子公司在通知报表使用者更正财务报表的有关数据时，可能会觉得尴尬。如果格梅将其报告给企业所有者(越过帕克)，得以保全她的正直，但她与帕克的关系肯定会变得紧张，以后他们要共事可能会很困难。企业所有者可能会奖励格梅的工作，但如果所有者与帕克串通起来故意高估利润，那么格梅将会受到惩罚。如果错误被更正并通知局外人，胡佛电子公司会很尴尬，其他关注此事的会计人员也会受到影响。如果格梅悄悄地改正了错误，她会避免面对帕克或所有者。他们不一定会发现错误已被更正。如果他们发现了，他们不一定会通知外界。他们可能会批评格梅没有将错误告诉他们，其他会计人员也不一定会知道此事。

(6) 做出决策。解决这个问题的最佳选择是不明确的。格梅必须权衡比较良知和这件事给各相关者带来的可能后果。虽然这个框架并不能提供一个很容易做出的决策，但它指明了相关因素。在本例中，把错误报告给帕克并使其错误得到纠正的方法较好，但这需要处事原则与工作艺术的较好结合，因为他是格梅的顶头上司，格梅必须保护自己的名誉并考虑到那些依据胡佛电子公司财务报表进行决策的局外人的利益。

会计行业作为市场经济活动的一个重要领域，主要为社会提供会计信息或鉴证服务，其服务质量的好坏直接影响经营者、投资人和社会公众的利益，进而影响整个社会的经济秩序。会计工作者在提供信息或鉴证服务的过程中，除了必须将本职工作置于法律、法规的约束和规范之下，还必须具备与其职能相适应的职业道德水准，市场经济越发展，对会计工作的职业道德水准要求越高。正确认识和分析我国会计职业道德现状，建立健全会计职业道德规范体系，广泛开展会计职业道德宣传教育，全面提高会计职业素养和执业质量，是新时期以德治国、建立和谐社会和会计工作发展的需要。

10.1　会计职业道德的含义

道德是指调节社会人际关系的行为规范的总和。职业道德是指人们在职业生活中应遵循的基本道德，即一般社会道德在职业生活中的具体体现，是职业品德、职业纪律、专业胜任能力以及职业责任等的总称，属于自律范畴，它通过公约、守则等对职业生活中的某些方面加以规范。职业道德既是本行业人员在职业活动中的行为规范，又是行业对社会所负的道德责任和义务。

社会的经济发展水平，决定着人们的行为方式、生产方式和消费方式，也影响着人们的职业道德观念。社会生产力的不断发展，丰富了会计职业活动的内容，使会计职业关系日趋复杂，人们对会计职业行为的要求也不断更新，从而推动会计职业道德的不断发展和完善。

国外一些经济发达国家和国际组织先后对会计职业道德提出了明确的要求，如1980年7月，国际会计师联合会职业道德委员会拟订并经国际会计师联合会理事会批准，公布了《国际会计职业道德准则》，规定了正直、客观、独立、保密、技术标准、业务能力、道德自律7个方面的职业道德内容。会计职业道德规范的来源不同，其约束机构也必然有所差别。“职业主义”特色较浓的国家，职业道德准则的制定和颁布机构就是会计职业团体，其制约能力在很大程度上也来源于职业团体，属于行业自律性。这样的制约机制在问题的处理过程中灵活、独立性强，很少受其他组织的影响，便于适应不同情况的发生，但在约束力、惩治力方面略显不足。而“法律控制”特色较浓的国家，职业道德起源于法律规定，其制约力会在很大程度上依靠法律，属于政府管理型。这样的制约机构惩罚力度大，约束力比较强，但不利于职业团体发挥其职能和作用。我国的《会计法》《会计基础工作规范》、中国注册会计师协会颁布的《中国注册会计师职业道德基本准则》《中国注册会计师职业道德规范指导意见》等都对会计职业道德提出了若干明确要求。

会计职业作为社会经济活动中的一种特殊职业，其职业道德与其他职业道德相比具有自身的特征：一是具有一定的强制性。如为了强化会计职业道德的调整职能，我国会计职业道德中的许多内容都直接纳入会计法律制度之中。二是较多关注公众利益。会计职业的社会公众利益性，要求会计人员客观公正，在会计职业活动中，发生道德冲突时要坚持准则，把社会公众利益放在第一位。

10.2 会计职业道德与法律的关系

我国实行改革开放以来，确立了社会主义市场经济体制，市场经济的发展迫切需要建立健全社会主义法制。在市场经济中，生产、流通、分配与消费是靠市场主体间的契约联系在一起的。为了保证这些契约的公正并得到遵守，就需要有完备的法律制度。另一方面，市场经济的负面效应使社会转型时期的道德失范现象严重，导致目前人们对道德的认识出现混乱。因此，有必要对会计职业道德与会计法律的关系加以充分认识。

10.2.1 会计职业道德与会计法律制度的联系

会计职业道德与会计法律制度有共同的目标、相同的调整对象，承担着共同的职责，在作用上相互补充；在内容上相互渗透、相互重叠；在地位上相互转化、相互吸收；在实施上相互作用、相互促进。两者之间的联系主要表现在以下几个方面。

1. 根本目标一致

会计职业道德是通过调整会计工作中的人际关系，激发会计人员的工作热忱，把提高会计职业水平作为自身的道德责任，为单位利益、国家利益更好地聚财、理财、用财、生财。同样，会计法律制度旨在通过稳定会计工作秩序和保证社会再生产过程顺利进行，提高会计工作效率，从而为单位利益和国家利益更好地聚财、理财、用财、生财。

2. 作用上相互补充

在规范会计行为中，我们不可能完全依赖会计法律制度的强制功能而排斥会计职业道德的教化功能，因为会计行为不可能都由会计法律制度进行规范，不需要或不宜由会计法律制度进行规范的行为，可以通过会计职业道德规范来实现。会计法律只能对会计人员不得违法的行为做出规定，不宜对会计人员如何勤勉敬业、提高技能、强化服务等提出具体要求。如果会计人员缺乏工作的热情和良好的态度，没有必要的职业技能和服务意识，则很难保证会计信息达到真实、完整的法定要求。显然，会计职业道德起到重要的辅助和补充作用。

3. 内容上相互渗透、相互重叠、相互吸收

会计法律制度中含有会计职业道德规范的内容，同时，会计职业道德规范中也包含会计法律制度的某些条款。可以说，会计法律制度是会计职业道德的最低要求。在一般情况下，凡是会计法律制度不允许的行为，都是会计职业道德要谴责的行为；而会计法律制度所规定的行为，都是会计职业道德所倡导的行为。

4. 实施过程中相互作用、相互促进

会计职业道德是会计法律制度正常运行的社会基础和思想基础，而会计法律制度则是促进会计职业道德规范形成和遵守的重要保证。

10.2.2 会计职业道德与会计法律制度的区别

1. 性质不同

会计法律制度是从工作业务角度对会计人员的会计行为做出规范，它是在总结会计工作实践经验的基础上，由国家立法部门或行政管理部门颁布的对会计人员的工作行为的具体规定。而会计职业道德作为行为规范，主要是从品行角度对会计人员的会计行为做出规范。会计职业道德对会计人员基本上是非强制执行的，对他们的行为只产生约束作用，主要依靠社会舆论和会计从业人员的自觉性，具有很强的自律性。

2. 作用范围不同

会计法律制度侧重调整会计人员的外在行为和结果，具有较强的客观性。会计职业道德不仅要求调整会计人员的外在行为，还要求调整会计人员内在的精神世界，要求行为动机的高尚和纯洁，具有较强的主观性。一般来说，会计法律制度的各种规定是会计职业关系得以维系的最基本条件，是对会计从业人员行为的最低限度的要求，用以维持现有的会

计职业关系和正常的会计工作秩序。会计职业道德处在会计行为规范的较高层次上，在会计职业活动的实践中，虽然有很多不良的会计行为在违反了会计法律制度的同时也违反了会计职业道德，但有的不良会计行为只是违反了会计职业道德而没有违反会计法律制度。

3. 实现形式不同

会计法律制度是通过一定的程序由国家立法部门或行政管理部门制定的，其实现形式是具体的、明确的、正式形成文字的成文规定。而会计职业道德出自会计人员的职业生活和职业实践，日积月累，约定俗成。会计职业道德要求的是“应该”，对违背会计职业道德规范的行为应予以舆论谴责，并引起违背良心的内疚和行为的反思。

4. 实施保障机制不同

会计法律制度不仅仅是一种权利和义务的规定，为了达到有法必依、执法必严、违法必究的目的，还需要一套实施保障机制。会计法律制度的这种保障机制不仅体现在其法律规范的内容中具有明确的制裁和处罚条款，而且体现在设有与之相配合的权威的制裁和审判机关，由国家强制保障实施。而会计职业道德既有国家法律的相应要求，又需要会计人员的自觉遵守。当人们对会计职业道德上的权利与义务产生争议时，并没有权威机构对其是非曲直做出明确裁定，或者即使有裁定也是舆论性质的，缺乏权威机构对裁定执行的保障。

10.3 会计职业道德的基本要求

会计职业道德规范是指一定的社会经济条件下，对会计职业行为及职业活动的系统要求或明文规定，它是社会道德体系的一个重要组成部分，是职业道德在会计职业行为和会计职业活动中的具体体现。尽管不同的国家因经济发展程度不同，社会制度和经济体制各异，其会计职业道德有一定的差异，但也有许多共同点，只是实施和管理方式不同而已。根据我国会计工作和会计人员的实际情况，结合国际上对会计职业道德的一般要求，我国对会计人员职业道德的基本要求可以概括为爱岗敬业、诚实守信、廉洁自律、客观公正、坚持准则、提高技能、参与管理和强化服务。

10.3.1 爱岗敬业

爱岗敬业包括“爱岗”和“敬业”两方面的要求。爱岗就是热爱自己的工作岗位，热爱本职工作。爱岗是对人们工作态度的一种普遍要求。热爱本职工作，是指职业工作者以正确的态度对待各种职业劳动，努力培养热爱自己所从事的工作的幸福感、荣誉感。一个人，一旦爱上自己的职业，他的身心就会融入职业工作中，就能在平凡的岗位上，做出不平凡的事业；所谓敬业是指用一种严肃的态度对待自己的工作，勤勤恳恳、兢兢业业、忠于职守、尽职尽责。如果一名从业人员不能尽职尽责、忠于职守，就会影响整个企业或单位的工作进程，严重的还会给企业和国家带来损失，甚至会在国际上造成不良影响。会计职业道德中的敬业，要求从事会计职业的人员充分认识到会计工作在国民经济中的地位和作用，以从事会计工作为荣，敬重会计工作，具有献身于会计工作的决心。

爱岗与敬业的总体精神是相通的，是相互联系在一起的。爱岗是敬业的基础，敬业是爱岗的具体表现，不爱岗就很难做到敬业，不敬业也很难说是真正的爱岗。爱岗敬业是会计人员干好本职工作的基础和条件，是其应具备的基本道德素质。爱岗敬业需要通过具体的行动来体现，即要有安心会计工作、献身会计事业的工作热情，严肃认真的工作态度，勤学苦练的钻研精神，忠于职守的工作作风。爱岗敬业要求会计人员热爱会计工作，安心本职岗位，忠于职守，尽心尽力，尽职尽责。

10.3.2　诚实守信

诚实守信是指忠诚老实，信守诺言，是为人处事的一种美德。所谓诚实，是指忠诚老实，不讲假话。诚实的人能忠实于事物的本来面目，不歪曲，不篡改事实，同时也不隐瞒自己的真实想法，光明磊落，言语真切，处事实在。诚实的人反对投机取巧，趋炎附势，吹拍奉迎，见风使舵，争功诿过，弄虚作假，口是心非。所谓守信，是指信守诺言，说话算数，讲信誉，重信用，履行自己应承担的义务。诚实和守信两者意思是相通的，是互相联系在一起的。诚实是守信的基础，守信是诚实的具体表现，不诚实很难做到守信，不守信也很难说是真正的诚实。诚实侧重对客观事实的反映是真实的，对自己内心的思想、情感的表达是真实的。守信侧重对自己应承担、履行的责任和义务的忠实，毫无保留地实践自己的诺言。

市场经济越发达，职业越社会化，道德信誉就越重要。市场经济是“信用经济”“契约经济”，注重的是“诚实守信”。可以说，信用是维护市场经济步入良性发展轨道的前提和基础，是市场经济社会赖以生存的基石。

诚实守信的基本要求是：首先，做老实人，说老实话，办老实事，不弄虚作假。做老实人，要求会计人员言行一致，表里如一，光明正大。说老实话，要求会计人员说话诚实，如实地反映和披露单位经济业务事项。办老实事，要求会计人员工作踏踏实实，不弄虚作假，不欺上瞒下。其次，执业谨慎，信誉至上。诚实守信，要求注册会计师在执业中始终保持应有的谨慎态度，维护职业信誉及客户和社会公众的合法权益。最后，保密守信，不为利益所诱惑。在市场经济中，秘密可以带来经济利益，而会计人员因职业特点经常接触单位和客户的一些秘密。因而，会计人员应依法保守单位秘密，这也是诚实守信的具体体现。

10.3.3 廉洁自律

廉洁自律是中华民族的一种传统美德，也是会计职业道德规范的重要内容之一。在会计职业中，廉洁要求会计从业人员公私分明、不贪不占、遵纪守法，经得起金钱、权力、美色的考验，不贪污挪用、不监守自盗。保持廉洁主要靠会计人员的觉悟、良知和道德水准，而不是受制于外在的力量。所谓自律是指会计人员按照一定的具体标准作为具体行为或言行的参照物，进行自我约束、自我控制，使具体的行为或言论达到至善至美的过程。自律包括两层意思：一是会计行业自律，是会计职业组织对整个会计职业的会计行为进行自我约束、自我控制的过程；二是会计从业人员的自我约束，会计从业人员的自我约束是靠其科学的价值观和正确的人生观来实现的，每个会计从业人员的自律性强，则整个会计行业的自律性也强。

廉洁自律的基本要求包括：第一，公私分明，不贪不占；第二，遵纪守法，抵制行业不正之风；第三，重视会计职业声望。

10.3.4 客观公正

客观是指按事物的本来面目去反映，不掺杂个人的主观意愿；不为他人意见所左右，既不夸大，也不缩小。公正是指公平正直，没有偏失，但不是中庸。在会计职业中，客观公正是会计人员必须具备的行为品德，是会计职业道德规范的灵魂。客观要求会计人员在处理经济业务时必须以实际发生的交易或事项为依据，如实反映企业的财务状况、经营成果和现金流量情况。公正要求遵守会计准则不偏不倚、一视同仁。会计人员在履行会计职能时，摒弃单位、个人私利，不偏不倚地对待各有关利益方。客观公正，不仅是一种工作态度，更是会计人员追求的一种境界。

客观公正的基本要求是：首先，端正态度。做好会计工作，不仅要有过硬的技术和本领，也要有实事求是的精神和客观公正的态度。其次，依法办事。当会计人员有了端正的态度和知识技能基础之后，他们在工作中必须遵守各种法律、法规、准则和制度，依照法律规定进行核算，并做出客观的会计职业判断。最后，实事求是，不偏不倚，保持独立。客观公正，要求保持会计人员从业的独立性，独立性有实质上的独立性和形式上的独立性；要求会计人员保持客观公正的从业心态。

10.3.5 坚持准则

坚持准则，要求会计人员在处理业务的过程中，严格按照会计法律制度办事，不为主观或他人意志左右。这里所指的“准则”不仅指会计准则，而且包括会计法律、会计行政法规、国家统一的会计制度以及与会计工作相关的法律制度。会计法律是指我国的《会计法》；会计行政法规是指国务院发布的《企业财务会计报告条例》《总会计师条例》，以及经国务院批准、财政部发布的《企业会计准则》等；国家统一的会计制度是指国务院、财政部根据《会计法》制定的关于会计核算、会计监督、会计机构和会计人员以及会计工作管理的制度，包括规章和规范性文件，如《财政部门实施会计监督办法》《会计基础工作规范》《会计从业资格管理办法》《会计档案管理办法》等。会计人员应当熟悉和掌握准则的具体内容，并在会计核算中认真执行，对经济业务事项进行确认、计量、记录和报告的全过程应符合会计准则的要求，为政府、企业、单位和其他相关当事人提供真实、完整的会计信息。

坚持准则的基本要求是：首先，熟悉准则。会计工作不仅是记账、算账和报账。在记账、算账和报账过程中会计人员会时时、事事、处处涉及政策界限、利益关系的处理，需要遵守准则、执行准则、坚持准则。会计人员只有熟悉准则，才能按准则办事，才能保证会计信息的真实性和完整性。其次，坚持准则。在企业的经营活动中，国家利益、集体利益以及个人利益有时会发生冲突。我国《会计法》规定，单位负责人对本单位会计信息的真实性和完整性负责。也就是说，单位的会计责任主体是单位负责人。会计人员坚持准则，不仅是对法律负责，对国家、社会公众负责，也是对单位负责人负责。

10.3.6 提高技能

会计是一门不断发展变化、专业性很强的学科，它与经济发展有密切的联系。近年来，随着市场经济体制的日益完善和经济全球化进程的加快，需要会计人员提供会计服务的领域越来越广泛，专业化、国际化服务的要求越来越高，会计专业性和技术性日趋复杂，对会计人员所应具备的职业技能要求也越来越高。会计职业技能的内容主要包括：①会计专业基础知识；②会计理论、专业操作的创新能力；③组织协调能力；④主动更新知识的能力；⑤提供会计信息能力等。提高技能，是指会计人员通过学习、培训等手段提高职业技能，以具备足够的专业胜任能力的活动。

提高技能的基本要求是：首先，增强提高专业技能的自觉性和紧迫感。会计人员要适应时代发展的步伐，就要有危机感、紧迫感，要有不断提高专业技能的自觉性。只有具备专业胜任能力，才能适应会计工作以及会计职业道德的要求。其次，勤学苦练、刻苦钻研。现代会计是集高科技、高知识于一体的事业，会计理论不断创新，新的会计学科分支不断出现，如跨国公司会计、国际税收会计、金融工具及衍生工具会计、知识产权会计，以及会计电算化和网络化的发展，都要求会计人员不断地学习与探索。

10.3.7 参与管理

参与管理，是指为管理者当参谋，为管理活动服务。会计人员与管理决策者在管理活动中分别扮演着参谋人员和决策者的角色，承担着不同的职责和义务。会计人员在参与管理的过程中，并不直接从事管理活动，只是尽职尽责地履行会计职责，间接地从事管理活动或者参与管理活动。

会计人员要树立参与管理的意识，积极主动地做好参谋。具体来说，应积极主动地做好以下几方面的工作。

(1) 在做好本职工作的同时，努力钻研相关业务。做好本职工作，要求会计人员有扎实的基本功，使自己的知识和技能适应所从事工作的要求，从而做好会计核算的各项基础工作，确保会计信息真实、完整。

(2) 全面熟悉本单位的经营活动和业务流程，主动提出合理化建议，协助领导做出决策，积极参与管理。会计人员要充分利用其掌握的大量会计信息去分析单位的经营管理情况，从财务会计的角度，找出经营管理中的问题和薄弱环节，从而使会计的事后反映变为事前的预测分析，真正起到当家理财的作用，成为决策层的参谋助手，进而为改善单位内部管理、提高经济效益服务。

10.3.8 强化服务

强化服务是现代经济社会对劳动者所从事职业的更高层次的要求，它表现为人们在参与对外工作交往和组织内部协调运作过程中，人际关系的融洽程度和与之相对应的工作态度。强化服务要求会计人员树立服务意识，提高服务质量，努力维护和提升会计职业的良好社会形象。

强化服务的基本要求是：首先，树立服务意识。会计人员要树立服务意识，不论是为经济主体服务，还是为社会公众服务，都要摆正自己的工作位置。其次，提高服务质量。提高服务质量，并非无原则地满足服务主体的需要，而是在坚持原则、坚持会计准则的基础上尽量满足用户或服务主体的需要。最后，努力维护和提升会计职业的良好社会形象。会计人员服务的态度直接关系到会计行业的声誉和全行业运作的效率，会计人员服务态度好、质量高，做到讲文明、讲礼貌、讲诚信、讲质量，坚持准则，严格执法，服务周到，就能提高会计职业的信誉，维护和提升会计职业的良好社会形象，增强会计职业的生命力；反之，则会影响会计职业的声誉，甚至直接影响全行业的生存和发展。

以上8项内容，是每一位会计从业者从事会计工作应具备的基本职业道德，会计从业者应在实践中自觉遵循、不断充实和发扬。

10.4 会计职业道德问题的多元性和两难性

会计职业道德问题与一般职业道德问题有所不同，表现为：会计人员在遵纪、守法、合规的前提下，对同一会计事项可以选择不同的会计处理方法，如会计上存货的计价方法、固定资产折旧的计提方法、对某些或有事项的披露与否及披露的程度等。不同的方法会产生不同的财务状况和经营成果，进而对信息使用者产生不同的影响。

会计职业道德问题的多元性，是指会计人员在遵纪、守法、合规的前提下，选择可能对信息使用者造成不利影响的会计方法时，对其行为做出道德评价可能具有多元性。因为在评价时，可能存在多种评价标准，依据不同的评价标准会得出不同的评价结果。在缺少明确的专业标准以及选择的后果在短时期内不明显的情形下，会计人员的职业道德问题往往带有一定的不确定性。

会计职业道德问题的两难性，是指会计人员面对上述问题所做出的选择，可能并不是会计本人的意愿，会计人员主观上愿意为信息使用者提供可靠、相关、可比的信息，但迫于某种压力，往往在实际中采用了对信息使用者不利的会计方法。

在实际工作中，会计人员会经常面对这种两难境况，必须做出自己的选择。

10.5　职业道德困境与解决

在多数情况下，做出职业道德选择是容易的，如偷窃企业现金是违法和不道德的行为。但在有些情况下，做出选择则要困难得多，职业道德判断意味着个人决策。在遵守职业道德行为规范时，会计人员可能会遇到如何确定不道德行为以及如何解决道德困境的问题。当遇到关键性的道德问题时，会计人员必须遵守权威机构制定的规则。如果这些规则不能解决问题，会计人员可以考虑采用下列办法。

(1) 与直接上级讨论这些问题，如果上级也卷入冲突，可以上报到更高的领导机构，包括总经理、审计委员会、董事会、股东会等。

(2) 与一位中立的、客观的建议人秘密讨论，进一步了解问题的严重性及对利益关系人的影响程度。

(3) 如果经过各种尝试，道德困境依然存在，且问题严重，会计只能选择提出辞职并向合适的领导提交一份详细的备忘录。

调查发现，会计人员经常遇到的职业道德困境包括：客户和管理者提出的避税建议；经营各方的利益冲突；粉饰财务报表的要求。

总结

会计职业道德，是指在会计职业活动中应当遵循的、体现会计职业特征的、调整会计职业关系的各种经济关系的职业行为准则和规范。

一般社会公德在会计工作中的具体体现，引导、制约会计行为，调整会计人员与社会、会计人员与不同利益集团以及会计人员之间关系的社会规范。它贯穿会计工作的所有领域和整个过程，体现了社会要求与个性发展的统一，着眼于人际关系的调整，以是否合乎情理、善与恶为评价标准，并以社会评价(荣誉)和个人评价(良心)为主要制约手段，是一种通过将外在的要求转化为内在的、精神上的动力来起作用的非强制性规范。

作为一种意识形态范畴，现代会计职业的形成与发展，往往要经历三个阶段：①以会计职业责任和义务为核心，处在社会对个人的“防范”、理论对欲望的“束缚”的他律阶段；②以会计职业道德要求为核心，会计工作职责的转变是增强会计人员内心责任感和加强自我行为约束；③职业良心在职业目标的统帅下融为一体，职业道德的他律性与自律性高度统一。首先，外在导向的价值目标是确定会计职业守则；其次，加强会计职业教育，使会计人员能“三位一体”地提升会计职业修养。会计职业修养是形成良好的会计职业风尚和改善会计职业口碑，并有效地保证其他会计规范顺利贯彻实施的重要条件。

关键词

会计职业道德	Accounting Professional Ethics
会计职业道德规范	Code of Ethics for Accountants
会计职业道德教育	Moral Education of Accounting
会计职业道德修养	The Accounting Professional Ethics

习题

一、单项选择题

1. 面对经济利益的驱动和与道德观念相悖的困境，会计职业道德要求会计人员在会计职业活动中，较多关注社会公众利益，保持廉洁奉公、客观公正的职业品德。因而，会计职业道德具有(　　)的特点。

A. 利益的相关性　　B. 发展的稳定性
C. 广泛的社会性　　D. 适度的约束性

2. 会计职业道德与会计法律制度的联系表现为(　　)。

A. 两者性质相同　　B. 两者在作用上相互补充
C. 两者表现形式相同　　D. 两者实施的保障机制相同

3. (　　)是会计职业道德的核心、(　　)是会计职业道德的精髓、(　　)是会计职业道德的基础、(　　)是会计职业道德的追求目标、(　　)是会计职业道德的前提。

A. 坚持准则、诚实守信、爱岗敬业、廉洁自律、客观公正
B. 坚持准则、诚实守信、爱岗敬业、客观公正、廉洁自律
C. 爱岗敬业、诚实守信、坚持准则、廉洁自律、客观公正
D. 坚持准则、爱岗敬业、诚实守信、廉洁自律、客观公正

4. 会计工作中绝不允许不审核原始凭证就做账，绝不允许填制凭证时只填“制单人”而无“复核人”或制单人只签姓不签名，体现的会计职业道德要求是(　　)。

A. 爱岗敬业　　B. 诚实守信　　C. 客观公正　　D. 强化服务

5. 会计人员应依法保守工作中知悉的商业秘密，不得泄露，这是会计职业道德规范中(　　)的具体体现。

A. 诚实守信　　B. 廉洁自律　　C. 客观公正　　D. 坚持准则

6. “清清白白办事，正正直直做人”体现的会计职业道德要求是(　　)。

A. 客观公正　　B. 廉洁自律　　C. 爱岗敬业　　D. 坚持准则

7. 某公司资金紧张，须向银行贷款1 000万元。公司经理让返聘的王会计对公司提供给银行的会计报表进行技术处理。王会计很清楚公司目前的财务状况和偿债能力，做这种技术处理是很危险的，但在经理的反复开导下，王会计感恩于经理平时对自己的照顾，于是编制了一份经过技术处理的会计报告，公司获得了银行的贷款。下列对王会计行为的认定中正确的是( )。

A. 王会计违反了爱岗敬业、客观公正的会计职业道德要求

B. 王会计违反了参与管理、坚持准则的会计职业道德要求

C. 王会计违反了客观公正、坚持准则的会计职业道德要求

D. 王会计违反了强化服务、客观公正的会计职业道德要求

8. “坚持好制度胜于做好事，制度大于天，人情薄如烟”，这句话体现的会计职业道德要求是( )。

A. 参与管理 B. 提高技能 C. 坚持准则 D. 强化服务

9. 张某家庭条件富裕，上大学期间虽学习会计专业，但并未真正掌握专业性的会计知识。他毕业后从事出纳工作，在办理现金收付过程中，时常出现账目不平，造成长款和短款，短款自己垫上，长款仍放在单位的保险柜中备用。张某违反了( )的会计职业道德要求。

A. 提高技能 B. 客观公正 C. 坚持准则 D. 廉洁自律

10. 某行业的纳税大户近年来经济情况严重滑坡，财务部经理李某在整改方案中指出：“公司以前效益好，掩盖了铺张浪费现象，现在是该节约的时候了。”公司采纳了李某的建议，形成“人人讲成本，人人算成本，人人节约成本”的良好风气。李某的行为体现了( )的会计职业道德要求。

A. 诚实守信 B. 参与管理 C. 提高技能 D. 强化服务

11. 会计职业道德警示教育主要通过( )提高会计人员会计职业道德观念和辨别是非的能力。

A. 理论教育和课堂讲授 B. 典型案例讨论和剖析

C. 理论教育和自我学习 D. 实际情况讨论和分析

12. 会计职业道德教育的各种途径中，具有基础性地位的是( )。

A. 会计继续教育 B. 会计学历教育

C. 会计自我教育 D. 会计职业荣誉教育

13. 会计职业道德修养的方法不包括( )。

A. 不断地进行“内省” B. 提倡“慎独”精神

C. 提倡发表个人意见 D. 虚心向先进人物学习

14. 会计自律是会计的( )。

A. 基本标准 B. 理想追求 C. 最低标准 D. 最高标准

15. 会计人员违反职业道德情节严重的，应吊销其会计从业资格证书，下列不属于法定情形的是( )。

A. 经常迟到、早退

B. 随意变更会计处理方法

C. 私设会计账簿

D. 未按规定保管会计资料，致使会计资料损毁、灭失

二、多项选择题

1. 会计职业道德具有(　　)功能。

A. 强制　　B. 指导　　C. 评价　　D. 教化

2. 关于会计法律制度与会计职业道德的关系，下列说法正确的有(　　)。

A. 会计职业道德是会计法律制度正常运行的社会基础和思想基础

B. 会计职业道德与会计法律制度有着共同的目标

C. 会计法律制度是会计职业道德的最低要求

D. 会计法律制度中含有会计职业道德的内容

3. 下列各项中，体现会计职业道德“爱岗敬业”的基本要求的有(　　)。

A. 热爱会计工作、敬重会计职业　　B. 严肃认真、一丝不苟

C. 忠于职守、尽职尽责　　D. 执业谨慎，信誉至上

4. 下列对注册会计师在执业过程中的要求，表述正确的有(　　)。

A. 注册会计师在选择客户时，为了追求营业收入，需要适当地迎合客户的特殊要求

B. 注意评估自身的业务能力，正确判断自身的知识、经验和专业能力能否胜任所承担的委托业务

C. 严格按照独立审计准则和执业规范、程序实施审计，对审计中发现的违反国家统一的会计制度及国家相关法律制度的经济业务事项，应当按照规定在审计报告中予以充分反映

D. 在接受委托业务后，应积极完成受委托的业务，认真履行合同，维护委托人的合法权益

5. 客观是指按事物的本来面目去反映，不掺杂个人的主观意愿，也不为他人意见所左右，既不夸大，也不缩小。其含义主要包括(　　)。

A. 真实性　　B. 准确性　　C. 及时性　　D. 可靠性

6. 朱镕基同志在2001年视察北京国家会计学院时，为北京国家会计学院题词的内容包括(　　)。

A. 诚信为本　　B. 操守为重　　C. 坚持准则　　D. 不做假账

7. 下列各项中，能体现“提高技能”这一会计职业道德规范要求的有(　　)。

A. 安心工作，任劳任怨　　B. 勤学苦练，刻苦钻研

C. 不断进取，精益求精　　D. 忠于职守，尽职尽责

8. 某公交公司因经营管理不善而长年亏损，新上任的财务部经理张某抓住公司经营管理中的薄弱环节，以强化成本核算和管理为突破口，将成本逐层分解至每一辆公交车及其司乘人员，并创建了成本监控中心，不仅使每日、每车的运营收支情况一目了然，而且能对异常成本变动立即采取应对措施。有效的成本管理为公司领导做出扩大购车规模、增加营运能力的决策提供了科学依据，经过努力，公司营业收入在三年内翻两番，彻底扭转了

亏损局面。从会计职业道德角度分析，下列表述中，正确的有(　　)。

A. 张某的行为体现了客观公正会计职业道德的要求

B. 张某的行为体现了参与管理会计职业道德的要求

C. 张某的行为体现了诚实守信会计职业道德的要求

D. 张某的行为体现了强化服务会计职业道德的要求

9. 下列各项中，属于会计职业道德规范中“坚持准则”要求的有(　　)。

A. 严格执行会计法律法规　　B. 严格执行与会计相关的经济法律制度

C. 严格执行单位内部会计控制制度　　D. 严格执行单位内部财务管理制度

10. 会计人员岗前职业道德教育的内容具体包括(　　)。

A. 会计职业道德信念教育　　B. 会计专业学历教育

C. 会计从业资格中的职业道德教育　　D. 会计职业道德规范教育

11. 下列对会计人员形成正确的会计职业道德认知的方法中，说法正确的有(　　)。

A. 学习有关的职业道德知识

B. 正确理解和掌握会计职业道德规范、道德理想和道德品质的基本内容

C. 提高判断和识别善恶的能力

D. 增强履行职责和道德义务的自觉性

12. 下列各项中，属于会计职业道德修养的方法的有(　　)。

A. 向道德榜样学习　　B. 经常反省检查、剖析自己

C. 要互相监督、指导　　D. 要提倡“慎独”精神

13. 会计人员如有(　　)行为的，按规定不能参加高级会计师评审。

A. 参与偷税　　B. 提供虚假财务报告

C. 因为安全问题受到行政处分　　D. 没有完成本单位财务预算

14. 下列各项中，属于违反会计职业道德，由职业团体通过自律性监管给予惩罚的形式有(　　)。

A. 吊销会计从业资格证书

B. 罚款

C. 取消参加会计专业技术资格考试的报名资格

D. 在本行业内进行通报批评

15. 对违反会计职业道德规范的人员应当给予必要的道德制裁，其制裁形式主要有(　　)。

A. 追究刑事责任　　B. 给予行政处分

C. 通报批评　　D. 责令其参加继续教育

三、判断题

1. 当国家利益、集体利益以及个人利益发生冲突时，会计人员应该首先考虑单位、部门的利益。(　　)

2. 会计法律制度是会计职业道德的最高要求，会计职业道德是对会计法律制度的重要

补充。(　　)

3. 小李是某公司的一名会计，针对公司其他职工经常用一些不合理的业务开支名义来报销，他总是睁一只眼闭一只眼，心想反正都是公家的。小李的这种行为违背了会计职业道德要求中的廉洁自律。(　　)

4. 守信是指言行跟内心思想一致，不弄虚作假、不欺上瞒下，做老实人、说老实话、办老实事。(　　)

5. “常在河边走，就是不湿鞋”违反的会计职业道德要求是廉洁自律。(　　)

6. 对于会计职业和会计工作而言，客观的特性之一是“真实性”，即会计核算要准确，记录要可靠，凭证要合法。(　　)

7. 会计人员遵循坚持准则的会计职业道德要求，就是只需要坚持和遵循会计核算的基本准则和具体准则，严格按这些准则办事。(　　)

8. 参与管理是要求会计人员提高职业技能和专业胜任能力，以适应工作需要。(　　)

9. 强化服务是要求会计人员在会计工作中提供上乘的服务质量，满足服务主体的所有会计需要。(　　)

10. 会计职业道德规范教育是指对会计人员开展以普及会计法律制度、会计职业规范为主要内容的教育。(　　)

11. 会计职业道德教育的各种途径中，具有基础性地位的是会计继续教育。(　　)

12. 职业道德信念是伴随人们的职业道德认识的提高而产生和发展的，对道德行为有很大的调节作用。(　　)

13. 会计职业道德修养的最高境界在于做到“慎独”，即通过他人监督，努力不犯错误。(　　)

14. 会计人员违反职业道德规范，情节严重的，可以追究刑事责任。(　　)

15. 会计人员遵守会计职业道德准则是会计人员晋升、晋级、聘任会计专业职务、表彰奖励的唯一考核依据。(　　)

参考文献

[1] 陈国辉. 基础会计[M]. 4版. 北京：中国人民大学出版社，2015.

[2] 韩星. 会计学原理[M]. 北京：机械工业出版社，2011.

[3] 胡燕灵，魏玉瑛. 基础会计学[M]. 北京：清华大学出版社，2011.

[4] 全国会计从业资格考试辅导教材编写组. 会计基础[M]. 北京：经济科学出版社，2014.

[5] 刘爱香. 会计学原理[M]. 北京：北京大学出版社，2011.

[6] 郑秀芳. 会计学原理[M]. 上海：立信会计出版社，2015.

[7] 吴良海. 基础会计教程[M]. 北京：清华大学出版社，北京交通大学出版社，2011.

[8] 刘尚林，钱红光. 会计学基础[M]. 北京：高等教育出版社，2010.

[9] 李海波. 会计学原理——基础会计[M]. 14版. 上海：立信会计出版社，2010.

[10] 王萌. 财务管理——从精通到入门[M]. 北京：清华大学出版社，2014.

[11] 尤金 • F. 布瑞翰，乔尔 • F. 休斯敦. 财务管理基础[M]. 5版. 大连：东北财经大学出版社，2011.

[12] 张捷. 基础会计[M]. 4版. 北京：中国人民大学出版社，2015.

[13] 薛洪岩. 基础会计[M]. 5版. 上海：立信会计出版社，2014.

[14] 怀尔德. 会计学原理[M]. 21版. 崔学刚，等，译. 北京：中国人民大学出版社，2015.

[15] 韦安特. 会计学原理[M]. 陈宋生，译. 北京：中国人民大学出版社，2012.